Das Buch

»Seitdem ich Josh hatte, wollte ich immer nur eines: ihn beschützen. Mein Sohn hatte die erste Lungenentzündung bereits mit einem Jahr bekommen. Schonungslos hatte sie mir die Unausweichlichkeit seines Schicksals deutlich gemacht. Jetzt musste ich einsehen, dass wir beide gleichermaßen betroffen waren. Doch das sollte er nicht wissen. Ich hatte ihm nicht gesagt, dass er Aids hat. So wollte ich es auch in meinem Fall halten: Die mögliche Nähe des Todes durfte er auf keinen Fall spüren.«

Choga Regina Egbeme steht vor einer schweren Aufgabe: Zusammen mit ihrer deutschen Halbschwester hat sie einigen Haremsfrauen ihres Vaters einen Zufluchtsort gewährt, an dem sie Geborgenheit und neue Hoffnung finden konnten. Denn sie haben alle aus dem Harem eines mitgenommen: den HI-Virus. Aber Choga ist nun an Aids erkrankt und darf somit nicht mehr als afrikanische Heilerin gegen die Krankheit ankämpfen. Die außergewöhnliche Frauengemeinschaft droht zu zerbrechen. Aber Choga gibt nicht auf ...

Die Autorin

Choga Regina Egbeme wurde 1976 in Lagos, Nigeria, geboren. Sie verbrachte zusammen mit ihrer deutschen Mutter ihre Kindheit und Jugend in einem Harem. Als ihr Ehemann sie brutal misshandelte, floh Choga aus dem Harem und lebte zunächst versteckt in einer Gemeinschaft afrikanischer Heilerinnen. Nach dem Tod ihres Vaters fand sie zusammen mit ihrem kleinen Sohn und einigen Haremsfrauen Zuflucht auf der verlassenen Farm ihrer Mutter in Zentralnigeria. Im Juli 2003 starb Choga Regina Egbeme im Kreis ihrer Gefährtinnen.
Mehr über die Autorin erfahren Sie im Internet unter:
www.egbeme.de

Von Choga Regina Egbeme sind in unserem Hause bereits erschienen

Hinter goldenen Gittern
Die verbotene Oase

Choga Regina Egbeme

Hinter dem Schleier der Tränen

Mein Abschied vom Harem der Frauen

Ullstein

Ich möchte mich nicht von Ihnen verabschieden, ohne Ihnen für die Ermutigung zu danken, die Sie mir nach dem Erscheinen meiner ersten beiden Bücher zukommen ließen. Unsere Namen wurden verändert – inklusive meines eigenen. Denn ich erzähle meine Geschichte nicht, um Mitleid zu erregen.

Besuchen Sie uns im Internet:
www.ullstein-taschenbuch.de

Umwelthinweis:
Dieses Buch wurde auf chlor- und säurefreiem Papier gedruckt.

Ullstein Verlag
Ullstein ist ein Verlag der Ullstein Buchverlage GmbH.
Originalausgabe
1. Auflage Juni 2004
© 2004 by Ullstein Buchverlage GmbH
Redaktion: Angela Troni, München
Umschlaggestaltung: Thomas Jarzina, Köln
Titelabbildung: Picture Press, Hamburg/zefa, Düsseldorf
Gesetzt aus der Sabon bei Franzis print & media GmbH, München
Druck und Bindearbeiten: Ebner & Spiegel, Ulm
Printed in Germany
ISBN 3-548-36479-2

Für Josh. Möge dich ewige Liebe beschützen.

Inhalt

Vorwort	9
Die Blüten der Wunderblume	11
Tanisha	24
Im Regenwald	36
Unter Frauen	49
Die Wahrheit	56
Wie ein rohes Ei	69
Die hungrige Meute	78
Das Fest der Fröhlichkeit	85
Die Haremskönigin	96
Das Los der Töchter	108
Ein Haufen Scherben	114
Der geschenkte Vater	121
Eine Frage des Respekts	132
Eziras Vorschlag	140
Über Feuer springen	147
Der Boden unter meinen Füßen	157
Die Widersacherin	166
Lapes Befreiung	173
Wo die Liebe wohnt	184
Die Hand an unserer Kehle	196
Hinter dem Schleier der Tränen	207
Roses Zorn	219
Mit dem Rücken zur Wand	228
Unser Blutbaum	235
Ein rätselhaftes Orakel	246
Die Dunkelheit	254
Joshs Hope	266
Neugierig wie ein Kind	276
Das Licht in meinem Herzen	289
Nachwort	301

Vorwort

Mein Name bedeutet: *Gott hat mich gemacht*. Ich habe mich manchmal gefragt, warum Gott mich so und nicht anders gemacht hat. Denn er gab mir Krankheiten, die mich oft verzweifeln ließen. Aber er schenkte mir auch einen Sohn. Ich nannte ihn Joshua. Das heißt: *Gott hilft*.

Begrüßte Josh mich morgens mit einem Lächeln, kam dies einem neuen Anfang gleich. Ging er abends schlafen, war es für mich ein kleiner Abschied. Uns verband nicht nur die Liebe, sondern auch die gleiche Krankheit. Deshalb waren wir uns oft so nah, als könnten wir einander in die Herzen sehen.

Gott schenkte uns acht gemeinsame Jahre. Dafür bin ich ihm dankbar. Das Licht, das er mir gebracht und mit dem er meine Tage erleuchtet hat, bewahre ich in meinem Herzen.

Zu unserem vorletzten Weihnachtsfest hatte Josh einen getrockneten Flaschenkürbis mit winzig kleinen Perlen bespannt. Er hatte sich mit seinem Geschenk sehr viel Mühe gegeben.

Wenn die Perlen dicht an meinem Ohr rasseln, scheint Josh mir ein Geheimnis zuzuflüstern. Ich bin jetzt 27. Um mich herum ist Dunkelheit. Doch ich höre Joshs Stimme.

Dies Buch ist gleichzeitig ein Dank an alle, die Josh und mir beigestanden haben.

Gott schütze und segne Sie.

Choga Regina Egbeme

Die Blüten der Wunderblume

Die Geschichte meines Lebens ist ein bisschen so wie die Wunderblume. Die heißt eigentlich Bougainvillea, aber Mama Bisi sagte einmal: »Ihre Kraft versiegt nie. Ist das etwa kein Wunder?«

Meine Lieblingspflanze ist ein Busch, der das ganze Jahr über in verschwenderischer Pracht blüht. Während gleichzeitig Knospen entstehen, fallen verwelkte Blüten zu Boden. In meiner Kindheit hatte Bisi mir erklärt, dass die zarten Kelche aus spitz zulaufenden Blättern gar nicht die Blüte sind, sondern rote Blätter. Die tatsächliche Blüte sitzt in ihrer Mitte und ist unscheinbar weiß und klein. Sie hätte nie so viele Bienen und Schmetterlinge angelockt. Dafür braucht sie die Hochblätter, die sie umgeben und gleichzeitig schützen. Die Wunderblume hakt sich mit kleinen Dornen an umstehenden Büschen fest. So rankt sie sich dem Sonnenlicht entgegen und wird mehrere Meter hoch.

Die Wunderblume birgt also ein doppeltes Geheimnis: Ohne die Hilfe anderer würde sie nicht so groß werden. Hätte sie nicht die roten Blätter, fände kein Insekt ihren Nektar. Frost verträgt sie nicht; dann fallen alle Blüten zu Boden.

Meine Mutter Lisa stammte von einem Bauernhof in Deutschland. Im Alter von 41 Jahren wanderte sie nach Westafrika aus. Sie heiratete meinen Vater David und lebte mit ihm in einem ungewöhnlichen Harem in Lagos, Nigeria. Mama Lisa, wie sie genannt wurde, war die einzige Weiße unter seinen vielen Frauen, und deshalb fiel ihr eine Sonderrolle zu. Sie reiste oft und überließ mich meinen »Lieblingsmamas«: Bisi war Vaters vierte Frau und Ada seine 28. Ich wuchs hinter hohen Mauern auf; die Glasscherben auf ihren Kronen glitzerten im Sonnenlicht wie Edelsteine. Ich glaubte, dies sei mein Zuhause.

Als ich sieben war, lernte ich meine neue Heimat kennen. Mutter hatte eine Farm gekauft. Sie lag mitten im Herzen von Nigeria auf einer weiten, sanft hügeligen Hochebene. Der Boden war so fruchtbar, dass pro Jahr zwei Ernten möglich waren. Mutter hatte sich damit keinen Traum erfüllt. Papa David blieb mit den meisten seiner Frauen und ihrer kaum zu überblickenden Kinderschar weiterhin im Harem. Um sie zu ernähren, bewirtschaftete Mama Lisa mit ihren Mitfrauen Ada und Bisi sowie einigen Helferinnen die abgeschieden gelegene Farm in der Nähe von Jeba. Es war ein arbeitsames Leben, aber das Pflichtbewusstsein meiner deutschen Mutter, Bisis liebevolle Fürsorglichkeit und Adas Arbeitseifer schweißten die drei Frauen zusammen. Ihre enge Gemeinschaft wurde mir zum Vorbild.

Doch unser Glück währte nur sieben Jahre. Bis zu jenem Tag, an dem Felix Egbeme auf der Farm auftauchte. Er sollte sie übernehmen, denn mein Vater wollte meine Mutter wieder bei sich im Harem haben. Papa David war krank geworden und meine deutsche Mutter sollte ihm in der schwersten Phase seines Lebens beistehen. Als 14-Jährige war mir der 32 Jahre ältere Felix nur unsympathisch. Ich hasste ihn auch noch nicht, als meine Eltern mich mit 16 gegen meinen Willen mit ihm verheirateten. Ich hoffte nur, irgendwie davonzukommen, aber ich wurde vor schwere Prüfungen gestellt.

Mutter, Bisi und Ada halfen mir, hochschwanger aus dieser Ehe zu entfliehen. Amara, eine Freundin meiner Mutter, nahm mich in Lagos in ihrer Frauengemeinschaft auf. Mit 19 gebar ich meinen Sohn Josh und erfuhr, dass er durch mich HIV-positiv zur Welt gekommen war. Felix hatte seine Krankheit an mich weitergegeben. Die Naturheilerin Amara gab mir neuen Lebensmut, indem sie mich anlernte. Als Josh ein Jahr alt war, schickte mich meine Mentorin zu ihrer Freundin Ezira in den Regenwald. In einer dreijährigen Ausbildung lehrte die weise Frau mich, wie ich meinem bereits an Aids erkrankten Kind mit den Mitteln der Natur helfen konnte. Mein Leben hatte einen neuen Sinn bekommen.

Anschließend kehrte ich zurück nach Lagos. Meine Mutter war bereits todkrank. Ich erzählte ihr, dass ich Heilerin geworden war. Sie überreichte mir die Besitzurkunde für ihre Farm, und ich spürte, die Neuigkeiten aus meinem Leben erreichten sie zu spät, als dass sie sich noch darüber hätte freuen können.

Mit schwacher Stimme sagte sie: »Du hast etwas aus dir gemacht, Choga Regina. Darauf kannst du stolz sein.«

»Ach Lisa, wie hört sich denn das an? Siehst du denn nicht, dass unsere Kleine eine glänzende Zukunft vor sich hat?« Mit dem Elan, der in Bisis Erwiderung lag, wollten wir diese Zukunft gestalten: Bisi, Ada und ich sammelten sechs HIV-positive Witwen des inzwischen verstorbenen Felix, und vier ihrer Kinder um uns. Mit ihnen und Josh kehrten wir zurück auf die Farm und verwandelten sie in eine Oase der Geborgenheit.

»Auf Chogas *compound* liegt kein Segen«, sagten manche Leute in Jeba. Einige meinten sogar, es sei ein Fluch. Sie wollten nicht einsehen, dass gerade wir einen Platz zum Leben brauchten. Einen Ort, der uns Sicherheit gab.

Wer die Farm Ende Oktober 2001 sah, mochte ihnen dennoch Recht geben: Sämtliche Nebengebäude und die Kapelle waren abgebrannt. Nur das alte Farmhaus war wie durch ein Wunder verschont geblieben. Sein spitzes, hohes Blechdach, dessen mattes Rot von Sonne und Regen verwittert war, bot den Stürmen der Zeit die Stirn. Was ich für dummes Gerede gehalten hatte, das hatte sich als düstere Prophezeiung erfüllt.

An diesem Oktobermorgen wollte ich den Sonnenaufgang wie früher bei den Büschen der Wunderblume genießen, meinem Lieblingsplatz auf der Farm. Ich schleppte mich die wenigen Schritte von meinem Zimmer bis zur Veranda und merkte, dass meine Kräfte nicht ausreichten. Erschöpft ließ ich mich in den Korbsessel fallen. Obwohl ich fror, rann mir der Schweiß übers Gesicht, meine Hüfte und mein Rücken schmerzten. Ich hatte das Gefühl, einen Tag harter Arbeit hinter mich gebracht zu haben.

Im weiten Hof vor dem Haus, in dem ich versucht hatte zu schlafen, lagen die Trümmer der Verwüstung. Verkohlte Balken ragten in den noch trüben Himmel, hinter dessen Morgennebel das müde Glühen der Sonne langsam erwachte. Meine Träume, meine Hoffnungen waren ein Haufen Schutt. Und mir fehlte die Kraft, aufzustehen und all das, was mein Zuhause war, wieder aufzubauen. Die Ruinen, deren Anblick ich kaum ertrug, machten mir unmissverständlich klar, wie es in mir selbst aussah. Ich war 25 Jahre alt.

Die Frauen, auf deren Urteil ich mich verließ, hatten beschlossen, dass ich mich bei Ezira erholen sollte. Mein Leben lang hatte ich auf den Rat von Mama Bisi und Mama Ada gehört. Umso tiefer berührte mich ihr Urteil, obwohl ich gleichzeitig wusste, dass sie es mit mir nur gut meinten. Sie sahen in mir die Tochter, die Hilfe brauchte. Ich aber empfand mich als Heilerin, die ihren Gefährtinnen zur Seite stehen musste. Wie konnte ich das, wenn ich schon ganz bald eine Tagesreise von hier entfernt wäre? Weit im Süden, im Regenwald ...

Mit aller Kraft umklammerte ich meinen Stock, ohne den ich wegen meines angeborenen Hüftleidens nur schwer laufen konnte, und machte mich auf den Rückweg in mein Zimmer. In der doppelflügeligen Glastür, die Veranda und Eingangshalle verband, begegnete mir Amara. Über ihr Gesicht, in dem stets ein Lachen schlief, das nur erweckt werden wollte, legte sich tiefe Besorgnis.

»Bist du schon wieder als Erste wach?« Sie nahm mich in die Arme und blickte mir tief in die Augen. Dann schnalzte sie mit der Zunge, wie sie es immer tat, wenn ihr etwas nicht behagte. »Du hast hohes Fieber, Choga. Leg dich wieder hin. Ich bin doch jetzt da, um dir alles abzunehmen.« Erst wenige Tage zuvor war sie aus Lagos angereist, um meine Aufgaben als Heilerin zu übernehmen.

Meine mütterliche Freundin hakte mich unter, damit ich nicht taumelte, und brachte mich ins Bett. Sie deckte mich zu wie ein kleines Kind. »Ich bin nebenan, mache den Heiltee und für dich eine stärkende Medizin.«

»Soll ich dir nicht lieber helfen?« Meine Frage klang eher wie die Bitte, mich nützlich machen zu dürfen. Der Heiltee war unser Wundermittel, das alle mit dem Virus Infizierten erhielten. Er stärkte die körpereigenen Abwehrkräfte. Seitdem wir uns auf unsere Oase zurückgezogen hatten, hatte ich ihn dreimal am Tag aus frischen Kräutern, Beeren, Blättern, Wurzeln und Rinde bereitet. Eine Arbeit, die mich von morgens bis abends beschäftigt hatte.

Amara schenkte mir ein warmherziges Lächeln. Vielleicht erkannte nur ich das Mitleid darin, das sie gewiss nicht zeigen wollte. Eine Heilerin darf nur heilen und Medizin zubereiten, wenn sie selbst gesund ist. Sonst ist ihre Arznei wirkungslos. »Ruh dich aus, Choga, sammle Kraft, damit du in ein paar Tagen zu Ezira aufbrechen kannst.«

Sie wollte gehen, doch ich hielt meine mehr als 40 Jahre ältere Freundin schnell genug am Zipfel ihres dunkelgrünen Wickelkleides fest. »Ich habe so ein schlechtes Gewissen, dass ich dich mit meinen Aufgaben belaste. Du hast dein eigenes Leben, aus dem du herausgerissen bist.«

»Ich wäre doch nicht aus Lagos zu euch gekommen, wenn meine eigene Nachfolgerin mich nicht vertreten würde! Ich habe Zeit genug.« In ihrem *compound*, einer aus vielen Häusern bestehenden Anlage, behandelte sie Patienten und bildete gleichzeitig junge Frauen zu Heilerinnen aus. Inzwischen gab es einige Frauen, die in ihre Fußstapfen getreten waren. Doch die vielen Aufgaben zehrten an der über 60-Jährigen. So gesehen war das Leben bei uns wesentlich ruhiger, und ich hatte den Eindruck, ein wenig Erholung täte meiner mütterlichen Freundin ganz gut.

Amara seufzte und setzte sich auf die Bettkante. Ich erinnerte mich an meine eigenen Gefühle in solchen Momenten: Als Heilerin hat man für so viele Menschen zu sorgen, darf keinen aus den Augen verlieren und muss dennoch ein Ohr für jeden Kummer haben.

»Deine Tagesarbeit wartet auf dich, geh nur, ich bin eine geduldige Kranke«, sagte ich und versuchte ein Lächeln. Es misslang mir prompt. Amara wusste so gut wie ich, dass Geduld noch nie meine Stärke gewesen war. Stets war mein Kopf voller Pläne und Ideen gewesen. Meine Gesundheit hatte damit nicht Schritt halten können …

Amara rutschte ein Stück zu mir und hielt meine

Hand. »Du hast immer mit dieser Bedrohung gelebt, Choga. Du wusstest, dass das Virus nur in deinem Körper schlief. Jetzt ist es erwacht. Wir dürfen uns beide nichts vormachen: Du hast Aids. Wenn du nicht sofort dein Leben daran ausrichtest, kann ich dir nicht helfen.« Sie schüttelte traurig den Kopf. »Und du dir auch nicht.« Fürsorglich zog sie die Decke bis an mein Kinn. »Schon dich. Mehr kannst du im Moment nicht für dich tun.« Sie seufzte. »Und für alle anderen in diesem Haus. Vor allem für Josh. Der Junge braucht seine Mutter.« Nun stand sie langsam auf und blickte zu mir herunter. »Ich bringe dir gleich deine Medizin«, sagte sie noch, bevor sie hinausging.

Im Stockwerk über mir machten sich meine Gefährtinnen und die Kinder bereit für einen neuen Tag. Ich hörte ihre Schritte. Josh, der sich ein Zimmer mit den Schwestern Zuna und Baina teilte, erkannte ich immer sofort. Er sauste die Treppe hinunter. Sein erster Ruf an diesem Morgen galt mir: »Mama? Bist du in der Küche?«

Dort hätte ich sein sollen … Amara antwortete ihm und ich verstand durch die dünnen Wände jedes Wort. »Leise, Josh, sie hat sich wieder hingelegt.«

»Ist Mama noch nicht gesund?« In der Stimme des Sechsjährigen schwang deutliche Enttäuschung.

»Sie muss ein wenig auf sich aufpassen«, antwortete Amara und fügte gleich mahnend hinzu: »Aber du auch, Josh. Du hast gerade eine Lungenentzündung überstanden. Tobe nicht so wild herum.«

Die Holzbohlen direkt vor meiner Zimmertür knarrten. Sekunden später streckte mein Kind seinen Kopf mit den wilden kleinen Locken durch den Spalt und flüsterte: »Mami? Schläfst du?«

»Ist schon okay. Komm rein, Schatz.«

Erleichtert stürmte er mir entgegen und stürzte sich

auf mein Bett, um sich an mich zu kuscheln. Ich zuckte ein wenig zusammen, denn selbst die Berührung mit dem leichten Körper meines Kindes tat weh.

Josh fragte verwundert: »Machst du heute nicht Mama Chogas Tee?« So nannten er und die anderen Kinder die vor Jahren von Amara und mir entwickelte Medizin, die unsere Gesundheit möglichst lange erhalten sollte.

»Amara löst mich eine Weile ab«, sagte ich ausweichend.

Seitdem ich Josh hatte, wollte ich immer nur eines: ihn beschützen. Seine Gesundheit zu stärken, war das eine. Mindestens ebenso wichtig war, ihm die Unbeschwertheit zu bewahren, mit der jedes Kind aufwachsen sollte.

Mein Sohn hatte die erste Lungenentzündung bereits mit einem Jahr bekommen. Schonungslos hatte sie mir die Unausweichlichkeit seines Schicksals deutlich gemacht. Ich musste erst jetzt einsehen, dass wir beide gleichermaßen betroffen waren. Doch das sollte er nicht wissen. Ich hatte ihm nicht gesagt, dass er Aids hat. So wollte ich es auch in meinem Fall halten: Die mögliche Nähe des Todes sollte er auf keinen Fall spüren. Bislang war es mir und meinen Lieblingsmamas, die sich ebenso wie alle Gefährtinnen an unser Schweigegebot hielten, gelungen, ihm eine unbekümmerte Kindheit zu schenken. Ebenso wie den anderen vier Kindern in diesem Haus, die Joshs Schicksal teilten. Zwar war bei ihnen Aids noch nicht ausgebrochen. Doch wir lebten alle nur von geborgter Zeit.

Eine der Möglichkeiten, um Josh und die Mädchen fröhlich zu machen, war unsere Hündin Hope. Ein erst wenige Monate alter Welpe mit dunklem Fell und hellbraunen Flecken über den Augen. Sie sprang nun in mein Zimmer und forderte Josh zum Spielen auf.

»Magdalena gibt euch gleich Unterricht«, sagte ich. »Willst du heute mitmachen?«

»Darf ich wieder?« Er umarmte mich noch einmal ungestüm und rannte mit Hope hinaus. Ich war nicht kräftig genug, um ihn so wie Amara zur Besonnenheit zu ermahnen.

In unserem weiten Treppenhaus, das unteres und oberes Stockwerk miteinander verband, rief meine deutsche Halbschwester ihre wenigen Schüler zusammen. In Gedanken sah ich, wie die fünf Kinder sich versammelten, und lauschte Magdalenas deutschem Akzent. Die Gymnasiallehrerin für Mathematik und Physik brachte ihren Schülern geduldig Lesen bei. Dafür hatte sie sich von ihrer Schule in Deutschland beurlauben lassen.

Ich hatte ihr mal gesagt, dass ich diese Selbstlosigkeit an ihr bewunderte. Sie hatte darauf geantwortet: »Ich habe dich erst getroffen, als ich 41 war.« In ihren Augen lag oft eine gewisse Traurigkeit, wenn sie mich ansah. »Du wurdest mir vorenthalten, Schwesterchen.«

Erst zu Ostern 2000 hatten wir uns kennen gelernt; Magdalena hatte unsere Mutter in Lagos besuchen wollen. Doch Mama Lisa war am Tag zuvor gestorben und wir begruben sie gemeinsam auf ihrer Farm. Ein Jahr später kehrte meine Schwester zurück, entschlossen, bei uns zu leben. Mit großer Freude begann sie zu unterrichten. Nun, wenige Wochen später, war die neue Schule bereits wieder zerstört. Pragmatisch, wie sie war, wollte Magdalena sich davon nicht unterkriegen lassen. »Egal was passiert ist, die Kinder brauchen ein gewisses Maß an Normalität und einen geregelten Tagesablauf«, hatte sie gemeint und den Unterricht in die Eingangshalle verlegt.

Eine Weile lauschte ich Magdalenas Stimme. Gerade war Joshs kleine Freundin Baina mit Rechnen dran. Sie war erst fünf und ich hörte meinen Sohn ihr vorsagen.

»Lass sie mal machen, Josh. Baina kann das«, mahnte meine Schwester sanft.

»Du kannst stolz sein auf deine Schwester«, hatte meine Mutter immer zu mir gesagt. Damals war es ein Versprechen gewesen, das sich auf eine mir noch Unbekannte bezog. Mama Lisa hatte nicht mehr erleben dürfen, wie es sich erfüllte.

Ich wälzte mich unruhig im Bett und starrte an die hellgrau gestrichenen Holzpaneelen an den Wänden. Das hohe Fieber gaukelte mir vor, dass sie atmeten. Die Astlöcher in der verblassten Farbe wurden zu Gesichtern, die mich anstarrten. Nebenan übten die Kinder nun Lesen. Ihre Stimmen verzerrten sich zu jenen der Fratzen. Sie erzählten meine Geschichte.

Wir haben zugesehen, was dir hier angetan wurde, schienen sie zu sagen. Meine vom Fieber aufgewühlte Phantasie zeigte mir dazu die Bilder der Vergangenheit. Einen Mann, der mich gedemütigt und in diesem Bett vergewaltigt hatte, in dem ich jetzt lag. Und dem ich dennoch trotzig die Stirn geboten hatte, nicht ahnend, zu welcher Wut ihn mein Stolz trieb. Weder mein Vater noch meine Mutter erfuhren zu dieser Zeit von den Qualen, die ich litt. Sie waren weit entfernt, im Harem in Lagos. Erst zu Papa Davids Beerdigung kehrte ich zurück und nutzte das Durcheinander zur Flucht ...

Amaras Hände beruhigten mich. »Du hast geträumt«, sagte meine Mentorin und reichte mir einen Becher Tee. Ihre Medizin schmeckte ungewohnt bitter. »Ich habe ein sanftes Beruhigungsmittel hinzugefügt«, erklärte die Heilerin. »Du bist ganz nass geschwitzt.«

»Ich habe von Felix geträumt«, sagte ich, überwältigt von meiner mit aller Wucht zurückgekehrten Erinnerung. »Wenn du mich damals nicht gerettet hättest, ich glaube, ich wäre gestorben!«

Amara lächelte mich aufmunternd an. »Ich bin doch

nicht deine Retterin! Ich war zur rechten Zeit am rechten Ort. Die wahren Heldinnen waren Lisa, Bisi und Ada. Sie haben deine Flucht erst ermöglicht.« Sie tupfte mir die Stirn trocken. »Die Vergangenheit wird dich in Ruhe lassen, sobald deine Temperatur sinkt.«

Als ich wieder erwachte, war es immer noch hell draußen. Der Unterricht war vorüber. Doch das alte Haus, das sich ein englischer Farmer zu Beginn des letzten Jahrhunderts im Kolonialstil hatte bauen lassen, war unruhig. Seine Balken vibrierten sanft knarrend. So viele junge Menschen wohnten hier zusammen. Die Mädchen waren in Joshs Alter, zwischen fünf und sechs, ihre Mütter Anfang bis Mitte 20. Die großen Zeiten des Harems hatten sie nie erlebt. Nur die schlechten. Jene, in denen nicht mehr mein Vater das Sagen hatte, sondern sein Nachfolger Felix. Als er diejenigen geheiratet hatte, die mein Leben nun mit mir teilten, war ich schon lange fort gewesen.

Die dünnen Wände gaben die Worte meiner Gefährtinnen wieder. Meine *Schwestern*, wie wir uns vertraut nannten, sprachen über mich. Aufmerksam geworden, richtete ich mich auf.

»Hast du's schon gehört, Lape? Schwester Choga wird uns verlassen!«

»Woher weißt du das, Charity?«

Ein unterdrücktes Kichern folgte, dann antwortete Charity: »Man muss seine Ohren überall haben. Sonst erfährt man nie was.«

»Ich glaube dir kein Wort. Choga würde uns Bescheid sagen!«

»Die ist doch so mit sich selbst beschäftigt. Die kann ohnehin keiner von uns helfen. Nicht mal sich selbst. Sieh sie dir doch nur an! Efes Tod hätte sie verhindern müssen! Sie hat nicht mal gemerkt, dass Efe eine Lungenentzündung hatte.«

»Amara war noch nicht da, Charity. Und Josh so krank. Und obendrein das Heilhaus zerstört.«

»Efe helfen deine Sprüche auch nicht mehr, Lape! Vor zwei Tagen haben wir sie begraben. Wollen wir warten, wer die Nächste ist?«

»Charity, halt dein Schandmaul! Ohne Choga wäre keine von uns überhaupt hier.«

»Und wenn sie nicht mehr ist? Was ist dann?«

»So darfst du nicht einmal denken! Choga ist stark. Sie wird sich erholen!«

»Und wenn nicht, Lape? Wir wissen nicht einmal, wie lange Amara bleiben wird. Dann stehen wir ganz schön dumm da. Mitten im Nichts. Mit Nachbarn, die uns hassen.«

»Die Muslime hätten uns in Ruhe gelassen, wenn Choga nicht Tanisha bei uns versteckt hätte. Dadurch hat sie uns alle in Gefahr gebracht.«

»Das war unsere gemeinsame Entscheidung, Charity!«, erklang nun Bisis Stimme.

»Deine vielleicht, Mama Bisi. Und die von Ada und Choga. Uns habt ihr nicht wirklich gefragt!«

Energische Schritte kamen eilig näher. »Sprecht nicht so laut. Choga braucht Ruhe. Wer jetzt durchdreht, verrät unsere Gemeinschaft. Wir sind hier, weil wir uns Zusammenhalt und gegenseitige Unterstützung geschworen haben. Choga hat für euch alles getan, jetzt seid gefälligst ihr mal dran. Und nun ist Schluss. Draußen wartet genug Arbeit!«

Die Versammlung löste sich murrend auf.

»Danke für dein Machtwort, Ada. Ich kann die jungen Frauen nicht im Zaum halten.«

»Weil du selbst so viel Angst hast, Bisi.«

»Du etwa nicht?«

Adas Antwort war für sie bezeichnend: »Ich muss mich um die Frauen kümmern und dafür sorgen, dass die Arbeit sie ablenkt.« Ihre festen Schritte entfernten sich.

In meiner Kindheit hatte ich einmal erlebt, wie nachts überraschend der Frost gekommen war. Am nächsten Morgen hatten die Blüten der Wunderblume am Boden gelegen. Ich hatte um die verlorene Pracht geweint.

Das belauschte Gespräch klang fast so, als ob ich für meine Gemeinschaft dieselbe Gefahr darstellte wie die Kälte für eine empfindliche Pflanze ...

Tanisha

Mama Bisi kam auf Zehenspitzen ins Zimmer. Als sie mich im Bett sitzen sah, rang sie die Hände vor der Brust. »Ach, ich hab's doch geahnt! Diese Hühner haben dich aufgeweckt. Du hast das alles mitgehört, nicht wahr?« Sie nötigte mich mit sanftem Druck dazu, mich hinzulegen. »Nimm das nicht ernst. Sie reden Unsinn.«

»Ich habe alles falsch gemacht«, klagte ich mich selbst an. »Dabei habe ich es doch mit Tanisha nur gut gemeint.«

Meine Lieblingsmama legte die Stirn besorgt in Falten. »Warum willst du denn alles auf deine Schultern laden, Kind? Du konntest doch nicht ahnen, wie alles kommen würde. Was wussten wir denn schon von den Gesetzen des Islam? Wir sind Christen und handeln nach dem Gebot der Nächstenliebe. Nichts anderes hast du getan.« Energisch schüttelte sie den Kopf. »Was rede ich denn da? Ich meine nicht nur dich! Wir alle haben Tanisha beschützt. Und das war richtig! Welcher Mensch mit einem Herzen im Leib würde eine junge Frau nicht verstecken, die mit 180 Stockhieben bestraft werden soll?«

Doch genau das verlangte die strenge Auslegung der Gesetze des Islam!

Denn Tanisha hatte ein uneheliches Kind unter dem Herzen getragen. Ihr Bruder, der in Jeba lebte, hatte sie zu mir gebracht, damit ich sie entbinden konnte. Niemand aus unserer Gemeinschaft hatte von der Bedrohung gewusst, vor der die 20-Jährige aus ihrem Elternhaus entflohen war. Doch als wir es erfahren hatten, weigerten wir uns, die junge Mutter und ihr Kind auszuliefern. Unsere selbstlose Hilfe war schwer bestraft worden: Der radikale Führer der Muslime hatte eine unserer Ältesten erschlagen. Mama Ngozi hatte sich ihm in den Weg gestellt. Dann hatten die Männer mein Heilhaus angezündet, das ebenso wie die Heilstation erst wenige Monate zuvor aufgebaut worden war. Das Feuer hatte auf unsere Kapelle sowie die kleine Schule übergegriffen.

Tanisha hatten wir dennoch nicht verraten. Sie war bei uns geblieben und dankte unsere Hilfe, indem sie uns nun unterstützte. Charitys Verärgerung bewies, dass meine einstige Patientin nicht auf Dauer bleiben konnte.

»Haben wir dich mit Amaras Vorschlag, dass du Tanisha zu Ezira in den Regenwald mitnimmst, nicht etwas überfahren?«, fragte Mama Bisi. Ihr Blick war voller Verständnis und gleichzeitiger Sorge um meine Gesundheit.

»Nein«, sagte ich schnell, »ich habe doch schon begonnen, sie anzulernen. Vielleicht kann sie wirklich meine Nachfolgerin werden.«

Amara hatte mich bereits vor einiger Zeit darauf aufmerksam gemacht, dass ich mein Wissen um die Heilkunde mit einer möglichen Nachfolgerin teilen müsse. Nur Bisis Tochter Efe hatte sich angeboten; sie wollte sich nützlich machen. Die Erinnerung daran war noch so frisch, dass ich glaubte, Efe könne jeden Augenblick zur Tür hereinkommen.

Ich traute mich kaum, Bisi ins Gesicht zu sehen. »Ich mache mir wegen Efe solche Vorwürfe! Ich habe ihren Husten doch gehört, aber nicht als Warnzeichen verstanden. Bis es zu spät gewesen war.«

»Du musst dich nicht rechtfertigen. Eine Heilerin ist auch nur ein Mensch aus Fleisch und Blut. Du kannst nicht auslöschen, was schon lange im großen Buch Gottes festgeschrieben stand.« Ihre warmen Augen blickten mich voll Mitgefühl an. »Ich weiß doch selbst, wie sehr du deine Schwester geliebt hast. Ihr habt eine so wunderbare gemeinsame Kindheit gehabt. An die schönen Zeiten musst du denken. Nicht an all das Schreckliche.«

Ich war zu aufgewühlt, um stillzuliegen. Ich wollte mich aufsetzen, um sie in die Arme zu schließen. Mama Bisi beugte sich zu mir herunter. »Ich habe dir nichts zu verzeihen«, flüsterte sie dicht an meinem Ohr. »Du bist mein letztes Kind. Um dich geht es. Denke endlich mal an dich! Dein Leben geht weiter.«

Meine kleine, rundliche Lieblingsmama war Mitte 60 und hatte schon viel mitgemacht. Ihr fiel es leichter als mir, die Wirrnisse des Augenblicks als etwas Vorübergehendes zu begreifen. »Du bist wie deine Mutter«, sagte sie und tippte auf ihr Herz. »Hier drin war bei ihr immer eine große Trauer. Die wollte sie sich nicht eingestehen. Deshalb kam sie nie zur Ruhe. In dir sieht es viel schlimmer aus. Dein Herz droht zu zerbrechen. Es hat schon zu viele Schmerzen aushalten müssen.« In ihrem müden Lächeln lag die Sorge, sich nicht an das Versprechen halten zu können, das sie meiner Mutter einst gegeben hatte: sich um mich zu kümmern.

So wie Bisi mein Halt war, erhofften sich meine Gefährtinnen von mir Beistand. Das war meine große Sorge. »Charity hat den Mund eben ganz schön voll genommen. Aber was ist, wenn sie nun Recht hat?«

Bisi schüttelte energisch den Kopf. »Recht? Womit? Charity sollte sich besser zurückhalten.« Sie konnte ihre Gefühle nur mühsam beherrschen. »Charity wollte immer nur versorgt werden. Das war schon im Harem so. In schwierigen Zeiten werden Menschen wie sie hysterisch! Ada war dagegen gewesen, Charity hierher mitzunehmen. Ich hätte auf sie hören sollen. Ada ist nicht so sentimental wie ich, meine Kleine.«

Nachdem Mutter mir die Farm vererbt hatte, hatte ich völlig dem Urteil meiner Mamas vertraut: Sie hatten meine Schwestern ausgesucht, da ich mit keiner von ihnen zusammengelebt hatte. Als Witwen von Felix waren sie wie ich Frauen, die er ins Unglück gestürzt hatte. Das und der Kampf um eine neue Zukunft einte uns. Das hatte ich zumindest angenommen.

»Belaste dich nicht mit Charity. Mit der werden wir schon fertig werden«, sagte Bisi und blickte mich liebevoll an. »Freust du dich auf Ezira und den Regenwald?«

Unter anderen Umständen hätte ich das gewiss getan. Doch mich plagten die augenblicklichen Sorgen zu sehr, als dass ich an mein Wohlergehen denken konnte. Ich versuchte dennoch, optimistisch in die Zukunft zu sehen. Wegen meines Sohnes, dem es damals so gut in den Tropen gefallen hatte. »Für Josh wird es ein Abenteuer«, meinte ich.

»Und für euch beide eine Erholung«, sagte Bisi. Sie zwinkerte mir zu.

Dank Amaras Pflege kam ich wieder auf die Beine. Und sie drängte, dass ich die Abreise nicht länger vor mir herschieben durfte. Schon einen Tag später fühlte ich mich kräftig genug, um die Aussprache mit Tanisha anzugehen. In ihren schwarzen Gewändern wirkte die junge Muslimin wie ein dunkler Schatten, der zwischen meinen in weiße und bunte Tücher und T-Shirts gekleideten Gefährtinnen hin und her schwebte. Sie trug ihre Tochter Faraa auf dem Rücken und teilte unseren Tee aus. Der Hof war voller Stimmen. Ich wollte Tanisha ein Zeichen geben, um sie zu mir zu rufen. Doch sie sah mich nicht. Voller Scheu lief sie mit gesenktem Kopf herum.

Gerade so, als spürte sie die Abneigung, die ihr von einigen entgegenschlug. Meine Gefährtinnen hatten die unerfreuliche Aufgabe, den Schutt fortzuschaffen. Tanishas muslimische Kleidung ließ sie keinen Augenblick vergessen, was zu diesem Unglück geführt hatte.

Josh tollte übermütig mit unserer verspielten Hündin herum. Er entdeckte mich und schlang seine Arme um mich. »Geht es dir wieder besser, Mama?«

»Wenn ich mich jetzt schone, komme ich bald wieder klar.« Ich fuhr durch seine weichen Locken, die er von mir geerbt hat. Bevor wir in den Regenwald aufbrachen, musste Bisi sie ihm schneiden. Dort gab es Ungeziefer, das wir auf der Hochebene nicht kannten.

»Sei nicht so wild mit Hope, Josh«, ermahnte ich ihn.

»Ja, ja, ich weiß!«, rief er mir zu. Ein Junge von sechs Jahren, der wochenlang krank gewesen war, hatte einiges nachzuholen …

Endlich wurde Tanisha auf mich aufmerksam. Wir verabredeten uns bei den Bougainvilleabüschen. Auf meinen Stock gestützt, machte ich mich im Schneckentempo auf den Weg. Mein Hüftleiden machte mir das Gehen schon immer schwer, meine schlechte Verfassung verstärkte das Problem zusätzlich.

»Choga, wohin willst du?« Magdalena holte mich ein. Sie hakte mich unter und ich erzählte ihr von meinem bevorstehenden Gespräch mit Tanisha.

»Ich bin ziemlich nervös«, gab ich zu. Tanisha beherrschte kein Englisch, sondern nur die Sprache des muslimischen Nordens. »Ich weiß nicht, ob mein Haussa ausreicht, um mit ihr über Schicksalsfragen zu reden.«

Das Laufen und gleichzeitige Sprechen strengte mich an. Ich brauchte eine Pause. Meine deutsche Schwester nutzte die Gelegenheit, um noch einmal Tanishas Zukunft anzusprechen. »Wäre es nicht besser, du würdest dich nicht zusätzlich mit der Verantwortung für eine junge Mutter und ihr Baby belasten?«, gab Magdalena zu bedenken und machte einen konkreten Vorschlag: »Amaras Freundin Mary muss doch ohnehin nach Lagos zurück, nachdem sie dich und Josh bei Ezira abgesetzt hat. Sie könnte Tanisha zu Amaras *compound* bringen. Dort wäre sie in Sicherheit.«

Platz gab es dort gewiss genug. Zwar leitete während Amaras Abwesenheit ihre künftige Nachfolgerin den *compound*. Doch nachdem Josh und ich wieder auf der Farm wären, würde meine Mentorin wieder in Lagos leben und sich um Tanisha kümmern.

»Das ist eine praktische Lösung«, räumte ich ein. »Doch versetz dich mal in die Lage dieser jungen Mutter, die dort niemanden kennt.« Mir gefiel Amaras Vorschlag, dass Tanisha mich und Josh begleiten sollte, wesentlich besser.

Magdalena verschränkte die Arme vor ihrer weißen Bluse, auf der wie stets das Christuskreuz hing, und blickte mich an wie eine richtige Lehrerin. »Sie ist im Gegensatz zu dir gesund, Choga Regina. Sie wird das schon verkraften. Immerhin wäre sie auch dort in Sicherheit und könnte sich ein neues Leben aufbauen. Du hingegen brauchst Hilfe. Wie willst du in deiner Lage für zwei andere Menschen sorgen? Und dann auch noch für Josh!«

Ich dachte wohl mehr mit dem Herzen: Tanisha war mir fast eine Freundin geworden. Ebenso wie Magdalena wollte ich sie nicht verlieren.

»Du hast mir noch nicht gesagt, was in dir vorgeht, wenn Josh und ich jetzt abreisen. Du bist doch unseretwegen nach Afrika gekommen«, meinte ich.

Meine Schwester fuhr sich nachdenklich durch ihr dunkles Haar, das von vielen grauen Strähnen durchzogen war. »Eigentlich bin ich ja damals wegen Mutter gekommen. Von dir wusste ich praktisch nichts. Aber auch wenn du jetzt fortfährst, so ist das hier dennoch zum Teil das Werk unserer Mutter. Vielleicht ist es ein wenig so wie euer früherer Harem. Ich wollte immer wissen, warum Mutter mich für dieses Leben zurückließ. Nun kann ich das auf andere Art erfahren.« Sie lächelte. »Du siehst, ein wenig Egoismus steckt doch dahinter. Darum sei beruhigt, ich werde hier auf deine Rückkehr warten und helfen, dass alles so schön wird wie zuvor.«

Wie zur Bestätigung fiel direkt neben uns eine verkohlte Wand in sich zusammen. Magdalena hakte mich wieder unter, um mich vor dem Staub in Sicherheit zu bringen. Sie führte mich zur Bougainvillea.

»Ich lasse dich jetzt allein«, sagte sie und ermahnte mich erneut, auf ihren Vorschlag zu hören.

Die Sonne stand schon hoch und wärmte mich. Die ausladend rankenden Bougainvilleabüsche waren bereits als Kind mein Zufluchtsort gewesen. Inzwischen befanden sich dort vier Gräber, neben die ich mich setzte. In den knapp anderthalb Jahren, die unsere kleine Oase erst bestand, hatte es zu viele Tote gegeben.

Efe hatte nur neun Monate lang bei uns gelebt. Ihr Sohn Jo war wenige Tage nach seiner Ankunft gestorben. Es lag nicht an der mangelnden Wirksamkeit unseres Tees, dass ich den beiden nicht helfen konnte. Ob Mutter tatsächlich an Aids gestorben war, wurde nie festgestellt. Nach ihren Symptomen zu urteilen, konnte jedoch davon ausgegangen werden. Alle drei waren viel zu jung gestorben. Meine Mutter mit 67, Efe mit 27 und Jo mit fünf.

Ich goss ausgerechnet die Blumen an Mama Ngozis Grab, als sich Tanisha scheu näherte. Ich hoffte, sie würde darin kein Zeichen sehen, dass ich sie für den Tod der alten Mama verantwortlich machte. Zu meiner Erleichterung setzte sie sich unkompliziert neben mich. Ich half ihr, Faraa aus dem Tuch auf ihrem Rücken zu heben, und wiegte das Baby sanft.

Das wenige Wochen alte Mädchen guckte mich aus runden Augen an. Die Kleine hatte inzwischen schon etwas an Gewicht zugenommen und sah sehr gesund aus. »Sie ist ein hübsches Kind«, sagte ich. »Ich kann nicht verstehen, dass man dich bestrafen will, weil du sie bekommen hast. Haben diese Männer denn kein Herz?«

Tanisha schlug die Augen nieder. Sie war eine große, sehr schlanke Frau, und mir fiel erst jetzt, wo sie sich einigermaßen erholt hatte, auf, wie hübsch sie eigentlich war. »Eine Frau muss tugendhaft sein und gehorchen. So hat es mir mein Vater beigebracht«, sagte sie. Die Muslimin legte sich das schwarze Tuch, mit dem sie sich ihrer Tradition entsprechend verhüllte, enger um den Kopf. »Ich kann nicht ewig bei euch bleiben, das weiß ich.«

»Vor allem kannst du dich nicht auf Dauer verstecken.«

Tanisha fasste nach Faraas Händchen, das ihren Finger umschloss. In dieser zarten Geste der Vertrautheit zwischen Mutter und Kind lag gleichzeitig eine anrührende Hilflosigkeit. »Ich verstehe meistens nicht, was die anderen sagen. Aber ich glaube, dass einige der Frauen mich nicht wirklich mögen.« Die junge Muslimin hatte Recht; meine *Schwestern* hatten sie aus christlicher Nächstenliebe aufgenommen. Die Verwicklungen, die danach entstanden waren, strapazierten diese Selbstlosigkeit in einem für sie kaum erträglichen Maß. »Wohin sollen wir gehen?«, fragte Tanisha ratlos.

Ich glaubte, die Ausweglosigkeit ihrer Situation wie einen körperlichen Schmerz zu empfinden. »Du bist nur fern der Heimat sicher. Dort, wo dich das Gesetz des Islam nicht erreicht«, antwortete ich. »Ich kenne einen

Ort«, begann ich vorsichtig, »an dem dir nichts geschieht. Dort wurde ich von meiner Lehrerin Ezira zur Heilerin ausgebildet. Ich möchte mit Josh eine Zeit lang dorthin zurückkehren und habe mir gedacht, du könntest uns begleiten.«

Tanisha musterte mich verwundert. »Warum willst du denn fort?«

»Ich bin überarbeitet, Tanisha. Ich brauche mal eine Pause.« Meine Antwort klang in meinen eigenen Ohren unerwartet plausibel ... Ich gestand mir ein, dass ich mich danach sehnte, eine Weile nichts tun und keinem Druck standhalten zu müssen.

»Ja, das verstehe ich.« Sie blickte mich verunsichert an. »Was soll ich dort machen?«

Meine Finger glitten durch die verwelkten Blüten der Wunderblume, als ich so beiläufig wie möglich antwortete: »Ich habe dich ein wenig angelernt. Du stellst dich sehr geschickt an, und ich hatte den Eindruck, dass es dir Spaß macht. Vielleicht könntest du auch Heilerin werden?«

»Ich? Eine Heilerin? Glaubst du denn, dass ich das kann? Ich bin doch nur deine Patientin!«

»Ich war einmal in einer ähnlichen Situation wie du, als dein Bruder dich zu unserer Farm gebracht hat«, erzählte ich. »Wie du war ich schwanger. Amara nahm mich damals auf und brachte mich auf die Idee, zu lernen, was sie kann. Meine Geschichte kann dir Mut machen, es auch zu versuchen.«

»Und wenn ich es nicht schaffe?«

»Dann bist du zumindest in Sicherheit.«

»Ich weiß nicht«, sagte Tanisha. »Wohin müssten wir denn fahren?«

Sie stammte aus einer muslimischen Großstadt und war einen gewissen Komfort gewöhnt. Wenn ich ihr direkt ins Gesicht sagte, dass die Urwaldhütten nicht mal über Elektrizität verfügten, hätte sie das schockiert. So machte ich ihr das Abenteuer mit den blumigsten Worten, die mein Haussa hergab, schmackhaft.

»Im Regenwald?«, wiederholte Tanisha erstaunt. »Da ist es doch gefährlich! Sind da nicht Schlangen und wilde Tiere?«

»Um Schlangen musst du dir keine Sorgen machen. In den drei Jahren meiner Ausbildung habe ich zwei gesehen. Die saßen oben in den Bäumen. Du findest schnell heraus, vor welchen Schlangen du dich hüten musst. Die Tiere des Urwalds tun den Menschen nichts, wenn wir ihnen nichts tun.«

»Drei Jahre dauert die Ausbildung? Kann ich dann wieder hierher zurück?«

Ich sah das weite, sanft hügelige Land, das sich vor uns erstreckte und das ich so mochte. Wie oft hatte ich hier gesessen und den Sonnenuntergang genossen! Dies war meine Heimat und ich würde sie vermissen. Ich könnte nach wenigen Wochen heimkehren. Wann oder ob überhaupt das schreckliche Urteil gegen Tanisha aufgehoben werden würde, vermochte keine von uns vorauszusagen.

»Faraa braucht dich. Sie dürfen dich nicht holen. Es stimmt, du wärst lange weg.« Ginge sie nach Lagos zu Amaras Nachfolgerin, würde sich daran nichts ändern. Dennoch schlug ich Tanisha diese Alternative vor.

Tanisha dachte angestrengt nach. Nach einer Weile schüttelte sie den Kopf. »Dann will ich lieber mit dir und Josh fahren.« Sie blickte mich aufmerksam an. »Bei Ezira leben keine Muslime?«

Ich verstand ihre Frage falsch, nahm an, sie sorgte sich um ihre Sicherheit. Doch obwohl ihr Glaube sie in so große Bedrängnis gebracht hatte, wollte sie ihn praktizieren können. Ich bemühte mich, ihre Bedenken zu zerstreuen. Als ich zu Ezira gekommen war, war ich Christin gewesen. Meine Lehrerin hingegen verehrte die oberste irdische Göttin, Mutter Erde. Ich erfuhr rasch, dass ihre Überzeugungen meinen ebenso wenig im Weg standen wie umgekehrt. Drei Jahre sind eine lange Zeit, während der ich Eziras Glauben angenommen hatte. Tanishas Religion, das hatten mir die Auseinandersetzungen schmerzhaft gezeigt, lehrte jedoch, dass Muslime den Umgang mit Andersgläubigen meiden mussten.

Das erklärte ich Tanisha, und sie fragte: »Kann eine Heilerin denn Muslimin sein?«

»Es gibt viele muslimische Heilerinnen«, sagte ich und lachte. »Krankheiten nehmen auf den Glauben keine Rücksicht! Durchfälle, Fieber, Frauenleiden – all das, wofür meine Gefährtinnen und Patientinnen Hilfe brauchen ...«

»Du hast Recht«, antwortete Tanisha. Die Anspannung wich aus ihrem Gesicht. »Es wäre schön, wenn wir hier später gemeinsam als Heilerinnen arbeiten könnten.« Tanisha malte eine Zukunft in den strahlend blauen Himmel. Ich konnte nur hoffen, dass es mehr als ein Traum war.

Hope hatte uns an unserem idyllischen Plätzchen ausfindig gemacht. Wenig später tauchte auch Josh auf. Bislang wusste er nur, dass wir irgendwann zu Ezira fahren würden. Jetzt war es an der Zeit, meinem Kind von der für den Folgetag geplanten Abreise zu erzählen.

»Bei Ezira war es schön!«, jubelte Josh. »Mama, dort bin ich doch immer im Fluss geschwommen!«

Während Josh von den ihn prägenden Jahren seiner Kindheit schwärmte, hörte Tanisha zu. Wir sprachen miteinander Englisch. Sie verstand zwar nicht viel. Aber sie sah die Begeisterung meines Kindes.

»Josh, geh schon mal zu Oma Bisi und lass dir die Haare schneiden. Ich bleibe noch einen Moment hier sitzen«, bat ich.

Mein Sohn zog Tanisha hoch und erzählte ihr nun in Haussa, was sie erwartete. Durch den Umgang mit den Nachbarskindern, die eine Zeit lang mit ihm in Magdalenas Schule gegangen waren, beherrschte er die Sprache recht gut. Die junge Mutter band sich Faraa auf den Rücken. Hand in Hand gingen sie und mein Sohn davon.

Das Gespräch hatte mich viel Kraft gekostet. Ich ließ mich zurücksinken und genoss den Anblick der blühenden Wunderblumen. Vielleicht würde Tanisha selbst eines Tages solch eine Wunderblume sein.

Eigentlich hatte ich zu ihr sagen wollen: Du kannst meine Nachfolgerin werden. Im letzten Moment hatte ich es nicht getan. Denn plötzlich war mir ein Gedanke gekommen. Wie würde Tanisha, die gerade mal fünf Jahre jünger war als ich, darauf reagieren, dass ich überhaupt eine Nachfolgerin suchte? Musste sie das nicht erschrecken? In unserem Alter dachte kein gesunder Mensch über eine solche Frage nach! Ich jedoch hatte Aids und die Zeit arbeitete gegen mich. Tanisha wusste das nicht. Und ich dachte, es würde reichen, wenn ich es ihr im Regenwald erzählte. Wenn es mir besser ginge und wir die Ruhe fänden, um alles zu besprechen.

Ich wusste nicht, dass ich damit einen schweren Fehler beging.

Im Regenwald

Kurz vor Sonnenaufgang des folgenden Tages hatte Amaras Freundin Mary den alten Mercedes zur Abreise fertig gepackt. Josh ließ sich von seinen Omas herzen und verkroch sich auf die Rückbank. Ich umarmte meine Gefährtinnen, meine *Mamas* küssten mich unter Tränen auf Stirn und Wangen. Unsere verspielte Hope spürte den Abschied und rannte bellend umher.

Magdalena legte mir eine rote Decke um die Schultern, die unsere Mutter fast 30 Jahre zuvor aus ihrer deutschen Heimat nach Afrika mitgebracht hatte. Sie wärmte, gab Geborgenheit und war ein Stück Zuhause, das mich begleiten sollte. »Darin wickelst du dich während der Fahrt gut ein«, meinte sie.

Amara brachte unseren Tee. »Vergesst nicht, den während der Fahrt zu trinken«, schärfte sie mir ein.

»Hast du auch viel Zucker reingetan?«, fragte Josh aus dem Auto.

Als ich bereit zum Einsteigen war, eilte meine *Schwester* Lape herbei. »Wenn du zurückkommst, wird alles so schön sein wie zuvor«, sagte sie und wischte sich eine Träne aus dem Auge.

Tanisha huschte scheu aus dem Haus, blickte sich mehrmals um. Doch es war niemand da außer uns, der ihre Flucht beobachten konnte. »Wenn mein Bruder nach mir fragt, sagt ihm, ich wäre weit fortgegangen«, bat sie die Umstehenden. Charity lachte bitter auf und erntete von Magdalena und Ada einen strafenden Blick.

Zum Schluss drückte Mama Bisi mich an sich: »Erhol dich, meine Kleine.« Sie nahm mein Gesicht in ihre Hände: »Und bitte, denk ein wenig an dich. Auch wenn es dir schwer fällt.«

Ich nickte gehorsam ...

Die Zurückbleibenden standen am Tor und winkten uns nach. Das Auto entfernte sich und sie wurden immer kleiner, bis ich sie nicht mehr sehen konnte. Auch das rote Dach der Farm entschwand langsam meinem Blick. Ich wäre lieber geblieben, aber ich sah ein, dass meine *Mamas* es gut mit mir meinten. Tanisha versteckte sich, das Baby fest an die Brust gepresst, auf dem Sitz neben uns. Trotz all unserer guten Absichten – sie erwartete eine ungewisse Zukunft, vor die sie verständlicherweise mehr Angst hatte als Zuversicht.

Josh schmiegte sich an mich. »Ich werde Hope vermissen. Aber wenigstens habe ich endlich dich für mich, Mama!«

»Endlich?« Ich lachte. »Schatz, wir sind doch immer zusammen. Jeden Tag!«

Auf der Stirn meines Sohnes zeigte sich eine steile Unmutsfalte. »Das stimmt nicht. Du hast immer zu tun. Für mich hast du nie Zeit!« Sein übergroßes Bedürfnis nach Nähe bedrängte mich, denn die Schmerzen in meinem ganzen Körper machten mir nach wie vor zu schaffen. Ich legte den Arm dennoch liebevoll um meinen kleinen Jungen.

In Kleinbusse gezwängte Menschen guckten uns aus übermüdeten Augen an, wenn wir an den Sammelstellen der Taxis vorbeifuhren. Transporter, die sich schwer beladen bedrohlich zur Seite neigten, überholten uns mit im Fahrtwind flatternden Abdeckplanen. Am Straßenrand liefen Menschen, viele mit großen Lasten auf dem Kopf beladen, manche hatten sich selbst vor einen voll gepackten Karren gespannt. Nach den Glaubenskriegen zwischen Christen und Muslimen waren sie auf der Flucht.

Ich glaubte fühlen zu können, was sie empfanden: Man lud sich manchmal zu viel auf ...

»Ist so gemütlich bei dir, Mama«, sagte Josh schläfrig. Es war mir gelungen, die gemischten Gefühle, die mich auf dieser Reise begleiteten, vor ihm zu verbergen. Und vor Tanisha. Sie lächelte mir zu. So als ob sie überzeugt wäre, dass nun alles gut werden würde. Dabei hatte ich selbst so viele Hoffnungen, die ich in sie setzte. Doch damit wollte ich sie nicht belasten; der richtige Zeitpunkt dafür würde schon kommen.

Je weiter wir in den Süden fuhren, desto üppiger wurde die Vegetation. Die Straßen wurden schmaler, die Dörfer kleiner. Tanisha hatte die verschwenderische Pracht, mit der die Erde hier gesegnet war, nie zuvor gesehen. Josh jedoch faszinierte der üppige Regenwald nicht, der zu beiden Seiten die Straße einrahmte. Die Abenteuer, von denen er träumte, wollte er mit den Händen greifen, nicht mit den Augen.

»Sind wir jetzt da?«, fragte Josh bei jeder Siedlung.

Ich konnte mich an den ausladenden Palmen, umwuchert von Schlingpflanzen, hinter denen sich die Kronen der Urwaldriesen zum Himmel emporreckten, nicht satt sehen. Hätte mich nicht der ständige Husten gequält, der zunehmend schlimmer wurde, so hätte ich Josh ein Märchen erzählen wollen. Denn meine Phantasie schlug Purzelbäume: Die zarten Farne, wilden Gräser und alten Baumstämme schienen nur darauf zu warten, sie mit Märchengestalten zu bevölkern. Hätte ich es nicht besser gewusst, ich hätte angenommen, dass in diesem grünen Paradies kein Platz für Menschen war. Doch die Frauen, Kinder und Männer, die am Straßenrand entlangliefen, bewiesen, dass uns keine Fabelfiguren begegnen würden.

Es wurde Abend, bis Mary uns ans Ziel gebracht hatte: Eine kleine Ortschaft, durch die sich eine schmale, ungeteerte Straße schnurgerade hindurchzog. Zu beiden Seiten standen flache Häuser aus Lehm oder Stein mit großen Gärten. Schmale Wege führten dazwischen in das dichte Grün des Urwalds. In der feuchten Luft hingen die blassblauen Schwaden der Abendfeuer. Ihr würziger Geruch vermischte sich mit der milden Süße wilder Blüten und der modrigen Ausdünstung der feuchten Wälder. Mutters Decke lag längst auf der Ablage hinter den Sitzen. Es war sehr warm, das Atmen fiel mir schwer, der Schweiß brach mir aus.

Wahrscheinlich hatten meine *Mamas* das Klima ebenso unterschätzt wie ich. Als Josh und ich zuletzt hier gewesen waren, knapp drei Jahre zuvor, war ich in wesentlich besserer Verfassung gewesen. Seitdem war viel passiert. In *meinem* Leben; in Eziras Reich dagegen schien die Zeit stillzustehen.

Ein selbst gemaltes Schild mit der Aufschrift *herbalist*, das an einem langen, flachen Gebäude hing, untertrieb: Dies war mehr als die Praxis eines Kräuterdoktors. In dem langen, schmucklosen Lehmbau befand sich ein kleines Krankenhaus. Davor saßen und standen viele Frauen, Männer und Kinder.

Die Praxis war schon immer ein Treffpunkt. Hier gab es Neuigkeiten, gute oder schlechte, Hoffnungen wurden geboren und begraben. Für viele Menschen war das Haus wochen- oder gar monatelang der Mittelpunkt ihres Lebens. Damit war es wie die Kirche oder der Markt eines der Herzen des Dorfes. Wer hier arbeiten durfte, wurde mehr als nur geachtet. Seitdem ich in diesem unscheinbaren Gebäude bei der Geburt eines Kindes assistiert hatte, war es mein Wunsch gewesen, selbst einen solchen Hort der Hoffnung zu betreuen. Es als Krankenhaus zu bezeichnen, hatte ich mich immer gesträubt.

Denn für mich stand die Hoffnung im Vordergrund, die den Menschen dort gegeben wurde. Darum war ich glücklich, nachdem Bisi den Begriff Heilstation geprägt hatte. Schließlich wollten wir unsere Patienten heilen und nicht krank entlassen ...

Sobald unser altes, für die örtlichen Verhältnisse jedoch sehr teures Auto stoppte, wurden wir neugierig betrachtet. Mary grüßte viele Leute mit Namen. Sie kam fast jeden Monat, um für Amaras Praxis unerlässliche Heilpflanzen zu holen.

»Muss ich aussteigen?«, fragte Tanisha scheu. Ihre dunklen Tücher und der Schleier über ihrem Haar verrieten die Muslimin aus dem Norden. Die Frauen in dieser Gegend bevorzugten bunte Wickelröcke, T-Shirts oder Blusen.

»Du brauchst keine Angst zu haben«, beruhigte ich Tanisha. »Hier leben keine Muslime. Niemand wird dir Probleme machen.«

Dies war eine andere Welt. Dass Frauen in jener, aus der wir kamen, wegen moralischer Verfehlungen zu Tode geprügelt werden konnten, war hier unvorstellbar. Doch wie sollte ich das meiner Freundin erklären? Ich baute darauf, dass sie die Friedfertigkeit der Menschen des Regenwalds rasch zu schätzen lernen würde. Mühsam stieg ich aus dem Auto, steif von der langen Fahrt, nach Luft ringend.

Josh war schon längst draußen und blickte sich interessiert um. »Mama, das kenne ich!«, rief er mir zu. »Hier ist immer Buchi!«

»Josh! Was bist du groß geworden!« Da eilte die stämmige Heilerin auch schon auf ihn zu und schloss das Kind in die Arme.

Ezira und ihre tatkräftige Gefährtin hatten eine klare Aufgabenverteilung: Buchi hielt sich zumeist in der Siedlung auf, wo sie die Praxis führte. Ezira dagegen mied den Ort und zog die Abgeschiedenheit des tiefen Urwaldes vor. Dort entstanden jene natürlichen Heilmittel, die Buchi verwendete. Beide Frauen verband eine enge, über Jahrzehnte gewachsene Freundschaft. Buchi war das Herz des Krankenhauses. Der geselligen 60-Jährigen, die stets bunte Wickelkleider trug, war nicht anzusehen, dass sie eine hervorragende Heilerin war. Sie lachte viel, suchte die Nähe der Patienten und gab sich so wie sie.

Nachdem Buchi mich ausgiebig mit Küssen bedacht hatte, fasste sie mich bei den Schultern und blickte mir tief in die Augen. Sie zog die Silben ineinander, was ihrer Sprache eine leicht singende Melodie verlieh, als sie sagte: »O weh, du bist aber schmal geworden! Gut, dass ihr endlich da seid, damit wir euch wieder aufpäppeln können!« Sie sah zum Auto, neben dem Tanisha stand, das Baby schützend an die Brust gepresst. »Wen hast du mitgebracht?«

Tanishas Englisch war noch zu lückenhaft, als dass sie für sich selbst sprechen konnte. Ich erzählte, dass Tanisha Heilerin werden sollte.

Buchi blickte mich skeptisch an: »Wie lange kann deine Freundin denn bleiben?«

»Lange genug. Ich war damals drei Jahre bei euch«, erwiderte ich.

»Aber du warst zuvor bei Amara! Sie hatte dich eine Menge gelehrt. Und du bist in eine Schule gegangen. Nicht alle Muslime gewähren ihren Töchtern diesen Luxus. Oder irre ich mich?«

»Nein«, gab ich kleinlaut zu. »Tanisha kann kaum lesen und schreiben.«

»Dafür in einer Sprache, die hier niemand versteht!« Buchi lachte herzhaft. »Dann wollen wir deine Freundin lieber nicht entmutigen! Sie ist jung und wird schnell lernen. Aber sie scheint recht verängstigt. Was hast du ihr über uns erzählt?« Buchis gute Laune war ansteckend. Nachdem ich ihr kurz von Tanishas schrecklichem Schicksal berichtet hatte, wich ihre Fröhlichkeit tiefer Betroffenheit. »Du armes Mädchen brauchst eine neue Familie.« Gerührt umarmte sie Tanisha, die sie nicht verstanden hatte.

Als Josh zurückkam, strahlte er mich an: »Mama, hier sind ganz viele Frauen, die mich kennen.« Dann zog er mich zu sich herunter und flüsterte: »Aber hier gibt es noch mehr Kranke als früher in deiner Heilstation.«

Buchis kleines Krankenhaus hatte durchaus Ähnlichkeit damit. Allerdings behandelten sie hier wesentlich mehr Patienten, die aus der ganzen Gegend kamen. Mit Naturmedizin bekämpften sie die üblichen Leiden wie Malaria, Durchfall, Entzündungen oder auch Tuberkulose. Vor allem konnte Buchi sich auf viele Pflegerinnen verlassen, damit die Patienten versorgt wurden. Sie übernahmen jedoch nur die medizinische Betreuung. Die Urwaldklinik bot ihren Patienten keinen Komfort, nur Heilung. Essen und Getränke brachten die Verwandten zu ihren Kranken. Deshalb waren die drei Räume voller Menschen. Buchi und ich tauschten kurz unsere Erfahrungen aus, doch Josh drängte zum Aufbruch.

»Josh hat völlig Recht«, beschied uns Buchi. »Ihr seid nicht den ganzen Tag gefahren, um euch kranke Menschen anzusehen. Ich werde euch jetzt zu Ezira bringen.«

Ein rund einstündiger Fußmarsch stand an. Und es ging mir gar nicht gut. Vom Husten schmerzte mein Oberkörper. Buchi gab mir Medizin, die mich leichter atmen ließ. Wir mussten dringend aufbrechen; es war bereits dunkel.

Das Krankenhaus und den *compound* verband ein ausgetretener Pfad. Gewissermaßen die Verbindung zu Eziras Reich, in dem künftige Heilerinnen mindestens ein Jahr lang nur in Pflanzenkunde unterrichtet wurden. Wegen meiner Vorkenntnisse hatte ich diese Zeit damals abkürzen können, war aber ständig zwischen Ezira und Buchi gependelt, wo ich praktische Erfahrung gesammelt hatte. Den Weg kannte ich im Schlaf; oft genug war ich übermüdet mit fast geschlossenen Augen in den *compound* heimgekehrt, wo Josh mich erwartet hatte.

Wir verabschiedeten uns von Mary. Sie hatte sich in der Siedlung ein Quartier gesucht, um am nächsten Morgen nach Lagos zurückzufahren. Zwei junge Mädchen begleiteten uns in den Urwald und halfen uns, unsere Taschen zu tragen. Die Dorfbewohner verehrten die beiden weisen Frauen und waren stolz, wenn ihre Töchter sich bei ihnen Grundwissen in Pflanzenkunde aneignen durften. Im Gegenzug unterstützten die Teenager *compound* und Krankenhaus tatkräftig. Gelegentlich kam es sogar vor, dass sich eine von ihnen entschied, so wie ich in jungen Jahren Heilerin zu werden.

Durch den Husten geschwächt, bereitete mir die Wanderung Probleme. Meine Hüfte schmerzte wieder. Wegen meines Beinproblems ging ich freiwillig als Letzte und verlor beinah den Anschluss. Auf meinen Stock gestützt, schleppte ich mich mühsam vorwärts.

»Entschuldige, Choga!« Tanisha war umgekehrt und kam mir entgegen. »Lass dich unterhaken.«

Es war mir nicht recht, mich von ihr stützen zu lassen. »Wir müssen zusammenhalten«, sagte sie und wich nicht von meiner Seite. »Deine Lehrerin ist eine gute Frau.« Ich hätte Tanisha gern genauer erklärt, was sie erwartete. Doch ich war froh, wenn meine Atemluft zum Gehen reichte.

Endlich erkannte ich den Schein eines Feuers. Sein Licht leuchtete durch die Finsternis wie der wahre Ursprung niemals erlöschender Wärme. Wäre die selbstlose Liebe zwischen den Menschen ein Baum gewesen, so hätte er hier seine Wurzeln gehabt. Ich war glücklich, sie wieder entdeckt zu haben.

Zu dieser späten Stunde glichen die Urwaldbäume Riesen, die sich dunkle Tücher über die Köpfe gezogen hatten. Die kleinen rechteckigen Lehmhäuser waren kaum zu erkennen. Wäre ich hier so wie Tanisha zum ersten Mal bei Dunkelheit hergekommen, hätte ich mich vielleicht sogar gefürchtet. Die wahre Schönheit des *compounds* wurde schon von der Nacht verschluckt. Tanisha hakte sich bei mir fester ein.

»Warte auf den Morgen und du wirst sehen, wie wundervoll friedlich es hier ist«, beruhigte ich sie.

Eziras winziges Dorf gruppierte sich um eine große Feuerstelle. Der Platz darum war sehr weit, so dass dort getanzt und mit vielen Menschen, die gelegentlich aus der Siedlung kamen, gefeiert werden konnte. Die etwa ein Dutzend Hütten, in denen die Bewohnerinnen und gelegentlichen Gäste schliefen, hielten dazu respektvollen Abstand. Das Kochhaus und die Kräuterküche, zwei offene Hütten, waren der Feuerstelle am nächsten und in der Dunkelheit die einzigen Umrisse, die sich als Schatten vor dem flackernden Feuer abzeichneten.

Eine Gruppe von Frauen und Mädchen hatte sich davor versammelt und erhob sich zu unserer Begrüßung. Mein Herz schlug vor Aufregung und Anstrengung bis zum Hals. Ezira, klein und zart, war wie früher in braune Tücher gehüllt. Sie wirkte noch zerbrechlicher, als ich sie in Erinnerung hatte. Dennoch strahlte sie eine Kraft aus, die nicht von ihrem Körper ausging.

»Choga, meine Tochter«, sagte sie schlicht. »Ich heiße dich willkommen.« Sie wandte sich Josh zu, der instinktiv einen Schritt zurückwich. »Joshua hat mich doch nicht etwa vergessen?«, meinte sie mit einem Augenzwinkern. »Erinnerst du dich noch an unseren Fluss?

Gleich dort drüben, wo jetzt noch Dunkelheit ist, da ist das Wasser, das du so gern hast.«

Josh blickte die Frau, die gerade mal anderthalb Köpfe größer war als er, schüchtern an. »Du weißt noch, dass ich gern schwimme?«

Mein kleiner Sohn begegnete der alten Frau mit großer Scheu. Sie verbarg ihr Gesicht wie gewöhnlich zur Hälfte hinter einem mehrfach gefalteten Tuch aus brauner Baumwolle, das sie sich um Kopf und Hals schlang. Tiefe, schlecht verheilte Narben waren damit vor neugierigen Blicken verborgen. Meine Lehrerin sprach selten über ihre entstellenden Verletzungen, die sie sich als Kind zugezogen hatte, als sie ins offene Feuer gefallen war.

Ezira stellte uns zunächst zwei älteren Frauen vor. Nach ihrer und Buchis Überzeugung durfte eine Heilerin weder stillen noch an ihren »unreinen« Tagen arbeiten. Jüngere Frauen wie ich entschlossen sich deshalb nur dann für diesen Beruf, wenn sie keine Kinder mehr bekommen wollten. Was bedeutete, sich gegen eine Ehe entscheiden zu müssen. Tanishas Zukunftspläne kannte ich nicht, aber ich war überzeugt, das Schicksal wüsste eine Antwort, wenn es so weit wäre.

Anschließend machte Ezira uns mit sieben Mädchen bekannt, die sie anleitete, Pflanzen zu sammeln und Felder zu bestellen. Jede könnte später einer ausgebildeten Heilerin als Helferin zur Seite stehen. Das Wissen, das Ezira ihnen schenkte, würde einmal dazu beitragen, ihre Familien zu ernähren.

Wir aßen, erzählten und wir lachten. Nach langer Zeit war ich wieder unbeschwert. Auch Josh, der den Tag über still gesessen hatte, tollte herum. Eziras jüngste Schülerinnen, kaum dem Kindesalter entwachsen, spielten mit Josh ein wenig Fangen. Allmählich zogen sich die anderen zurück. Sie gingen früh schlafen, da sie mit dem ersten Tageslicht ihre Arbeit begannen. Ezira ließ es sich nicht nehmen, Tanisha höchstpersönlich eine eigene Hütte zuzuweisen. Buchi führte Josh und mich zu einem Lehmbau mit einem Dach aus Palmwedeln und Matten am Boden. Mehr Ausstattung gab es nicht. Die einzige Fensteröffnung verfügte nicht über Scheiben, sondern wurde mit hölzernen Läden geschlossen.

Josh nahm all das gar nicht mehr wahr, sondern schlief sofort erschöpft ein. Ich verspürte keine Neigung, mich schlafen zu legen, wo mir die Sorgen und der Husten ohnehin keine Ruhe gegönnt hätten. Die kühlere Nachtluft tat meiner Lunge gut, und ich kehrte zum Feuer zurück, um mich auf einen der Hocker zu setzen.

In dieser Nacht war es so still, dass ich das gleichmäßige Atemgeräusch aus den gewiss 50 Meter entfernten Lehmhütten zu hören glaubte. Ich genoss den Anblick der Funken, die in die Schwärze der Nacht aufstiegen, und legte mir Mutters rote Decke um die Schultern. Ich dachte über die schwierige Situation auf der Farm nach und gestand mir ein, dass ich Angst hatte. Zum ersten Mal fragte ich mich: Hatte ich mir zu viel zugemutet?

Ezira machte sich mit einem leisen Räuspern bemerkbar. »Bei manchen Reisen geht nur der Körper fort und der Geist bleibt zurück in der Heimat.« Mir war wohl unschwer anzumerken, was mich beschäftigte. In ihrer Stimme lag eine eigentümliche Mischung aus Besorgtheit und leichtem Vorwurf. »Wenn ich dich anblicke, sehe ich keine 25-Jährige, sondern eine Frau, die viel Kummer hat. Schmerz, der sie vergessen lässt, wie schön das Leben ist. Dass es aus Lachen und Scherzen besteht.«

Ich konnte nichts dagegen unternehmen, dass ich weinen musste. Die Tränen kamen ohne Umweg direkt aus meinem tiefsten Inneren. Ezira legte ihre Hände auf meinen Rücken. Ihre Kraft ließ mein Schluchzen verebben, der Husten hörte auf.

»Ich möchte dir so viel erzählen und weiß gar nicht, wo ich beginnen soll«, sagte ich. Doch meine Lehrerin meinte, das könne warten. Sie wisse schon einiges von Amara.

Nach dem Angriff auf unsere Farm hatten Magdalena und ich Amara in Lagos angerufen und sie um Hilfe gebeten. Ich erfuhr erst später, dass meine Mentorin nicht sogleich nach Jeba gefahren war, sondern den Umweg über Ezira gemacht hatte. Die beiden waren gemeinsam mit Buchi zu dem Schluss gekommen, dass ich in den Urwald kommen sollte, um mich auszukurieren. Obwohl Ezira so abgeschieden lebte, war sie dennoch eingebunden. So wusste sie auch von dem Überfall auf unsere Farm.

»Das Mädchen, das du mitgebracht hast, gefällt mir. Sie ist ein guter Mensch. Ihr Glaube bedeutet ihr wohl sehr viel und du bist keine Muslimin. Dennoch hat das Schicksal euch zusammengeführt. Aber ihr werdet es nicht leicht miteinander haben.«

»Ich muss dir etwas gestehen, Ezira«, sagte ich. »Tanisha soll nicht nur Heilerin werden. Ich möchte, dass sie meine Nachfolgerin wird.«

»Deine Nachfolgerin?« Die alte Lehrerin war verwundert.

»Ich merke, dass ich nicht mehr die Kraft habe, meinen Gefährtinnen eine Hilfe zu sein.«

Ezira schüttelte traurig den Kopf. »Kein Wunder, dass du so bedrückt bist. In deinem Alter sollte man sich nicht mit der Frage auseinander setzen, wann man sterben muss.« Sie rieb meinen Rücken, wie sie es früher getan hatte, wenn ich mutlos war.

»Eigentlich lebe ich mit diesem Gedanken seit Joshs Geburt!« Ich zog die Tränen durch die Nase hoch wie ein Kind. Niemandem sonst, erst recht nicht Bisi, die solche Angst um mich hatte, hatte ich das gestehen können. »Das ist die Wahrheit, die ich all die Jahre verdrängt habe«, sagte ich. »Tanisha ist meine ganze Hoffnung. Jemand muss sich doch um meine Gefährtinnen kümmern, wenn ich es nicht mehr kann.«

Ezira legte den Arm vertraulich um mich. »Deine Absichten sind gut.« Sie seufzte. »Aber das Richtige kann sich schnell in sein Gegenteil verkehren. Mit Tanisha hast du dir eine große Aufgabe aufgeladen. Ist der jungen Frau wirklich klar, was sie erwartet?«

»Nein, wohl nicht«, gab ich zu.

»Und dir selbst? Ahnst du, wie schwer es für sie sein wird, sich einzufügen?« Wieder verneinte ich. »Das Schicksal wird euch leiten«, sagte sie und ermahnte mich: »Versuch deine Sorgen loszulassen. Denn sie belasten dich zu sehr.« Ezira begleitete mich zu meiner Hütte. »Ich bin immer für dich da. Jederzeit.« Sie küsste mich auf die Stirn.

Als ich mich tief bückte, um in den niedrigen Eingang zu schlüpfen, stieß ich mir trotz aller Vorsicht den Kopf an.

Unter Frauen

Es hatte in der Nacht geregnet, doch an diesem unserem ersten Morgen glitzerten die Sonnenstrahlen auf den nassen Blättern. Es war bereits warm und die Feuchtigkeit entwich dampfend dem Boden. Erst jetzt bot sich mir der *compound* in seiner ganzen Schönheit dar. Die Hütten mit ihren weit heruntergezogenen Dächern wirkten gemütlich, Hühner pickten im Sand und bunte Vögel kamen aus dem nur wenige Schritte entfernten Wald, um neugierig nachzusehen, ob ein paar Körner für sie abfielen. Josh war vor mir am Kochhaus angekommen. Davor hockten die Schülerinnen am Boden im Kreis. Er saß zwischen ihnen und aß wie sie eine Schale Maniokbrei. In ihrer Vertrautheit erinnerte die Situation ein wenig an unser Zuhause.

Ezira hatte sich auf einem von mehreren etwas entfernt stehenden Hockern niedergelassen und nahm ihr Frühstück schweigend ein. Ich gesellte mich mit meiner Kalebasse, einer schlichten Holzschale, zu ihr. Buchi war bereits früh zum Krankenhaus aufgebrochen, wo ihre Patienten sie erwarteten. Wir aßen schweigend, denn Ezira war der Ansicht, dass Gespräche während des Essens von der Arbeit der Köchin ablenkten. Selbst solche nebensächlichen Formen von Respekt waren ihr sehr wichtig.

Ich beobachtete Josh inmitten der Mädchenschar. Da er vor dem Essen bereits im nahen Fluss geschwommen war, hatte er sich in weite Tücher gehüllt. Leicht vorgebeugt hockte er am Boden, die Beine gekreuzt. Der Brei schien ihm zu schmecken. Als er fertig war, stellte er die Schale sanft auf den Boden vor sich. Er neigte den Kopf mal zur einen Seite, mal zur anderen, je nachdem, wem er gerade zuhörte. Wenn er etwas sagte, äußerte er sich leise, sein Lachen war hell, aber nicht aufdringlich.

Zwei etwa 15-jährige Mädchen tuschelten miteinander und blickten missmutig zu ihm hinüber. Offensichtlich störten sie sich an seiner Anwesenheit. Das Mädchen neben ihm, schätzungsweise 14 oder 15, eine sehr zarte Person, trug die Haare zu Zöpfen geflochten. Josh umwickelte zwei der Zöpfchen, deren Garn sich gelöst hatte, erneut mit dem Faden und band sie ihr anschließend noch auf dem Kopf zusammen. Das hatte er mit den wesentlich jüngeren Mädchen zu Hause auch immer getan.

Wer diesen Augenblick nur flüchtig wahrnahm, hätte angenommen, einer Gruppe von Freundinnen zuzusehen. Als mir das bewusst wurde, versetzte es mir einen kleinen Stich. Wo immer er bislang gelebt hatte, war er der einzige Junge. Ausgerechnet der Sohn eines Mannes, der Frauen nur zur Befriedigung seines Geschlechtstriebs benutzte, benahm sich so rücksichtsvoll! Ich rief mich zur Ordnung. Mein Sohn war ein Mensch geworden, der nichts mit seinem Vater gemein hatte: Die viele Liebe, die ihn umgab, hatte den Hass nicht keimen lassen, mit dem er gezeugt worden war.

Nachdem Ezira ihre Schale mit Maniokbrei geleert hatte, sagte sie: »Du wolltest mich etwas fragen?«

»Jungen und Männer dürfen doch eigentlich nicht hier sein.«

»Wer hat das gesagt?« Ezira lachte schelmisch.

»Du?«, fragte ich.

Ezira zuckte mit den Schultern. »Habe ich das wirklich? Nein, ich glaube nicht. Niemand würde auf die Idee kommen, einen Jungen hierher zu schicken. Wer soll sich also beschweren, wenn es gegen keine Regel verstößt?«

Mittlerweile hatte Josh die Haarpflege an seiner Nachbarin beendet und widmete sich nun der Nächsten.

»Josh kennt seine Rolle als künftiger Mann nicht.« Ezira beobachtete ihn ebenso wie ich. »Diejenigen, die in ihm den späteren Mann sehen, erkennen etwas, was nur in ihrer eigenen Vorstellung existiert.« Sie legte die Hand auf meine Schulter. »Was siehst du denn in ihm?«

»Braucht er nicht ein männliches Vorbild?«, fragte ich zaghaft. Immerhin wurde er in wenigen Monaten sieben Jahre alt.

»Das ist keine Antwort auf meine Frage!« Ezira lachte kurz auf. Es klang, als freute sie mein Gedanke keineswegs. »Männer wollen herrschen«, sagte sie kühl. »Dein Sohn muss kein Herrscher werden. Es gibt zu viele davon. Was glaubst du, warum ich so selten ins Dorf gehe? Ich habe zu viel von der Hässlichkeit dieser Welt gesehen, einen Krieg mit unzähligen Toten erlebt. Ich habe die Verstümmelten versorgt und sie dennoch sterben sehen.« Die Erinnerung an den nigerianischen Bürgerkrieg in den 1960er Jahren, in dem sie als Krankenschwester gearbeitet hatte, ließ sie verbittert den Kopf schütteln. »Der Machtwille der Männer bringt so viel Leid und Unrecht hervor. Die Welt wäre wesentlich friedlicher, wenn es mehr Menschen wie Josh gäbe, die ganz unbewusst ihre weibliche Seite ausleben.«

»Du meinst also, er soll gar nicht wissen, dass er nicht wie ein Junge aufwächst?«

»Seine männliche Seite ist noch nicht erwacht. Sie wird es, wenn der Zeitpunkt dafür gekommen ist. Doch dann wird er die Frauen nicht benutzen, sondern achten.« Die Bitterkeit, die in diesen Worten mitschwang, verriet die

Erfahrungen einer Frau, die den Umgang mit Männern mied.

Aus einer der Hütten trat Tanisha mit Faraa. Sie war genau eines jener Opfer männlicher Arroganz. Ihr Bruder hatte nicht den Mut gehabt, dafür zu sorgen, dass ihr der Respekt entgegengebracht wurde, der jeder Frau zusteht.

Tanisha fühlte sich, wie Ezira es geahnt hatte, sichtlich unwohl. Ich winkte sie heran. Erleichtert fing sie meine Geste auf und setzte sich auf den letzten freien Hocker.

Das Mädchen, das Josh zuletzt frisiert hatte, war mit seinen Frisierkünsten nicht zufrieden. Kreischend löste sie die bereits hochgebundenen Zöpfchen. Josh begann unverdrossen von vorn.

Ezira lächelte schief: »Eines wird er auf diese Weise auf jeden Fall lernen – Geduld zu üben.«

Die beiden Mädchen, die das Geschehen mit zunehmendem Verdruss beobachtet hatten, standen auf. Die eine zögerte noch, ihre Freundin zog sie jedoch zu der Gruppe, in deren Mitte mein Sohn Friseur spielte. Die Forschere der beiden baute sich vor Josh auf; ihr Name war Nkem.

Ich wollte bereits aufstehen, doch Ezira legte ihre Hand beruhigend auf mein Bein. »Josh muss sich selbst helfen. Er ist es doch gewohnt, unter Frauen zu leben.«

»Zu Hause ist das anders«, entgegnete ich schwach. »Niemand würde sich daran stören, dass mein Sohn bei mir ist.«

»Dann ist es doch gut, dass es hier mal anders ist«, entgegnete Ezira ernst.

Die Wortführerin Nkem blickte feindselig auf Josh herab, der verblüfft aufschaute. »Ein Junge hat hier nichts zu suchen«, sagte das Mädchen ziemlich laut.

Jene, die Josh gerade frisiert hatte, wandte den Kopf

ab und rückte ein Stück von ihm fort. Er raffte sein Tuch enger um den schmalen Leib und wusste nicht recht, wie er sich verhalten sollte.

»Stört es dich, wenn ich ihr die Haare mache?«, fragte er und schlug dann in jener ruhigen Art vor, die ich so an ihm liebte: »Ich flechte dir auch die Haare, wenn du möchtest.«

»Das kann meine Freundin besser«, gab Nkem schnippisch zur Antwort. »Wenn du schon hier sein musst, dann setz dich nicht einfach so zwischen uns Mädchen. Da drüben ist auch noch Platz.« Sie meinte nicht etwa Ezira, Tanisha und mich, sondern deutete auf den mehr als hundert Meter entfernten Ausgang des weitläufigen *compounds*. In ihrem Dorf hockten Frauen und Männer gewiss nur bei Festen zusammen. Doch ihre Geste bedeutete mehr als das: Sie wünschte meinen Jungen offensichtlich fort.

»Da will ich nicht hin«, sagte Josh entschieden. »Setz du dich doch dorthin, wenn du nicht bei uns sein willst.«

»Wir sind Mädchen«, schnappte Nkem, »*du* musst gehen!«

»Ich darf bei Mädchen sitzen. Bei uns zu Hause ist das auch so.« Damit war die Sache für Josh geklärt. Er schlang die Arme um seine Beine und blickte zu Boden. Mit dieser Verweigerung hatte seine Gegnerin offensichtlich nicht gerechnet. Beistand suchend blickte sie in die Runde, aus der sie keine erkennbare Unterstützung erhielt, und stapfte, ihre Freundin an der Hand, zornig davon. Josh hatte gesiegt und durfte an diesem Morgen dem dritten Mädchen die Haare flechten. Er machte sich an die Arbeit. Allerdings zeigte eine steile Falte auf seiner Nasenwurzel seinen Unmut. Zumindest hatte er seine »Aufnahmeprüfung« im Kreis der Mädchen bestanden.

»Er wird aufpassen müssen, dass sie ihn nicht dauernd zum Frisieren bitten!« Ezira kicherte. »Muss gar nicht so einfach sein, sich hier als einziger Junge zu behaupten.«

Da Tanisha nicht verstand, was Ezira so offenkundig amüsierte, übersetzte ich es ihr in Haussa und sie schüttelte den Kopf: »Ich finde es nicht gut, dass er nur mit Mädchen zusammen ist.«

Ihre Meinung überraschte mich. Gerade sie, die in einer von Männern dominierten Gesellschaft aufgewachsen und vor ihr geflohen war, hätte doch Eziras und meine Einstellung teilen müssen!

»Wenn dein Sohn groß ist, wird er es schwer haben, mit seinesgleichen zurechtzukommen, wenn er jetzt nur mit Mädchen und Frauen aufwächst.« Tanisha sprach leise, aber sehr bestimmt. »Hast du keine männlichen Verwandten, bei denen er leben kann?«

Tanisha kannte meine Geschichte bislang nur aus Andeutungen, und dies war nicht der richtige Zeitpunkt, um die dunklen Seiten meiner Vergangenheit offen zu legen. Bislang hatte auch mein Sohn nicht nach seinem »Erzeuger« gefragt. Ich hoffte inständig, dass dieser Tag in weiter Ferne liegen möge. Denn die Wahrheit würde ihn verletzen: In meinem Land wird Kindern früh Respekt vor den Vätern beigebracht. Joshs Vater Felix verdiente meiner Ansicht nach diesen Respekt nicht. Folglich hatte ich seinem Sohn gegenüber lieber so getan, als gäbe es ihn nicht.

Die Lehrmeisterin rief zum Aufbruch. Josh lief zu unserer Hütte und kam Sekunden später in Shorts zurück. Die Mädchen verließen mit Ezira und den beiden älteren Frauen bereits den *compound*. Während Josh sich das T-Shirt überstreifte, rannte er ihnen nach. Offensichtlich hatte er den Tagesablauf nicht vergessen: Die eine Gruppe mit den beiden älteren Frauen ging zu den etwas weiter entfernten Feldern, um dort zu arbeiten.

Eziras junge Helferinnen sammelten Heilpflanzen, deren Bedeutung ihnen dabei von der Lehrerin erklärt wurde. Ihnen hatte Josh sich angeschlossen. Nicht alles, was Eziras Schülerinnen zusammentrugen, blieb im *compound*. Einen Teil davon verkaufte Buchi im Rohzustand oder als zubereitete Medizin im Dorf, beispielsweise an *herbalists* wie Amara. Doch diese Kräuter mussten gebündelt und getrocknet werden. Trotz meiner Schwäche war dies eine leichte Aufgabe, in die ich Tanisha nun einwies.

Wir beide waren allein zurückgeblieben, saßen auf den einfachen Hockern vor dem Kräuterhaus und unterhielten uns vor allem über meinen Sohn. »Josh macht es schon Spaß, mit in den Wald zu ziehen? Ist er nicht sehr jung dafür?«, wunderte sich Tanisha.

Ich erzählte ihr, dass wir nach unserem letzten Aufenthalt meine Mutter in Lagos besucht hatten. »Sie war krank, und der Kleine gab ihr Ratschläge, welche Kräuter ihr helfen könnten!«

»Möchtest du, dass er später Arzt wird?«, fragte meine Freundin.

»Ich weiß es nicht«, gab ich zu. »Ich habe für ihn eigentlich keine Pläne. Im Moment will ich nur, dass er glücklich ist. Was danach sein wird ...« Ich führte den Satz nicht zu Ende.

Die Wahrheit

Wir waren schon einige Tage bei Ezira, als sie auf die Idee kam, meinen Sohn Tanisha zur Seite zu stellen: »Sie kennt die Pflanzen bislang nur, wenn sie schon im Kräuterhaus eingetroffen sind. Ich denke, ich nehme sie mit meiner Gruppe mit in den Wald. Josh kann übersetzen, was ich sage.« Die grenzenlose Wissbegierigkeit meines Sohnes beeindruckte nicht nur sie. An Pflanzen, die er nur einmal gesehen hatte, erinnerte er sich sofort. Wie seine Tante Magdalena dozierte er dann mit erhobenem rechten Zeigefinger. Ich selbst war noch zu angeschlagen, um mich den anderen anzuschließen. Bei der kleinsten Anstrengung brach mir der Schweiß aus und ich bekam Probleme mit dem Kreislauf.

Nach der Rückkehr vom ersten Ausflug als Tanishas Übersetzer berichtete mein Sohn mir voller Stolz, dass nun er der Lehrer der erwachsenen Frau sei. Die junge Mutter jedoch wollte sich nichts von einem Kind sagen lassen. Am nächsten Tag schützte sie Unwohlsein vor und blieb bei mir im *compound*. Ich war darüber keinesfalls unglücklich, sondern genoss ihre Gesellschaft, damit wir uns noch besser kennen lernen konnten. Wir verbrachten den Tag gemeinsam, lachten viel und benahmen uns wie junge Frauen, die ihren Urlaub im grünen Paradies mit ein wenig Lernen verbanden.

Wir setzten uns unter die Bäume in den Schatten. Ich schrieb einfache Wörter in meine Kladde, um ihr Englisch beizubringen. Mir fiel nichts Besseres ein als die englischen Worte für Mann und Frau.

Wir übten, doch dann schweiften Tanishas Gedanken ab. »Warst du eigentlich gern verheiratet?« Ich wusste viel über ihr Leben, sie jedoch wenig über meines, bevor ich auf der Farm gelebt hatte.

Ich ließ das Büchlein sinken. »Joshs Vater Felix hatte mehrere Frauen, ich war die sechste. Nach mir hat er noch viele Male geheiratet. Ich kann dir nicht mal sagen, wie oft! Eine normale Ehe war das nicht gerade.« Tanisha kannte nur jene sechs anderen, die auf unserer Farm lebten. Sie wusste allerdings nicht, in welcher Verbindung wir zueinander standen. Ich erklärte es ihr nun und ihre Verwunderung war nur zu verständlich!

Mir stand nicht der Sinn danach, das meiner Meinung nach verantwortungslose Leben von Felix zu erklären, und ich lenkte ab: »Mein Vater hatte sogar 48 Ehefrauen!« Mit dem Abstand der Jahre kam mir diese Zahl geradezu gespenstisch vor.

Tanisha sah mich ungläubig an: »Waren seine Frauen denn glücklich?«

Ich konnte es nicht sagen. Immerhin hatte meine Mutter ein solches Leben gesucht; sie wusste, was sie erwartete. Also erzählte ich von den angenehmen Seiten. Der Zusammenhalt der anderen Frauen faszinierte Mutter, als sie meinen Vater kennen lernte. Ich fand allerdings nur dürftige Worte für eine schillernde Vergangenheit, die mit meinem neuen Leben nichts mehr zu tun hatte. Ich hatte erlebt, wie sehr sich Mama Lisa im Kreise so vieler Frauen wohl gefühlt hatte. Aber ich hatte schon als Kind mitbekommen, dass sie sich dem Willen meines Vaters nicht immer freiwillig gebeugt hatte.

»Wenn sich so viele Frauen einen Mann teilen, gibt es da nicht große Eifersucht?«, fragte Tanisha.

»In Wahrheit führten Vaters beide ersten Frauen, die Schwestern Patty und Felicitas, den Harem. Sie achteten darauf, dass es keinen Streit gab. Eine Zeit lang gehörte sogar meine Mutter ihrem so genannten Tribunal an. Papa David, also mein Vater, schritt nur ein, wenn die beiden ältesten *Mamas* ihn darum baten, aber das kam selten vor.«

»Mochtest du sie?«

Darüber hatte ich bislang nie nachgedacht. »Ich hatte mit ihnen nicht so viel zu tun«, sagte ich ausweichend. »Der Harem war sehr groß. Ich hatte meine eigenen *Mamas*, die sich um mich kümmerten. Die Frauen teilten sich die Betreuung der Kinder. So hatte jedes seine eigenen festen Bezugspersonen. Für mich waren das Bisi und Ada, Mutters engste Freundinnen.«

Unser improvisierter Unterricht war über dieses Gespräch längst vergessen! »Was ist eigentlich aus deinem damaligen Zuhause geworden?«, erkundigte sich Tanisha weiter.

»Kurz vor seinem Tod setzte mein Vater Felix als Nachfolger ein. Doch der war kein charismatischer Führer wie Papa David, sondern nur hinter den vielen Frauen her. Als er starb, wurde das Grundstück größtenteils verkauft. Denn Felix hatte das Erbe durchgebracht.« Ich gestand mir ein, dass mein Bericht recht dürftig war. Hätte ich die ganze Wahrheit gesagt, so hätte ich von Aids erzählen müssen. Von den vielen Toten, die es gegeben hatte. Doch das war eine andere Geschichte, die Tanisha nur schockiert hätte.

»Du sprichst nicht gern über deine Vergangenheit«, stellte Tanisha fest. Ein wenig Enttäuschung schwang darin mit.

»Als Kind fühlte ich mich im Harem wohl. Ich war beschützt. Für eine Erwachsene reicht das nicht. Hinter hohen Mauern bleibt das wirkliche Leben ausgesperrt.«

Ich hätte ihr nun erzählen können, dass das Gleiche auch für das Leben galt, das meine Mutter mit mir, Bisi und Ada nach unserer Zeit im Harem auf der Farm geführt hatte. Auch dort hatte Papa David aus der Ferne auf unsere Isolation geachtet; meine Mutter war dabei sein verlängerter Arm gewesen. Erst als Felix kam, hatte ich erfahren müssen, dass die Autorität eines polygamen Familienvorstands nur unter einer Bedingung erträglich ist: Der Mann muss sich seiner Verantwortung bewusst sein. Mein Vater wusste das, Felix nicht. Seine Skrupellosigkeit hatte den Harem allmählich ausgelöscht.

»Lass uns noch ein bisschen lernen!«, rief ich und schlug ein leeres Blatt auf. Diesmal überlegte ich genauer, mit welchem Wort wir weitermachen konnten ...

Bei Ezira gab es weder Kalender noch Uhren. Wenn ich für die Heimkehrerinnen das Abendessen vorbereiten wollte, orientierte ich mich am Stand der Sonne. Wir kochten nach den Prinzipien des Heilens: Geist und Seele essen mit, wenn der Bauch gesättigt wird. Mir machte es Spaß, meine Freundin an meinem wieder erwachten Wissen teilhaben zu lassen.

Tanisha, die kleine Faraa auf dem Rücken, und ich bereiteten an diesem Tag Fische zu, die morgens im Fluss gefangen worden waren. Wir nahmen sie auf den Steinen vor dem Kochhaus aus und schnitten sie für eine Suppe in kleine Stücke. Dabei war ich unachtsam, das Messer glitt in meine Fingerspitze. Kein großer Schnitt, aber es blutete stark. Wäre ich zu Hause gewesen, hätte ich mir ein großes Pflaster darüber geklebt und anschließend sicherheitshalber die von Magdalena aus Deutschland mitgebrachten Gummihandschuhe übergestreift. Im Urwald gab es weder das eine noch das andere. Nur eine aus einem Rindenextrakt und Blütenblättern gekochte Salbe, eine dunkle Masse, die ich unverzüglich zur Blutstillung auftrug.

Viel Fisch war nicht mehr zu schneiden, und vorsichtshalber überließ ich es Tanisha, dies zu tun. Ich entzündete in der Zwischenzeit das offene Feuer unter dem großen Kochtopf. Faraa wurde quengelig; sie hatte Hunger.

Als die ersten Fischstücke in der Suppe schwammen, der noch alle scharfen Zutaten fehlten, hatte Tanisha eine Idee. »Ob der Fisch weich genug ist, dass wir Faraa winzige Stückchen davon geben können?«, fragte sie und bat: »Kostest du mal?«

»Du kennst deine Tochter besser. Mach du das lieber«, sagte ich ausweichend. Denn als Aidskranke wollte ich aus Vorsicht den Bissen nicht erst in den Mund nehmen, um dann das Kind damit zu füttern.

Faraa schmeckte der Fisch sehr gut, immer wieder öffnete sie den Mund. Während Tanisha ihr Töchterchen fütterte, stellte ich die Gewürze zusammen, die nur für kurze Zeit mitkochen durften, damit sie ihre Wirkung nicht verloren.

Ich war jedoch nicht bei der Sache und blickte immer wieder zu der jungen Mutter mit ihrem Kind. Ihre Bitte, zu kosten, hatte mir schlagartig bewusst gemacht, wie sehr ich jeden Fehler im Umgang mit anderen Menschen vermeiden musste. Unkonzentriert zerteilte ich Pfefferschoten. Wieder rutschte ich ab und schnitt mich erneut. Zwar blutete es kaum, brannte aber wie Feuer.

»Lass uns tauschen. Du fütterst Faraa und ich schneide«, schlug Tanisha vor.

Während ich die Kleine auf dem Schoß hielt, verschluckte sie sich und hustete. Ich legte sie auf den Bauch und klopfte ihr auf den Rücken, erkannte aber sofort, dass Faraa etwas im Hals steckte. Da geriet ich in Panik und drehte plötzlich völlig durch. Der Brocken musste aus dem Mündchen geholt werden. Was ich mit meiner Verletzung nicht riskieren durfte. Ich hätte meine Infektion wahrscheinlich übertragen!

»Ich darf's nicht!«, rief ich. »Komm her und hilf!« Ein winziger, unbedachter Augenblick sollte das Leben des hilflosen Babys nicht in Gefahr bringen.

Tanisha blickte mich nur verwundert an, da sie meine panische Reaktion nicht nachvollziehen konnte, fasste dann aber beherzt zu und rettete ihre Tochter vor dem Ersticken. Ich stand daneben wie erstarrt. Was mochte meine Schülerin jetzt von mir denken? Durchschaute sie bereits, dass ich ihr meine Krankheit verschwiegen hatte? In diesen wenigen Sekunden lief vor meinen Augen alles ab, was ich über das Heilen gelernt hatte. Und es zeigte mir, dass ich eine Heilerin war, der durch Aids die Hände gebunden waren. Ich, die immer helfen wollte, konnte es nicht. Ausgerechnet am Missgeschick eines Babys wurde mir das nun vor Augen geführt. In all den Jahren zuvor hatte es solch eine Situation nie gegeben, weil immer jemand da gewesen war, der mir beigestanden hatte.

Tanisha stillte ihre Tochter, die nach wenigen Minuten selig schmatzend einschlummerte. Eine Weile betrachtete ich dies friedliche Bild. Als HIV-positive Mutter hatte ich Josh nie stillen dürfen.

Ich ertrug den friedlichen Anblick nur schwer, der mir auf so schmerzhafte Weise bewusst machte, dass mein Zustand eine Gefahr für andere darstellte. Solange das Virus sich nicht bemerkbar gemacht hatte, hatte ich mir vorgaukeln können, dass alles ganz normal sei – wenn ich vorsichtig war. Doch jetzt hatte sich die Infektion in eine Bedrohung meines Lebens verwandelt und stellte meine bisherige Haltung grundsätzlich infrage: Durfte ich überhaupt noch Heilerin sein? Der Boden, auf dem ich stand, schien zu schwanken ...

Ausgerechnet zu Tanisha, die meine Nachfolgerin werden sollte, war ich nicht ehrlich gewesen. Sie wusste nicht, dass ich Aids hatte. Ich schämte mich meiner Feigheit. Ich trug erneut, und diesmal noch viel dicker, Heilpaste auf die Schnitte in meinen Fingern auf. Unkonzentriert vollendete ich die köchelnde Suppe, warf die Zutaten allerdings mehr hinein, als dass ich sie so liebevoll hinzufügte, wie aufmerksam zubereitetes Essen angerichtet werden sollte.

Nachdem Tanisha ihre satte Tochter schlafen gelegt hatte, kam sie zur Kochstelle zurück und sah mich besorgt an. »Was ist los mit dir? Geht es dir nicht gut?«

»Ich muss dir etwas gestehen, Tanisha«, sagte ich und mied ihren Blick. »Ich habe Aids. Ich hätte es dir viel eher sagen müssen.«

Tanisha blickte mich verständnislos an. »Was heißt das, du hast Aids?«

Ich erschrak entsetzlich. Das Geständnis, zu dem ich mich durchgerungen hatte, war im Grunde überflüssig. Ich offenbarte etwas, was sie niemals erfahren hätte! Wie gerade zuvor hätte sie sich allenfalls gewundert. Wie so viele Menschen in meinem Land wusste auch Tanisha nicht, was Aids ist. Es war ein sehr oft totgeschwiegenes Geheimnis. Infizierte starben; aber sie waren in der Wahrnehmung der Hinterbliebenen keine Aidsopfer, sondern Malaria oder Lungenentzündung hatten sie dahingerafft.

Ich erklärte ihr, was ich habe, und sie fragte: »Seit wann bist du krank?«

»Als ich bei Joshs Geburt erfuhr, dass ich infiziert bin, hörte ich so wie jetzt du zum ersten Mal, dass es so was überhaupt gibt.«

»Aber da warst du noch keine Heilerin?«, fragte Tanisha.

»Nein. Ich habe damit erst begonnen, nachdem es Josh schlecht ging. Da war er ein Jahr alt. Mit Amaras Naturmedizin schafften wir es, Josh wieder gesund zu machen.«

»Dann hat er es auch?«

Mit einem Kopfnicken gab ich das Schicksal meines Sohnes preis.

Tanishas Stimme glich einem Flüstern: »Kann man an Aids sterben?«

Meine inneren Stimmen schrien, dass ich jetzt lügen sollte. Doch ich hatte den ersten Schritt getan, und nun musste ich auch den zweiten machen. Ich gestand die ganze Wahrheit: »Das kommt darauf an, wie stark oder schwach der Körper ist.«

»Und dir geht es gar nicht gut«, erwiderte Tanisha kaum hörbar. »Warum muss das so sein?« Natürlich erwartete sie darauf keine Antwort. Wer hätte sie geben sollen? Oder dürfen? »Du weißt, dass du ...«, begann sie und wagte es nicht, zu Ende zu sprechen.

»Ich werde früh sterben, ja.« Ich wollte ihr keine Stärke vorspielen. Weil ich es nicht mehr konnte. Vielleicht wäre es mir auf der Farm noch einige Monate lang gelungen, um meine *Schwestern* nicht zu entmutigen. Möglicherweise hätte ich auch Tanisha noch länger im Unklaren lassen können. Doch in diesem Moment fühlte ich mich dazu nicht mehr in der Lage.

»Du hast bestimmt große Angst vor dem Tod«, sagte sie.

»Ich versuche, keine zu haben. Denn ich bin überzeugt, dass ich wiedergeboren werde. Aber dieser Gedanke tröstet nur ein bisschen«, räumte ich ein. Denn ich hing an meinem Leben und war noch lange nicht bereit, es loszulassen. »Ich liebe meinen Sohn über alles«, brach es aus mir hervor. »Ich möchte erleben, wie er groß wird. Aber ich weiß nicht, was schlimmer wäre: wenn er ohne mich zurückbliebe oder ich ohne ihn.« Vor allem nach seiner Geburt, als die schreckliche Nachricht noch frisch war, hatte ich darüber oft nachgedacht. Doch die Bedrohung war immer weiter in den Hintergrund gerückt, je mehr uns der Alltag beschäftigt hatte. Das Verdrängen begann und hatte mit dieser unscheinbaren Begebenheit seinen Wendepunkt erreicht.

Kurz nach Faraas Geburt wäre Tanisha fast an Kindbettfieber gestorben. Doch es war mir gelungen, ihr Leben zu retten. Nun stellte sie mir eine Frage, die mir das Blut in den Adern gefrieren ließ: »Du hast mich entbunden. Konntest du mich denn nicht anstecken?«

»Ich habe Handschuhe getragen, Tanisha!«, rief ich entsetzt und erklärte ihr, wie vorsichtig ich vorgegangen war und welche Selbstbeschränkungen ich mir auferlegt hatte. Sie hatte es ja kurz zuvor erlebt.

Doch Tanisha brachte einen kaum zu entkräftenden Einwand vor: »Was wäre gewesen, wenn du mit Faraa allein gewesen wärst? Hättest du sie dann ersticken lassen? Oder riskiert, sie mit deinem Blut zu infizieren?«

Ich hätte antworten können, dass alles gut gegangen wäre, wenn ich nicht in Panik geraten wäre. Doch das sagte ich nicht. Denn es ging meiner Freundin um genau das, was mir zu schaffen machte: meine eigenen Grenzen. Die kleine Episode hatte mir gezeigt, wie schnell ich vor der Wahl zwischen zwei Übeln stehen konnte. Eine ausweglose Situation.

»Weiß Josh eigentlich, wie es um ihn steht?«, fragte Tanisha in das mich belastende Schweigen hinein.

»Nein«, meinte ich entschieden. »Das darf er nicht wissen.«

Ein Kind, das Aids hat, wandelt wie ein Seiltänzer über einem Abgrund. Es wurde hinausgestoßen und wird nur dann das Gleichgewicht halten, wenn ihm niemand sagt, wie tief es fallen kann. Mein Leben lang sah ich es als meine Aufgabe an, Josh vor dem Absturz zu bewahren. Für immer vermochte ich ihn nicht zu beschützen. Ich war jedoch fest entschlossen, es so lange zu tun, wie es möglich war. Denn danach wäre seine unbekümmerte Kindheit für immer zu Ende gewesen.

»Ich musste ihm erklären, warum wir unseren Tee brauchen«, sagte ich zu Tanisha. »Damit er das verstand, habe ich ihm früher einmal gesagt, dass alle auf der Farm eine Krankheit haben, die uns anfällig macht für andere Krankheiten. Darum der Tee, der uns schützt.«

Tanisha blickte mich verstört an. »Dann haben alle Frauen auf der Farm Aids? Und der Tee hilft nicht wirklich? Warum nehmt ihr ihn dann?«

Ich versuchte ihr den Unterschied zwischen der Infektion, die den Körper für jede Krankheit anfällig macht und wovor der Tee schützt, und Aids an sich zu erklären: »Dann ist der Körper schon zu schwach. Darum, Tanisha, bin ich hier. Um mich zu schonen und wieder kräftiger zu werden.«

Die Suppe hatte ich fast vergessen. Sie musste vom Feuer. Doch allein schaffte ich es nicht, den schweren Topf von den Steinen zu heben. Tanisha fasste mit an, und wir trugen ihn hinüber zum Essplatz, wo wir ihn in der Mitte der im Kreis aufgestellten dreibeinigen Hocker absetzten.

Tanisha bewegte sich wie in Trance. »Du hast mir das Leben gerettet. Ich wäre nie auf die Idee gekommen, dass dein eigenes bedroht war.« Sie blickte mich fassungslos an. »Woher nimmst du die Kraft, nicht aufzugeben?«

In meiner Antwort schwang meine Hilflosigkeit deutlich mit: »Ich habe keine andere Wahl. Gott hat mir mein Schicksal auferlegt, als er mich auf die Welt schickte.«

»Auferlegt? Was meinst du damit?«

»Joshs Geburt und seine Infektion haben mir meine Aufgabe gezeigt, anderen zu helfen.« Diese Überzeugung hat mir all die Jahre den Mut gegeben, weiterzumachen.

»Dafür bist du auf die Welt gekommen?« Meine Einstellung war ihr unbegreiflich. »Und mich hat er zu dir geschickt, damit ich von dir lerne?«

»Vielleicht wusste Gott, dass wir dir helfen würden. Aber hierher mitgenommen habe ich dich aus einem anderen Grund: Ich weiß, wie wenig Zeit mir bleibt, und darum wollte ich, dass du meine Nachfolgerin wirst. Das habe ich mich nicht getraut, dir zu sagen. Du hättest sicher Angst bekommen und wärst nicht mitgefahren.« Nun wusste sie alles, und ich sah in ihrem erstarrten Gesicht, dass es sie überforderte.

»Die Wahrheit zu verschweigen, heißt lügen«, erwiderte sie so leise, dass ich es kaum verstand. Als ich die Tragweite dieses Satzes halbwegs begriff, rannten schon die Mädchen in den *compound*, um sich hungrig auf die Fischsuppe zu stürzen.

Wir begannen, das Essen zu verteilen, als Faraa sich mit kräftiger Stimme zu Wort meldete. Da Josh gerade direkt neben dem Baby stand, hob er es hoch, sprach beruhigend auf die Kleine ein und wiegte sie. Er hatte Faraa schon etliche Male auf dem Arm gehabt. Offensichtlich stellte er sich sehr geschickt an, denn das Kind beruhigte sich rasch. Es hatte wohl nur aufstoßen müssen.

Plötzlich ließ Tanisha alles stehen und liegen. Mit schnellen Schritten eilte sie zu Josh und riss ihm Faraa ohne ein Wort der Erklärung weg. Dann rannte sie zu ihrer Hütte und verschwand darin mit der laut schreienden Faraa. Joshs verunsicherter Blick traf meinen.

Nach dem Essen setzte mein Sohn sich zu mir und lehnte den Kopf an meine Schulter. »Warum mag Tanisha mich plötzlich nicht mehr?«, fragte er in seiner sanften Art. »Sie hat mir einfach Faraa weggenommen. Durfte ich sie denn nicht auf den Arm nehmen?«

»Du hast das ganz richtig gemacht«, erwiderte ich schnell. »Das nächste Mal wäre es vielleicht ganz gut, wenn du sie vorher fragst. Sie hat Faraa eben sehr lieb.«

»Ich auch!« Josh war empört. »Außerdem würde Tanisha ja doch nur Nein sagen. Weil sie mich nicht leiden kann. Sie wollte auch nicht, dass ich ihr die Pflanzen erkläre!«

»Tanisha hat eine schwere Zeit durchgemacht. Sie hat einfach Angst, dass ihr jemand Faraa wegnimmt.« Er wollte protestieren, aber ich fuhr unbeirrt fort: »Wenn Menschen Angst haben, tun sie Dinge, die ein anderer nicht versteht.«

»Hat Tanisha vor mir Angst?«

»Gib ihr etwas Zeit, und ich bin sicher, dass sie dir Faraa wieder anvertrauen wird.« Doch das war natürlich nur die halbe Wahrheit. Um die andere Hälfte musste ich mich kümmern; sie betraf mein Verhältnis zu Tanisha.

Meine *Schwestern* brauchten eine Heilerin, an deren Kraft sie glauben konnten. Jemand, der die gleichen Ängste und Zweifel wie sie hatte, dem hätten sie natürlich nicht vertraut. Das, was sie als meine »Stärke« empfanden, nahm uns gleichzeitig die Möglichkeit, Freundinnen zu werden. Bei Tanisha sollte das anders sein: Sie war meine heimliche Hoffnung, dass ich als unheilbar Kranke etwas Gesundes hinterlassen könnte. Eine Nachfolgerin, die mein Wissen hütete und Liebe und Zuversicht weitergab. Ihr wollte ich keine »Stärke« vorspielen.

Sollte meine Ehrlichkeit kein Fehler gewesen sein, dann musste ich um Tanishas Freundschaft und ihr damit verbundenes Vertrauen kämpfen.

Wie ein rohes Ei

In den folgenden Tagen ging Tanisha mir aus dem Weg. Tagsüber schloss sie sich der Gruppe der Feldarbeiterinnen an. Nach dem Abendessen verschwand sie stets mit Faraa in ihrer Hütte. Ich sah sie selten, und wenn, dann versetzte es mir jedes Mal einen Stich. Nicht nur, dass unsere Freundschaft unmöglich geworden zu sein schien. Es gab auch keine Möglichkeit, dass ich Tanishas Ausbildung weiterhin betreute. Stattdessen machte ich mich im Kräuterhaus nützlich, wo ich die gesammelten Pflanzen sortierte und trocknete.

Meine Sorgen ließen mich die folgenden Nächte schlecht schlafen, obwohl ich mich körperlich erholt hatte. Kaum dass ich eines Nachts eingenickt war, hörte ich ein Geräusch, das unangenehm und gleichzeitig auf seltsame Weise vertraut war. Josh lag ruhig auf seiner Matte und atmete entspannt. Gebannt lauschte ich nach draußen. Es klang, als ob sich irgendwo in der Nähe Hunde aufhielten. Wir befanden uns jedoch mitten im Urwald, wo nicht mit Hunden zu rechnen war. Ich musste mich getäuscht haben und versuchte, wieder Schlaf zu finden. Kurz darauf war es deutlich zu vernehmen: ein lang gezogenes Jaulen, dann mehrstimmiges Gebell.

Eine wildernde Hundemeute wäre gefährlich für den *compound*: Hier gab es Fressen für hungrige Mäuler. Hatten sie uns entdeckt, so wäre es schwierig, sie loszuwerden. Ich wartete lange, aber die Hunde kamen in dieser Nacht nicht näher; ich ging davon aus, dass sie die Richtung gewechselt hatten. Doch das war ein Irrtum, nur der Wind hatte gedreht.

Nach dem Frühstück am nächsten Morgen teilte Ezira wieder die beiden Gruppen ein. Josh gehörte keiner an. »Zuerst wirst du den *compound* fegen und Hühnereier einsammeln«, erklärte die Lehrmeisterin.

Fegen war ein normaler Bestandteil des Tagesablaufs. Jede kam einmal damit dran; mein Sohn allerdings hatte noch nie gefegt. Das Eiersammeln war gewissermaßen das Zuckerstückchen, das ihm die Hausarbeit versüßen sollte. Wer die Eier sammelte, durfte sich eines nehmen. Josh liebte rohe Eier, die er in kleinen Schlucken austrank.

»Wenn du damit fertig bist, wirst du eine Rassel verzieren«, fuhr die Lehrerin fort.

Rasseln sind keine Kinderspielzeuge, sondern wie Trommeln erfüllen sie den Zweck, mit den Naturgeistern in Verbindung zu treten. Eine erfahrene Heilerin kann so ihre Patienten und sich selbst in Trance versetzen, um die Ursachen von Krankheiten zu erforschen. Man hält sie möglichst leicht in der Hand und bewegt sie schnell. Es gibt unzählige Formen von Rasseln; Ezira hatte Josh einen kleinen getrockneten Flaschenkürbis ausgesucht. In einer Korbschale hatte sie feste Schnüre aus hartem, getrocknetem Gras und Perlen vorbereitet, die er auffädeln sollte. Später würde ich ihm zeigen, wie das ging.

Tanisha hatte ich an diesem Morgen noch nicht gesehen, und ich fragte Ezira, was mit ihr sei. »Sie hat Magenschmerzen«, erwiderte unsere Lehrerin. »Sieh doch bitte mal nach ihr. Ich bin sicher, dass ihr der Kummer über euren Streit zusetzt. Sie wartet nur darauf, dass du zu ihr gehst, Choga.«

Nachdem die anderen den *compound* verlassen hatten, suchte ich Tanisha. Die junge Mutter hockte betrübt am Boden vor ihrer Hütte. Faraa lag neben ihr im Schatten und spielte mit ihren Füßchen.

»Darf ich mich zu euch setzen?«, fragte ich und rechnete damit, dass sie allein sein wollte. Tanisha willigte mit einem stummen Nicken ein und ich nahm Platz. »Wie geht es dir? Möchtest du einen Tee gegen deine Magenschmerzen?«

Sie schüttelte wortlos den Kopf.

»Wir müssen endlich miteinander ins Reine kommen«, sagte ich. »Ich hätte dir von Anfang an die Wahrheit sagen sollen. Bitte glaube mir, ich wollte dich nicht anlügen.«

»Du hast es aber getan. Warum? Wie kann ich deine Nachfolgerin werden, wenn du mir nicht vertraust? Glaubst du denn, dass ich nicht verstehen kann, was du hast?« Ihre ausdrucksstarken Augen verrieten mir, dass ich weit davon entfernt war, sie überzeugen zu können.

»Es war einfach zu wenig Zeit gewesen, um mit dir offen zu sprechen. Wir reisten ab, ich war zu geschwächt und mein Haussa zu schlecht, um dich über alles in Ruhe informieren zu können. Ich wollte es hier nachholen. Das habe ich auch versucht, es jedoch völlig falsch angefangen.« Ich hatte mich von einer Situation überfallen lassen. Zuvor war mir so etwas nie passiert. Ich fand nur eine Erklärung dafür, dass ich Tanisha nicht behutsam an die Wahrheit herangeführt hatte: Ich war nicht mehr Herrin meiner eigenen Entscheidungen gewesen.

Mit Schaudern dachte ich an jene ereignisreichen Wochen unmittelbar nach Tanishas Eintreffen auf der Farm zurück: Damals hatte ich außer ihr einige andere Patientinnen zu versorgen. Gleichzeitig mussten wir Flüchtlinge aufnehmen, die ihr Obdach verloren hatten.

Kurz darauf wurde das Heilhaus zerstört. Ich konnte keine Naturmedizin bereiten und in der Folge bekam Josh eine Lungenentzündung. Dann starb Efe an der gleichen Krankheit. Und schließlich brach ich völlig zusammen.

Wäre ich nicht so überfordert gewesen von diesen vielen Ereignissen, so hätte ich Amaras Vorschlag, Tanisha zu meiner Nachfolgerin zu machen, reiflicher überdacht. Jetzt, mit dem Abstand mehrerer Wochen, war mir klar, wen wir eigentlich für diese Aufgabe vorsahen: Tanisha war hochschwanger zu mir gekommen. Auf der Flucht vor ihrer Familie war ihre Fruchtblase geplatzt. Mit verschmutzten Tüchern hatte sie die Feuchtigkeit aufgefangen. Als ich das entdeckt hatte, war ich entsetzt gewesen. Ihr hilfloses Vorgehen hätte das Baby in Lebensgefahr bringen können. Doch woher hätte sie von einer möglichen Infektion wissen sollen? Tanisha war ganz auf sich gestellt gewesen. Ich konnte ihr deshalb keinen Vorwurf machen. Schließlich war sie ein medizinischer Laie.

»Du sollst Heilerin werden, hattest bislang jedoch nur ein wenig geholfen. Ich hatte mir nicht richtig überlegt, was ich von dir wirklich verlange. Und du wusstest nicht, auf was du dich mit mir einlässt. Tanisha«, bat ich, »lass uns noch einmal von vorn beginnen.«

Nun sah sie mich kurz an und schlug sofort die Augen nieder: »Du hast gesagt, dass Gott mich zu dir geschickt hat, damit ich lerne. Darüber muss ich immer nachdenken. Was ist, wenn ich nicht Heilerin werden will? Wird Gott dann auf mich zornig sein?«

Du meine Güte! Was hatte ich da angerichtet! Ich hatte gegenüber der verunsicherten, liebevollen Tanisha, die lediglich ihren Platz im Leben suchte, von der Schicksalhaftigkeit unserer Begegnung gesprochen. Wie hatte ich nur so etwas Dummes tun können! Wieso hatte ich ihr keine Zeit gelassen, wie meine Lehrerinnen damals mir?

»Niemand wird zornig, wenn du nicht Heilerin werden möchtest. Sieh dir alles in Ruhe an, und wenn dir gefällt, was Ezira und die anderen tun, kannst du dich immer noch entscheiden. Das ist doch im Moment noch nicht so wichtig. Du bist hier in Sicherheit.«

Tränen liefen über Tanishas Gesicht. »Bin ich das wirklich? Ist Aids denn nicht ansteckend für mich und Faraa?« Sie blickte mich schluchzend an. »Choga, hat Ezira auch Aids? Und all die anderen hier? Ist es so wie auf der Farm?«

Offenbar fühlte sie sich wie jemand, den der Teufel aus der Hölle befreit hatte. Faraa spürte die Verzweiflung ihrer Mutter und begann zu schreien.

»Ich würde es dir sagen, wenn es so wäre. Aber Ezira und die anderen sind alle gesund. Und mit Josh habe ich gesprochen. Er wird Faraa nur noch nehmen, wenn du es ihm erlaubst.«

Tanisha konnte sich nicht beruhigen. Sie war zu aufgewühlt und Faraa wollte nicht aufhören zu schreien. Ihrer Mutter fehlte die Kraft, sich gerade jetzt um das Baby zu kümmern. Ich hätte die Kleine gern auf den Arm genommen, um sie sacht zu wiegen. Doch das traute ich mich nicht. Ich wollte kein zweites Mal eine unsichtbare Grenze überschreiten. Obwohl ich die Kleine auf die Welt geholt hatte.

»Ich muss dir doch eigentlich so dankbar sein für alles«, klagte sie. »Ich habe nur an mich gedacht und nicht geahnt, wie es um dich steht. Du bist jetzt bestimmt enttäuscht von mir.«

»Nein, bitte sag so etwas nicht! Der Fehler liegt einzig und allein bei mir.« Wie viele Gefühle in ihr miteinander stritten! Sie tat mir so Leid.

Die kleine Faraa schrie unaufhörlich weiter. Ich kitzelte ihre Füßchen und tippelte mit den Fingerspitzen über ihr Bäuchlein. Sofort beruhigte sie sich und lachte. Auch Tanisha hörte zu weinen auf. Sie blickte über die Schulter zu uns und beobachtete, was ich tat.

Josh hatte inzwischen rund ein Dutzend Eier gefunden, die er nun in einer geflochtenen Korbschale brachte. Ich lobte ihn für seinen Fleiß.

Ihm blieb nicht verborgen, wie unglücklich Tanisha war. »Ich werde jetzt fegen«, sagte er, rührte sich aber keinen Schritt. Dann balancierte er den Korb zwischen linker Hand und Brust, griff langsam hinein und streckte das Ei, das für ihn bestimmt gewesen wäre, Tanisha entgegen.

Niemand bewegte sich. Es war, als könnte das Ei in Joshs rechter Hand sonst zerplatzen.

Tanisha blickte auf die Gabe, dann in Joshs versteinertes Kindergesicht, in das die Angst vor erneuter Ablehnung geschrieben stand. Sie wischte sich zögernd die Tränen mit der flachen Hand weg und ging die wenigen Schritte zu Josh. Dann nahm sie ihm das Geschenk ab.

»Danke.«

Ihr flüchtiges Lächeln erlöste Josh aus seiner Erstarrung. Er drehte sich um und ging zum Kochhaus, die Korbschale mit den Eiern vor sich hertragend wie eine Reliquie.

Die vielen fleißigen Hände hatten am Vortag im Urwald wieder zahlreiche Zutaten für Medizin besorgt, die ich noch ordnen musste. Sie lagen auf einem einfachen Holztisch in der Kräuterküche. Das mit einem weit herunterhängenden Palmwedeldach eingedeckte Häuschen war nach allen Seiten hin offen. Denn in der Mitte befand sich eine Feuerstelle und von der Decke hingen bereits fertig gebündelte Kräuter, die im sanften Luftzug trockneten. Nun sollte ich die bereitliegenden in der gleichen Weise zum Verkauf im Ort vorbereiten. Solche Arbeiten verrichtete ich gerne, sie machten den Kopf frei, um nachzudenken, und strengten nicht an. Gleichzeitig köchelte anderes in Tiegeln, manchmal stundenlang, bis die richtige Konsistenz erreicht war, um zum Beispiel eine Salbe herzustellen. Um mich herum sah es dabei zwangsläufig chaotisch aus.

Während ich auf einem Hocker am Tisch saß, konnte ich von meiner zentralen Position aus sowohl nach Tanisha als auch nach Josh Ausschau halten. Von der Kräuterküche waren es rund zehn Meter bis zum großen Feuerplatz in der Mitte des *compounds*. Tanisha musste sich nach unserer Aussprache erst mal sammeln, doch ich hoffte, sie würde sich mir irgendwann anschließen. Nur wir vier waren im *compound*. Wie immer liefen die Hühner frei herum. Mein Sohn fegte mit einem kleinen Besen. Gelegentlich vergaß er die Ernsthaftigkeit seiner Arbeit, warf kleine Steine in die Luft und versuchte sie mit dem Kehrgerät fortzuschlagen. Insgesamt amüsierte er sich prächtig.

Inzwischen war es Mittag geworden, und mein Sohn kam zu mir, um mir mitzuteilen, dass er mit dem Fegen fertig war. »Soll ich jetzt mit der Rassel anfangen?«

Josh setzte sich neben mich auf den Boden. Ich zeigte ihm, wie die Schnur durch die Perlen gezogen und verknotet werden musste. Im nächsten Schritt sollten die geschmückten, sich kreuzenden Schnüre an zwei Stoffringen befestigt werden. So entstand nach und nach eine feinmaschige Bespannung. Es war eine Arbeit, die neben Konzentration auch Ausdauer erforderte, und ich sah Josh an, dass er sie nur anfänglich mit Begeisterung ausführte. Viel lustiger fand er es, einige bereits aufgefädelte Perlen gegen den hohlen Resonanzkörper der Kalebasse klicken zu lassen.

Tanisha kam mit Faraa langsam näher. Sie merkte sofort, dass sowohl Josh als auch ich durchaus ihre helfende Hand gebrauchen konnten. Zunächst stand sie unschlüssig zwischen uns beiden, dann setzte sie sich neben meinen Sohn und begann, die Perlen aufzufädeln. Das wiederum gefiel ihrer Kleinen ganz und gar nicht. Tanisha löste das Tuch, in dem Faraa auf ihrem Rücken hing, und legte das Mädchen sanft neben sich.

Ich wollte nicht den Eindruck erwecken, beide zu beobachten, und tat so, als wäre ich sehr beschäftigt. Plötzlich glaubte ich, auf der anderen Seite des Platzes, zwischen den hinteren Hütten, eine Bewegung ausgemacht zu haben. Ein dunkler Schatten huschte vorbei und verschwand. Ich war jedoch viel zu gebannt von der vorsichtigen Annäherung zwischen Josh und Tanisha, als dass ich wirklich aufmerksam geworden wäre. Kurz darauf wiederholte sich das Ganze. Beide Schatten waren in Richtung des Kochhauses unterwegs, das zwischen der Kräuterküche und meiner Schlafhütte lag.

Blitzartig zuckte mir ein Gedanke durch den Kopf. »Tanisha, komm schnell, da sind Hunde im *compound*!«, rief ich hektisch.

Leider bin ich keine gute Läuferin. Ich humpelte, so rasch es ging, zum Kochhaus, blickte mich dabei nicht mehr nach den anderen um. Meine ganze Sorge galt den Vorräten. Wenn ich mit meiner Vermutung richtig lag, dann hatte sich die Meute, die ich in der Nacht gehört hatte, heimlich angeschlichen. Wir stellten ein ideales Ziel dar. Es gab Essen und kaum jemanden, der es verteidigte.

Die Hunde waren nicht zu sehen. Ich vermutete sie im Kochhaus, das wegen seiner Wände nicht einsehbar war. Auf der in der Nacht erloschenen Feuerstelle lagen leicht angekohlte Äste. Ich rief Josh und Tanisha zu: »Nehmt euch Feuerknüppel! Aber seid vorsichtig! Ich glaube, es sind nur zwei. Wenn wir sie überraschen, können wir sie vertreiben.«

An die kleine Faraa dachte ich in diesem Moment nicht. Ich ging wohl davon aus, dass Tanisha sie mitgenommen hatte.

Die hungrige Meute

Die beiden Tiere, denen Tanisha, Josh und ich gegenüberstanden, hatten nichts mit dem treuen Freund eines Menschen gemein. Sie waren völlig verwahrlost, die Rippen zeichneten sich unter ihrem struppigen Fell ab, die Augen rot entzündet. Der rasende Hunger, unter dem sie offenkundig litten, hatte sie in verzweifelte Bestien verwandelt.

»Bleib ganz still stehen, Josh«, flüsterte ich ihm zu. »Die sind gefährlich.«

Die von meinem Sohn gesammelten Eier lagen am Boden. Während die Hunde gierig schlabberten, blickten sie zu uns hoch. Im Grunde meines Herzens hatte ich mit ihnen Mitleid. In meinem Land sind Hunde keine Schmusegefährten, sondern Nutztiere. Diese waren gewiss von ihren Besitzern nicht mehr gefüttert worden und mussten für sich selbst sorgen.

Plötzlich schrie Tanisha: »Weg da!« Drohend riss sie ihren angesengten Ast hoch. Die beiden Hunde reagierten mit wütendem Knurren, bereit, ihr Fressen zu verteidigen. Ich hatte wahrscheinlich zu lange gezögert, weil mein Mitgefühl mit den Tieren überwog. Nun ergriff Tanisha die Initiative und ging auf die Hunde zu. Sofort stand ich ihr bei, riss meinen Stock hoch und begann laut zu schreien. Josh tat dasselbe. Die beiden Hunde rannten mit eingekniffenen Schwänzen in die Büsche. Mein Sohn setzte ihnen nach.

»Bleib hier!«, rief ich ihm entsetzt zu. Ein kleiner Junge konnte mit einem Ast nichts gegen hungrige Mäuler ausrichten.

»So ein Mist!«, schimpfte er, als er zurückkehrte. »Die schönen Eier.« Er bückte sich und nahm das einzig intakt gebliebene Hühnerei aus der Korbschale. »Das ist noch heil.«

Ich hatte ein seltsames Gefühl. Hinter uns ging etwas vor sich. Ruckartig drehte ich mich um, und tatsächlich: Vier weitere Hunde waren wie aus dem Nichts aufgetaucht. Ein schwarzer Rüde, größer und kräftiger als die anderen, führte sie quer über den großen Feuerplatz. Und jene, von denen ich gehofft hatte, wir hätten sie vertrieben, kehrten obendrein aus dem nahen Wald zurück. Jetzt bekam ich es doch mit der Angst. Gegen solch eine Überzahl hatten wir keine Chance. Unsere Schlafhütten waren nur wenige Schritte entfernt. Am besten wäre es gewesen, sich darin in Sicherheit zu bringen, bis die Gefahr vorüber war. Die Zähne gefletscht, die Köpfe gesenkt, kamen die Tiere immer näher und waren nun schon bei der offenen Kräuterküche.

»Dort liegt Faraa!«, rief Josh gellend, gab mir das Ei und stürmte los, wie ich ihn noch nie hatte laufen sehen.

»Weg, geht weg da!«, brüllte er aus Leibeskräften. Er fuchtelte drohend mit dem Ast, den er mitgenommen hatte, und hielt direkt auf die Hunde zu. Tanisha folgte ihm sofort, war aber nicht so schnell wie mein kleiner Junge.

»Meine Faraa!«, schrie sie unter Tränen. Während ich nun auf meinen Stock gestützt loshumpelte, bewunderte ich Joshs grenzenlosen Mut, mit dem er Faraas Leben retten wollte. Gleichzeitig fürchtete ich um seines.

Joshs Attacke zeigte Wirkung: Die Hunde flohen vor meinem heranstürmenden Sohn und ich wollte schon erleichtert aufatmen. Doch der größte von allen, der sie geführt hatte, ließ sich nicht vertreiben. Die Nackenhaare aufgerichtet, die Zähne gefletscht, stand er vor der kleinen Faraa. Von der Lebensgefahr nichts ahnend, in der sie schwebte, strampelte sie fröhlich mit Händen und Füßen. Wenn Josh jetzt noch einen Schritt getan hätte, hätte der Hund sich entweder das Baby geschnappt oder er hätte mein Kind angefallen.

Es blieb keine Sekunde zum Überlegen. »Josh, bleib stehen! Warte, bis wir bei dir sind!« Mein Sohn gehorchte.

Mit dem Mut der Verzweiflung stürzte Tanisha blindlings auf das große, schwarze knurrende Tier zu. Ich war noch immer zu weit entfernt; meine Schwäche hielt mich auf. Aber ich sah, dass sämtliche Hunde zurückkehrten. Unter dem Fell zeichneten sich ihre spitzen Schulterknochen ab, während sie sich langsam zum Angriff anpirschten. Bereit, sich ihre Beute, die kleine Faraa, nicht entgehen zu lassen.

Tanisha war jetzt nah genug an dem großen Rudelführer. Sie schlug zu, aber der in der Glut ausgetrocknete Holzknüppel brach. Die Sekunde des Angriffs hatte Josh gereicht. Mein hellwacher Sohn erkannte die einmalige Gelegenheit, ließ seinen Ast fallen und sprintete zu Faraa. Er drückte sie sich an die Brust und rannte los. Das Baby schrie wie am Spieß, die Hunde bellten wütend.

»Lauf zu unserer Hütte!«, brüllte ich Josh nach.

Tanisha griff einen von zwei Hockern, die beim Kräuterhaus standen, und schleuderte ihn gegen die Hunde. Sie traf eines der Tiere, das erschrocken davonrannte. Ich warf das letzte Ei und die Meute stürzte sich sofort auf die glibberige Masse. Da packte Tanisha den zweiten Hocker und schmetterte ihn mit aller Kraft auf den Rücken des Rudelführers. Das Tier jaulte furchtbar auf und hastete in Richtung Wald, gefolgt von den anderen. Wir beiden Frauen blickten der in eine Staubwolke gehüllten Meute schwer atmend nach. Tanisha fasste meine Hand und zog mich mit sich zu unserer Hütte. So schnell es mir mein Humpeln erlaubte, eilten wir davon.

Die weinende Faraa an sich gepresst, erwartete uns Josh im Eingang unseres Häuschens. Wir stürzten hinein und schlossen sofort die Tür. Ich blickte aus der Fensteröffnung, ob ich einen der Hunde entdecken konnte. Obwohl ich keinen sah, schloss ich die Läden. Durch die Ritzen fiel nur wenig Licht in den kleinen Raum. Völlig außer Atem, ließen wir uns auf den Schlafmatten nieder. Tanisha beruhigte Faraa, indem sie ihr die Brust gab. Josh und ich kuschelten uns aneinander. Mein Herz raste ebenso wie Joshs. Die schrecklichen Bilder des soeben Erlebten spukten mir durch den Kopf. Immer wieder sah ich mein Kind auf die wütenden Hunde zurennen.

Ich wollte ihn stets vor allem Unangenehmen beschützen. Doch in diesem Augenblick erkannte ich mit Entsetzen, wie kurz der Arm einer Mutter sein kann. Ich war völlig machtlos gewesen. Es hätte nicht viel gefehlt und die Hunde hätten Josh schlimm zugerichtet. Während ihm selbst die Bedrohung, in der er sich befunden hatte, nicht bewusst gewesen war.

»Du warst so mutig, Josh«, sagte Tanisha. Sie streichelte ganz zart seine Hand.

»Der Hund sollte ihr doch nichts tun«, erwiderte mein tapferes Kind.

»Du hast Faraas Leben gerettet.« Tanisha schluchzte. »Ich war gemein zu dir. Aber du bist so ein lieber Junge. Es tut mir Leid, Josh.«

»Das war nicht so schlimm«, meinte mein Sohn versöhnlich.

Tanisha legte ihre Tochter zwischen sich und Josh. In dem warmen Dämmerlicht, das auf den Lehmboden schien, sah ich, wie Josh nach Faraas kleiner Hand griff.

»Du hast Faraa wirklich gern und sie mag dich«, sagte ihre Mutter aufgewühlt.

Der Alpdruck, der eine Woche auf mir gelastet hatte, löste sich in diesem Augenblick, als ich Tanishas warmherziges Lächeln erkannte. Die Hunde, von denen so viel Feindseligkeit ausgegangen war, hatten uns gezeigt, dass wir einander beistehen mussten. Wir gehörten zusammen wie Freundinnen.

»Hast du noch Magenschmerzen?«, fragte ich sie.

»Nein«, antwortete Tanisha. »Die habe ich wohl vergessen.«

Unsere Anspannung legte sich und wich großer Erschöpfung. Ich ruhte mich auf meiner Matte aus und schloss die Augen. Josh schmiegte sich in meinen Arm und wenig später lauschte ich dem Atem der drei schlafenden Menschen in unserer Hütte. Von draußen war nur das beruhigende Gackern der Hühner zu hören. Sie kehrten aus dem nahen Urwald zurück, wohin sie geflohen waren. Ich wertete es als Zeichen, dass wir die Hunde wirklich in die Flucht geschlagen hatten.

Am späten Nachmittag weckte die aus dem Wald heimgekehrte Ezira uns. Sie hatte das große Chaos im *compound* entdeckt und ließ sich alles erzählen. »Wie furchtbar!«, sagte sie. »Ich bin so froh, dass niemand verletzt wurde.«

Meine Lehrerin berichtete, dass sie und die Mädchen nicht weit vom *compound* die Leiche eines großen schwarzen Hundes gefunden hätten. Das Tier, das von Tanishas Schlag auf die Wirbelsäule schwer verletzt worden war, hatte sich nicht mehr weit geschleppt und war verendet. Ihrer Beschreibung nach konnte es sich nur um den Rudelführer handeln. »Dann glaube ich kaum, dass die Hunde noch mal wiederkommen werden«, meinte Ezira.

Sie sollte mit ihrer Vermutung Recht behalten: Ohne den Leithund wagten die übrigen tatsächlich keinen neuen Angriff.

Beim Abendessen wollten die Mädchen alles genau erzählt bekommen. Josh saß in ihrer Mitte im Rund vor dem Kochhaus und stellte vor allem Tanishas Mut heraus. Ohne sie, so sagte er, wären die Hunde niemals davongelaufen. Die Nacht war nah und Tanisha hätte sich mit Faraa in ihre Hütte zurückziehen müssen. Doch sie sagte: »Es wäre viel schöner, wenn ich mit der Kleinen in eurer Hütte wohnen könnte. Dort ist doch genug Platz.«

Meine Gefühle überwältigten mich; wir fielen uns in die Arme. Diese schrecklichen Hunde hatten doch tatsächlich etwas Gutes bewirkt!

»Ich habe mich sehr dumm benommen«, meinte Tanisha. »Ich schäme mich dafür.«

»Das sollst du nicht«, widersprach ich. »Du hast mir nicht mehr vertraut. Das ist nicht dein Fehler gewesen, sondern meiner. Ich werde dich auch nicht drängen, dass du meine Nachfolgerin werden sollst. Ich möchte viel lieber, dass wir beide Freundinnen sind.« Denn mir war klar geworden, dass sie dann von ganz allein den Wunsch haben könnte, zu tun, was ich getan hatte.

»Ich will aber Heilerin werden!« Tanisha klang sehr entschlossen. Ich war so erleichtert! Es bedeutete, dass meine kluge Mentorin Amara mir das Richtige geraten hatte. Von nun an konnten wir Freundinnen werden. Das war ein wunderbares Gefühl, das ich so sehr vermisst hatte. Endlich musste ich nicht mehr »stark« sein, sondern durfte mich so geben, wie ich war. Ich fühlte mich befreit.

»Dieser Hund«, meinte meine Freundin, »der war wie ein dunkler Schatten, der zwischen uns stand.«

»Du hast ihn erschlagen«, sagte ich.

»Noch nie habe ich so etwas getan«, gestand sie. »Aber ich würde es sofort wieder tun, wenn es sein müsste.«

»So etwas geschieht nicht oft.«

»Ich will damit sagen, dass uns nichts mehr auseinander bringen soll, Choga.«

Das war ein Versprechen, und ich nahm mir vor, alles in meiner Macht Stehende zu tun, damit es wahr wurde.

Das Fest der Fröhlichkeit

So wie auf der Farm bereitete ich jeden Morgen für Josh und mich »Mama Chogas Tee«. Mein Sohn hatte ihn stets klaglos getrunken; das gehörte zum Tagesablauf. Einige Wochen nach dem Angriff der Hunde machte Josh jedoch ein langes Gesicht, als ich ihn wie gewöhnlich mit dem Tee weckte.

»Mama, den brauch ich nicht mehr.«
»Unsinn, Schatz! Klar brauchst du den.«
»Nee, Mama, der schmeckt scheußlich.« Er tat so, als ob ich Luft wäre, und wollte zum Frühstück gehen. Ich nahm ihn bei der Hand und zog ihn zur Kräuterküche.

»Ich verändere noch einmal den Geschmack und dann wirst du ihn trinken!«

Im Urwald boten sich viele Möglichkeiten, das Aroma zu verändern. Josh beobachtete mich missmutig. »Mama, warum muss ich das überhaupt trinken?« Das war weniger eine Frage als ein Vorwurf.

Stärkung der körpereigenen Abwehrkräfte – was kann ein Kind mit so einem Begriff anfangen? »Der Tee macht, dass du gesund bleibst«, sagte ich.

»Warum muss das nur *ich* trinken?«, lautete diesmal sein Argument.

»Ich trinke den Tee auch!«
»Aber die anderen nicht. Gib denen das doch mal!«, schlug er vor.

Ich war fest überzeugt, dass Josh meine Autorität auf der Farm niemals angezweifelt hätte. Hier regierten jedoch Ezira und Buchi. Ihnen ordnete ich mich bereitwillig unter, gab meine viel gerühmte »Stärke« auf. Mein sensibler Sohn musste das gespürt haben.

Es ging schnell, den neuen Geschmack in den bereits fertigen Tee hineinzumischen. Ich trat vor Josh und hielt ihm den Becher hin. »Ich weiß, was für dich gut ist. Trink bitte!«

Jetzt lenkte er ein: »Na gut, Mama.«

Die Machtprobe war gewonnen. Für den Moment. Er griff nach dem Becher. Ich reichte ihn Josh und ließ los. Das Ding fiel ins Leere. Joshs Augen sagten, dass ich verloren hatte.

»Warum tust du das?«, fragte ich verärgert. »Diesen Becher hat Amara uns extra für die Reise mitgegeben. Es war der einzige. Und jetzt ist er kaputt.«

»Dann muss ich keinen Tee mehr trinken«, trotzte er.

»Nun wirst du künftig wie alle anderen aus getrockneten Kürbisschalen trinken.«

»Ich will keinen Tee.«

»Du musst aber, sonst ...« Ich brachte die Worte nicht über die Lippen.

»Werde ich dann krank?« Seine dunklen Augen funkelten provozierend. Er wollte es wissen.

»Ja. Dann wirst du krank, Josh. Nicht heute, nicht morgen, aber vielleicht bald. Willst du etwa wieder eine Lungenentzündung bekommen?«

»Diesmal bekomme ich keine!«

»Und wenn doch?« In diesem Augenblick wusste ich, wie ich ihn fangen konnte! Wir waren schon so lange bei Ezira, dass die Weihnachtszeit längst vorbei sein musste. Doch wir konnten immer noch feiern – Weihnachten war Joshs Lieblingsfest. Ich sah ihn fest an. »Bald wird Weihnachten gefeiert. Willst du dann ganz krank werden?«

»Nein.« Seine Stimme schwankte.

»Gut, also wirst du ihn trinken. Immer. Ohne zu maulen.« Er trank den Tee zügig aus und sah mich mit seinen blitzenden Augen an. »Wann ist denn eigentlich Weihnachten?«

Wenn ich das gewusst hätte! Ohne Kalender reihten sich die Tage aneinander wie Perlen auf einer Kette. Spielte es eine Rolle, wann Jesu Geburt tatsächlich stattgefunden hatte? Wenn es Josh sehr schlecht gegangen wäre, ich hätte ihm wohl einfach gesagt, dass morgen Weihnachten ist ... Oder übermorgen. Je nachdem, was angebracht gewesen wäre. An diesem Tag war ich der Meinung, dass er ein wenig warten konnte. Schließlich sollte er nicht den Eindruck bekommen, Weihnachten sei zu seiner Belohnung erfunden worden. Außerdem musste ich erst mal Ezira erklären, dass ich gern in ihrem Mutter Erde geweihten *compound* ein christliches Fest abhalten wollte.

»Komm, wir gehen frühstücken«, sagte ich. Ausgerechnet jene beiden älteren Mädchen, die Josh am ersten Tag aus ihrer Mitte verbannen wollten, erwarteten uns als Einzige im Kreis vor dem Kochhaus.

»Die müssen keinen Tee trinken, weil sie nicht krank werden können? Das ist gemein!«

»Na ja«, sagte ich so lässig wie möglich, »sie könnten den Tee auch trinken. Aber ich finde, den sollte nur jemand mit uns teilen, den wir wirklich gern haben.«

Jetzt war er obenauf. »Tanisha und Faraa haben wir lieb!«

»Faraa trinkt nur ihre Muttermilch. Da ist alles drin, was sie stark macht. Aber Tanisha kannst du ja mal fragen«, schlug ich vor. Das tat er übrigens wenig später tatsächlich. Da Tanisha fand, dass es auch ihr nicht schadete, wenn sie ihre Abwehrkräfte stärkte, trank sie ihn. Außerdem entdeckte sie eine unbekannte Nebenwirkung: Er steigerte den Milchfluss der stillenden Mutter.

Noch am selben Abend, nachdem Tanisha, Ezira und ich eine Arznei aus seltenen Wurzeln und Rinden zubereitet hatten, saßen wir zu dritt ausgelassen vor dem Kräuterhaus. »Wir sollten mal ein richtiges Fest veranstalten«, schlug ich vor.

Ezira blickte mich überrascht an; ich war nicht gerade für solche Ideen berühmt.

»Auf der Farm feiern wir Weihnachten«, erklärte ich. »Da gibt es für die Kinder kleine Geschenke und es wird gutes Essen gekocht. Es ist zwar laut Kalender gewiss schon vorbei, aber Josh würde sich so freuen.«

»Weihnachten.« Ezira wiederholte das Wort in einem Tonfall kompletter Ratlosigkeit.

Tanishas Englischkenntnisse hatten dank Joshs Hilfe große Fortschritte gemacht; nur schwierige Wörter mussten übersetzt werden. So konnte sie unserem Gespräch folgen und fragte: »Ist das ein bisschen so wie Bairam im Islam?« Voller Ratlosigkeit registrierte ich, dass ich mitten im Urwald versuchte, einer Muslimin und einer Animistin das schönste Fest der Christenheit schmackhaft zu machen ...

»Tochter, ich weiß, was Weihnachten ist! Meine Eltern waren sehr gläubige Christen.« Eziras Gesicht drückte nicht gerade Entzücken aus. »Mir hat dieser Glaube nichts Gutes gebracht. Sie liefen immer in die Kirche und beteten zu Gott, dass etwas geschieht. Anstatt ihr Leben selbst in die Hände zu nehmen.«

Ihre Einstellung erinnerte mich ein wenig an jene meines Vaters, der als Jugendlicher die ketzerische Frage gestellt hatte, wieso Christus eigentlich weiß sein sollte. Er flog deshalb von der Missionarsschule, gründete seine eigene Kirche und predigte, dass man arbeiten müsse.

Ich erinnerte Ezira sanft an die Begegnung mit den Hunden: »Josh war doch so tapfer.«

»Ein Fest ist eine nette Idee«, verkündete Ezira überraschend. »Und kleine Geschenke sind auch gut.« Ihre Miene erhellte sich. »Das Fest der Fröhlichkeit! So nennen wir das. Was haltet ihr davon? Das kann jede feiern und darin sehen, was sie will.«

Schon bei der abendlichen Besprechung am Feuer zeigte sich, wie sehr die Idee die Mädchen begeisterte. Ein Fest ohne – scheinbar – wirklichen Anlass! Und Geschenke! So etwas war noch nie da gewesen. Sie konnten sich kaum mehr beruhigen und sprachen alle durcheinander. Mein Sohn saß mittendrin und freute sich.

Josh sprang übermütig neben mir her, als wir an diesem Abend zu unserer Hütte zurückgingen. »Freust du dich auf Weihnachten, Mama?«, fragte Josh.

»Ja«, sagte ich. Das tat ich wirklich. Nicht nur seinetwegen. Ich habe Weihnachten immer gemocht, denn ich kannte es als Fest der Liebe und des Zusammenhalts. Auf der Farm hatten sie dieses Jahr ohne uns gefeiert und ich wurde ein wenig wehmütig. Denn natürlich sehnte ich mich nach Bisi, Ada und Magdalena. Aber ich dachte gleichzeitig besorgt daran, mich wieder meiner Verantwortung zu stellen. Ich spürte deutlich, dass es mir besser ging, weil ich mich darauf beschränkte, Tanisha nur theoretische Heilkunde zu lehren, mit ihr Lesen und Schreiben übte und die einfachen Hilfstätigkeiten im Kräuterhaus verrichtete.

Ezira hatte keinen genauen Termin festgelegt, wann wir unser Fest der Fröhlichkeit feiern wollten. Solche Fragen entschied sie auf ihre Art, mit dem Orakel. Es bestimmte, wann ein Tag dafür geeignet war. Irgendwann würde sie dann beim Frühstück mitteilen, dass es am folgenden oder übernächsten Tag so weit sei. Bis dahin wurde gebastelt und geschnitzt, genäht, geflochten und getöpfert. Und es gab große Geheimnisse, die kichernd und ausgelassen besprochen wurden. Selten hatte ich die Mädchen so fröhlich erlebt.

Mal half Tanisha Josh bei einer Bastelarbeit, mal ich. Doch einmal sah ich ihn mit Ezira zusammen. Ich durfte allerdings nicht näher kommen. Es entstand wohl etwas, was für mich gedacht war. Die Vorfreude auf diese Überraschung war umso größer, da er meine alte Lehrerin dazu ins Vertrauen gezogen hatte.

Auch mit Tanisha war seit dem Angriff eine erstaunliche Veränderung geschehen. Sie hielt sich nicht mehr abseits, sondern gliederte sich in die Gruppe der Schülerinnen ein. Nur ihre schwarzen Tücher hoben sie noch hervor. Wir fieberten der Feier entgegen, als Ezira morgens zu uns in die Hütte kam, um uns eine erstaunliche Mitteilung zu machen.

»Ich werde gleich zu Buchi ins Dorf gehen. Tanisha könnte mich begleiten«, sagte sie.

Mit einer Begeisterung, die mich zu dieser frühen Stunde überraschte, sprang Tanisha auf. »Ja! Das tue ich gerne.«

Selbst Ezira war erst mal sprachlos. Dann meinte sie: »Ich werde gleich bekannt geben, was das Orakel zu unserem Fest sagt.«

Jetzt wurde Josh richtig wach: »Ist es heute?«

Sie blickte den ungestümen Jungen nachsichtig an. »Ja, wenn die Sonne untergegangen ist. Aber vorher musst du noch fleißig sein.«

Erschrocken legte Josh den Zeigefinger auf den Mund: »Psst, Mama darf nichts wissen!« Als Ezira ging, huschte Josh mit ihr zur Tür hinaus. Ich kleidete mich an, doch Tanisha zögerte. Sie betrachtete ihre schwarzen Tücher nachdenklich, nahm dann eines von meinen. Ich mochte es sehr. Seine Farben waren nicht besonders grell, eine

Mischung aus dem Braun der Erde und dem Rot des Sonnenuntergangs, das Muster bestand aus ineinander greifenden Kreisen.

»Kannst du mir das leihen?«, fragte sie. »Wenn ich ins Dorf gehe, möchte ich so aussehen wie die anderen.«

Ich wollte sie nicht in Verlegenheit bringen, indem ich meine Freude über ihren Sinneswandel allzu deutlich zeigte. Denn ihre Kleidung war keine Geschmacksfrage, sondern von ihrem Glauben diktiert. So sagte ich nur: »Es freut mich sehr, wenn dir meine Tücher gefallen. Ich gebe sie dir gerne.«

»Meinst du, ich kann mir im Dorf ein T-Shirt und ein Tuch kaufen?«, erkundigte sie sich.

»Erlaubt das denn dein Glaube an Allah?«, fragte ich.

»Das weiß ich nicht«, antwortete sie ehrlich. »Darüber wurde ja nie gesprochen. Es war normal, dass ich mich so kleidete. Denn ich lebte wie eine Muslimin. Hier aber bin ich Eziras Schülerin.«

Die Mädchen bejubelten Tanishas unglaubliche Verwandlung mit Klatschen und Gesang. Sie stand in ihrer Mitte und blickte scheu von einer zur anderen, bevor auch sie zaghaft in die Hände klatschte und schließlich in den Gesang einstimmte.

Ezira trat neben mich und hakte sich bei mir ein. »Ist das nicht auch wie ein Weihnachtsgeschenk?«, fragte sie. »Eine junge Frau zeigt uns zum ersten Mal, dass sie glücklich ist.« Ich wusste nicht, wie lange wir tatsächlich schon im Regenwald waren, aber dies war der erste Augenblick, in dem ich meine Freundin Tanisha befreit lachen sah. Ja, das war wirklich ein Geschenk!

»Sie wünscht sich ein T-Shirt und ein Tuch. Kannst du ihr das kaufen?«, bat ich Ezira.

»Ganz gewiss!«, erwiderte sie.

»Und ein Schreibheft«, fügte ich hinzu. Denn meine Kladde, mit der wir täglich übten, war inzwischen ziemlich voll geschrieben.

Nachdem Ezira das Fest der Fröhlichkeit für den Abend angekündigt hatte, gab es für die Mädchen kein Halten mehr. Sie eilten durcheinander und begannen mit den Vorbereitungen. Denn es musste viel gekocht werden und nicht alle waren mit ihren Geschenken fertig geworden.

Am frühen Nachmittag kehrte Ezira gemeinsam mit Buchi und einigen Frauen aus dem Dorf zurück, die im Krankenhaus mithalfen. Manche kamen selten oder gar nie in den *compound*. Für sie war diese Zusammenkunft ein doppeltes Fest. Sie brachten viele Speisen mit, die es sonst nicht gab. Fleisch war allerdings auch an diesem Tag in Eziras Reich verpönt. Dafür gab es viele verschiedene Sorten Fisch, der gebraten oder gekocht wurde. Über dem Regenwald lag ein Duft, der mir das Wasser im Mund zusammenlaufen ließ.

Tanisha war voller neuer Eindrücke heimgekommen: »Die Menschen waren so freundlich zu mir. Wenn ich etwas nicht verstanden habe, wiederholten sie es. Ich möchte bald mal wieder zum Krankenhaus. Vielleicht für länger.« Sie hatte ihre kleine Tochter mit ins Dorf genommen, wo sie von einer der vielen Frauen betreut wurde, während sie selbst das kleine Krankenhaus kennen gelernt hatte. Sie trug noch immer meine Kleidung. Ich war gespannt, wie Ezira sie am Abend beschenken würde. Meine Lehrerin gab mir zwei Schreibhefte und zwei Stifte, die ich Tanisha überreichen wollte.

Das Fest der Fröhlichkeit hatte durchaus etwas Ähnlichkeit mit Weihnachten. Zunächst aßen wir gemeinsam rund um das große, hell flackernde Feuer. Mir schmeckten von all den Leckereien die in der Glut gebackenen Fische und Kochbananen-Mais-Bällchen am besten. Ausnahmsweise herrschte diesmal kein Schweigegebot. Stattdessen machten Neuigkeiten aus dem Dorf die Runde. Es wurde gekichert und gelacht. Josh drängelte bereits: »Wann gibt es denn die Geschenke?« Doch bevor es so weit war, bauten die beiden älteren Frauen zwei Trommeln auf, ein paar der Mädchen und einige Gäste hatten Rasseln, sie machten Musik und tanzten.

Erst danach klatschte Ezira in die Hände. »Wollt ihr jetzt eure Geschenke verteilen?«

Die Mädchen hatten einander vor allem bunten Schmuck gebastelt, den sie sich gegenseitig unter viel Gelächter um den Hals und an die Arme legten. Ich hatte für Josh etwas geschnitzt, was ihn lange an unsere Zeit im Urwald erinnern sollte – einen kleinen Jungen mit einer Rassel. Ich hatte einst durch Bisis Sohn Jo schnitzen gelernt. Damals waren es Madonnen gewesen, die wir in großer Zahl erstellt hatten. Eine große Meisterin war ich auf diesem Gebiet nie geworden, und inzwischen hatte ich schon lange kein Schnitzmesser mehr geführt. Doch Josh war begeistert.

»Mama, der ist aber hübsch!« Er küsste mich auf die Wangen.

Als ich sein Geschenk gebastelt hatte, kannte ich noch nicht seines: Josh überreichte mir feierlich eine ganz ungewöhnliche Rassel. Er hatte sie wohl selbst entworfen, womit er eine mir bis dahin unbekannte Seite an sich offenbarte. Das handliche Instrument war nicht mit den üblichen großen Perlen besetzt, sondern mit unzähligen winzig kleinen, kunterbunten. Solchen, wie die Mädchen sie für ihren Hals- oder Armschmuck verwendeten. Ihr Klang war entsprechend leise. Ich führte sie nah an mein Ohr, um sie flüstern zu hören. Josh hätte die Nähe, die unsere Verbindung prägte, nicht schöner ausdrücken können.

Ezira erfüllte Tanishas Wunsch nach einem bunten Tuch und einem T-Shirt wenig später. Die zarte alte Frau trat vor ihre neue Schülerin und hielt ihr das T-Shirt etwas ungelenk hin. Sie, die sonst so gewandt war, wirkte von der Situation ein wenig überfordert: Sie machte ja nie Geschenke! Meine Freundin war ebenso gehemmt. Auch ihr war unser Brauch fremd. Doch sie kleidete sich gleich noch einmal um und führte uns allen ihre erste eigene, farbenfrohe Kleidung vor. Nun konnte ich ihr meine Geschenke überreichen. Sie umarmte mich und sagte gerührt: »Ich bin so glücklich, dass ich die Möglichkeit bekommen habe, etwas aus mir zu machen, Choga. Zu Hause hätte ich das nicht gedurft. Bald werde ich meine eigenen Rezepte aufschreiben können. Ich danke dir dafür.« Ich gab ihren Dank in Gedanken an meine *Mamas* auf der Farm und an Amara weiter, deren resolute Entscheidung Tanishas Entwicklung erst ermöglicht hatte.

Beim anschließenden Tanz war Tanisha bereits eine von vielen jungen Frauen, die einfach nur ausgelassen waren. Josh sprang wie ein kleiner Kobold herum; es war sein Fest. »Mama, du auch!«, rief er mir übermütig zu. Er fasste mich an den Händen und versuchte mich aus meiner Ruhelage herauszuziehen.

Josh hatte ja Recht! Ich war die Einzige, die bislang vom fröhlichen Klang der Trommeln und Rasseln nicht anzustecken gewesen war. Eingehüllt in Mutters rote Decke, hatte es mir genügt, zuzusehen und Joshs Rassel sanft im Takt zu bewegen. Um ihn nicht zu enttäuschen, gab ich mir einen Ruck und fand mich im Kreis der anderen wieder. Ich schlang die Decke um uns beide. Unser Weihnachtstanz am Feuer im Urwald war nicht sehr schnell. Aber wunderschön. Es war nicht ganz klar, wer von uns beiden wen führte.

Ich drückte Josh fest an mich und spürte Tränen aufsteigen. Ob aus Freude oder Traurigkeit, wusste ich nicht. Und auch nicht, ob es noch einmal einen Weihnachtstanz mit ihm geben würde.

Die Haremskönigin

Die ruhigen, seit dem Angriff der Hunde vergangenen Wochen hatten mir gut getan. Ich fühlte mich wieder kräftig genug, um wie in meiner Ausbildungszeit lange Wanderungen durch den tropischen Wald zu unternehmen. Auf meinen Stock gestützt, ging ich wie immer langsam und machte viele Pausen; die Schmerzen waren Bestandteil meines Lebens. Ich akzeptierte sie, um mich von meiner Neugier treiben zu lassen. Unbekannten Düften nachzuspüren und dabei glutvoll leuchtende Pflanzen in verborgenen Winkeln zu entdecken, war eine beinahe vergessene Leidenschaft. Der Regenwald erschien mir wieder wie eine Schatzkammer, die nur mit Muße durchstöbert werden konnte.

Gegen Mittag hörte ich Stimmen. Zu sehen war niemand; der Wald war blickdicht zugewachsen, die Pfade kaum zu erahnen. Ezira war mit ihren Schülerinnen an diesem Tag im *compound* geblieben, um ihnen die Herstellung eines Hausmittels gegen Durchfall zu erklären. Ich machte durch lautes Rufen auf mich aufmerksam.

»Wer ist da?«, kam die Gegenfrage. Die Stimme klang wie die einer älteren Frau. Ich vermutete eine der Heilerinnen aus dem Krankenhaus. Vielleicht hatte sie sich verlaufen. Ich nannte meinen Namen.

»Tochter Choga! Ich bin hier!«

Allenfalls Ezira und Buchi nannten mich hier *Tochter*! Die Stimme, die mich erneut rief, war mir jedoch unbekannt. Sie klang wie die einer sehr alten Frau, zwar geschwächt, aber auch energisch, fast fordernd. Unwillkürlich gefror mir das Blut in den Adern. Denn ich spürte, dass da jemand kam, den ich lieber nicht treffen wollte. Andererseits schien die Verirrte Hilfe zu brauchen. Ich riss mich zusammen und suchte den Weg, der irgendwo in der Nähe zwischen Dorf und *compound* verlief. Mit meinem Stock schob ich das Unterholz zur Seite und erschrak bis ins Mark!

Im ersten Moment glaubte ich an einen Tagtraum: Mitten im dichten Grün des tropischen Waldes stand eine in kostbare weiße Gewänder gehüllte alte Frau, die sogar einen Schleier trug! Obwohl ihre edlen Stoffe ziemlich verschmutzt und stellenweise eingerissen waren, strahlte die Wanderin jene Würde und Autorität aus, an die ich mich aus den Zeiten meiner Kindheit erinnerte.

»Mama Patty?«, fragte ich zutiefst verblüfft. »Bist du das? Was tust du denn hier?« Zuletzt hatte ich sie vor fast drei Jahren gesehen, als ich zu Mutters Tod kurz im Harem gewesen war. Sie war zwei Jahre älter als meine Mutter, somit inzwischen Anfang 70. Zwar wirkte sie erschöpft, doch sie schien kerngesund zu sein und hielt sich kerzengerade.

»Ich bin gekommen, um dich zu besuchen, Tochter!«

»Mich?« Grenzenlos verwundert, sah ich keinen vernünftigen Grund, was die alte Dame zu mir führen mochte. Anders als zu Ada und Bisi hatte ich zu Patty nie ein enges Verhältnis gehabt. Mein Vater hatte seinen Frauen einen bezeichnenden Namen gegeben: Er nannte sie *queens*. Patty war ihr Leben lang die oberste Königin des Harems gewesen.

Ich wollte sie zur Begrüßung umarmen. Das hielt ich für normal unter diesen Umständen. Schließlich hatte sie gesagt, dass sie meinetwegen gekommen sei. Und die

Reise musste beschwerlich gewesen sein! Sie wich einen halben Schritt zurück, die Augenbrauen hochgezogen, der Blick gebieterisch.

»Verzeihung«, stammelte ich wie ein kleines Kind und kniete vor der alten Frau nieder. Ich hatte die Vorschriften des Respekts, die der Harem gebot, vollkommen vergessen! Zuletzt hatte ich dort vor meiner Zwangsheirat mit Felix mehrere Monate lang gelebt, um auf die Ehe vorbereitet zu werden. Für mich waren zehn lange Jahre vergangen. Nicht so für die *queen*, vor der ich das Haupt zu neigen hatte. Selbst im Urwald.

»Gesegnet seist du im Namen von Jesus Christus, Tochter«, sagte die Haremskönigin. Nachdem ich mich mühsam erhoben hatte, teilte sie mir mit: »Wir haben uns verlaufen.« Sie warf einen abschätzigen Blick auf ihre Begleiterin, ein höchstens zehnjähriges Mädchen, das Pattys Gepäck auf dem Kopf trug.

Ihr Taxi hatte die alte Dame irrtümlich nicht bis zu jener Siedlung gefahren, in der sich das Krankenhaus befand, sondern sie im Dorf davor abgesetzt. Die beiden hatten somit eine ziemlich lange Odyssee hinter sich. Es glich einem Wunder, dass sie im Labyrinth des Dschungels nicht völlig verloren gegangen waren. Patty gab dem Kind eine Münze und schickte es zurück.

Die Königin des Harems lief vor mir her zum *compound*. Ich folgte, ihr schweres Gepäckbündel auf dem Kopf, meinen eigenen Beutel mit den gesammelten Kräutern auf dem Rücken. Ich atmete Pattys süßes, schweres Parfüm ein, das ich aus dem Harem so gut kannte. Trotz ihres Alters ging Mama Patty recht schnell.

»Wie hast du mich hier gefunden?«, keuchte ich weniger aus wahrem Interesse. Vielmehr wollte ich die stolz einherschreitende Königin darauf aufmerksam machen, wie mühsam ich vorwärts kam.

»Es war wirklich nicht leicht, dich ausfindig zu machen«, sagte die alte Frau. »Aber schließlich gab mir jemand die Telefonnummer deiner Farm und ich sprach mit Amara. Sie teilte mir mit, wo ich dich finden konnte.«

Jeder Schritt schmerzte mich, der Schweiß rann mir übers Gesicht. Und Patty strebte forsch voran. Was wollte sie hier? Warum brach sie in mein Leben ein? Sie benahm sich wie eine Königin, der Urwald war gewiss nicht der angemessene Platz für sie. »Warum wolltest du ausgerechnet zu mir?«, rief ich ihr nach. Schließlich ging ich davon aus, sie stände mir ebenso wenig nahe wie umgekehrt.

Endlich blieb Patty stehen und bemerkte, dass ich hinter ihr ziemlich zurückgefallen war. Als ich sie erreicht hatte, richtete sie sich auf und blickte mich, ihre Lastenträgerin, bedeutungsvoll an.

»Du warst immer die ganz besondere Tochter deines Vaters«, sagte Mama Patty dramatisch. »Wärst du ein Junge geworden, dann würde die *Familie* auch heute noch bestehen.« Patty meinte die *Familie des Schwarzen Jesus*, jene Kirche, die mein Vater gegründet hatte.

»Wieso?«, fragte ich verblüfft.

»Als Junge wärst selbstverständlich du Papa Davids Nachfolger geworden«, erklärte Patty.

Diese Einschätzung musste ich erst mal verdauen: Mein Vater hatte über 100 Kinder! Wie viele Söhne darunter waren, habe ich nie erfahren. Aber es wäre doch gewiss einer dabei gewesen, den er für würdig genug erachtet hätte! Wieso war gerade ich so besonders?

Meine Gedanken überschlugen sich. Als Mann wäre ich demnach Herrscher eines Harems geworden? Anstelle von Felix?

Benommen humpelte ich hinter Patty her und glaubte jeden Augenblick zusammenzubrechen. Nicht unter der Last ihres Gepäcks, sondern unter der Wucht ihrer

Worte. Denn sie machten klar: Ich kannte meinen Vater nicht wirklich.

Ich konnte nicht sagen, wie lange wir gebraucht hatten, um endlich im *compound* einzutreffen. Für mich schienen Stunden vergangen zu sein! Ich konnte mich kaum noch auf den Beinen halten. Sobald ich die erste Hütte erreicht hatte, lehnte ich mich schwer atmend dagegen. Glücklicherweise hatte Tanisha unser Eintreffen bemerkt und eilte herbei, um mir meine Last vom Kopf zu nehmen.

»Choga, du sollst doch nicht so schwer tragen!«, rief sie voller Mitgefühl. »Wen hast du mitgebracht?«

»Das ist Mama Patty«, stieß ich hervor. »Die älteste Frau meines Vaters.«

»Aus dem Harem?«, flüsterte Tanisha ergriffen. Meine Antwort war nur noch ein stummes Kopfnicken.

»Dann hole ich am besten schnell Ezira!«, sagte meine Freundin und eilte los.

Mama Patty blickte sich mit hochgezogenen Augenbrauen um. Tanisha hatte sie kaum wahrgenommen. »Hier lebst du also«, stellte die Königin fest. Sie strebte zum Kochhaus und setzte sich auf einen der Hocker. Schwerfällig humpelnd folgte ich ihr. Tanishas Rufe hatten alle Mädchen alarmiert, neugierig strömten sie zusammen. Ezira war in ihrem Häuschen gewesen, das am anderen Ende des großen Feuerplatzes lag. Klein und zierlich kam sie festen Schritts herüber zum Kochhaus. Die Schülerinnen folgten ihr, was ihrem Auftritt eine große Würde verlieh. Ich ging ihr entgegen. Noch bevor wir uns erreicht hatten, trafen sich unsere Blicke. Ezira kannte mich sehr gut, und wenn es mir schlecht ging, sah sie es mir sofort an. Sie breitete die Arme aus und drückte mich an sich.

»Ich habe Patty mitten im Wald getroffen. Ist das nicht

unglaublich? Sie war die Königin unseres Harems!«, stieß ich immer noch außer Atem und völlig überwältigt hervor.

»Königin.« Mehr als dieses eine Wort sagte Ezira nicht. Und ich konnte keine Wertung darin hören.

Umringt von den Mädchen, gingen wir zu Mama Patty, die sich erhob. Sie und Ezira waren sich nie zuvor begegnet. Beide Frauen waren von Stellung und Alter her gleichrangig und gewohnt, dass man ihnen mit Ehrfurcht begegnete und auf ihr Wort hörte. Patty jedoch kam als Gast. Ich konnte mich nicht erinnern, dass sie jemals vor jemandem den Kopf gebeugt hätte.

Die Gebieterin des Harems strich ihre weißen Tücher glatt und richtete sich auf. Sie war eine schwere Frau, fast zwei Köpfe größer als Ezira. Meine alte Lehrerin blieb wenige Schritte vor Patty stehen und tat gar nichts. Nicht ein Muskel ihres narbigen Gesichts zuckte. Ganz langsam sank die Haremskönigin auf die Knie und neigte den Kopf zur Erde.

Meine Lehrerin lehrte uns zwar Demut und Respekt, aber eine Unterwerfungsgeste, wie Patty sie formvollendet bot und auch selbst gewohnt war, lehnte sie ab. Sie widersprach ihrer Überzeugung vom gleichwertigen Miteinander aller Menschen. In Pattys Fall akzeptierte sie es überraschenderweise.

Erst danach sagte Ezira: »Mama Patty, du bist uns allen herzlich willkommen.«

Patty erhob sich. »Vielen Dank für deine Gastfreundschaft«, sagte sie.

Ich rief Josh heran, um ihn dieser einst so einflussreichen Frau vorzustellen. Er war verlegen und kam scheu näher. Eigentlich hätte er sich niederwerfen müssen, doch das hatten wir nie geübt. Meine Mutter hatte auf der Farm auf europäische Höflichkeit Wert gelegt und so hatte ich auch meinen Sohn erzogen. Folglich streckte er der einstigen Königin die Hand entgegen und neigte brav den Kopf. Mama Patty stutzte.

»Josh respektiert dich. Ich bitte dich um Nachsicht, dass er dich nicht gebührend begrüßt«, erklärte ich.

Die Besucherin ignorierte die ihr immer noch dargebotene Rechte. Ihre Hand glitt stattdessen unter das Kinn meines Sohnes, der es verdutzt geschehen ließ.

»Du hast große Ähnlichkeit mit deinem Großvater.« Sie drehte seinen Kopf nicht gerade sanft hin und her. »Hat deine Mutter dir gesagt, dass Papa David für uns alle ein großes Vorbild ist?«

Josh schickte einen um Hilfe flehenden Blick in meine Richtung. Er verstand diese Anspielung nicht: Es musste Jahre zurückliegen, dass ich mit ihm über meinen Vater gesprochen hatte. In unserem Farmleben hatte die Vergangenheit keine Rolle gespielt, hatte uns doch die Gegenwart genug beschäftigt. Ezira rettete die Situation und verwickelte Mama Patty in ein Gespräch über deren lange Reise.

»Mama, wer ist das?«, fragte Josh mich leise.

Als Josh drei Jahre zuvor ein einziges Mal seine Oma Lisa im Harem besucht hatte, war er viel zu klein gewesen, um verstehen zu können, wo er sich aufgehalten hatte. Ich beschränkte mich auf das, was er wissen wollte: »Patty war ebenso wie deine Oma Lisa, Bisi und Ada mit deinem Großvater verheiratet. Denn Papa David war ein bedeutender Mann. Du hast ihn nie getroffen. Er ist vor deiner Geburt gestorben.«

»Sehe ich aus wie Papa David?«

Ich betrachtete mein Kind mit den Augen der alten *queen* und musste ihr zustimmen. »Ja, ich glaube schon, Josh, dass du mit deinem Großvater Ähnlichkeit hast. Aber es ist furchtbar lange her, dass ich ihn gesehen habe.«

Mein Vater hatte damals aufgebahrt auf dem Sterbebett geruht. An seiner Beerdigung hatte ich nicht mehr teilgenommen. Meinem Sohn konnte ich all dies nicht erklären, denn ich hätte ihm die Gründe für meine Flucht nennen und damit von seinem eigenen Vater sprechen müssen. Aber an diesem Punkt begann jener Teil meiner Erinnerung, vor der ich Josh bislang beschützt hatte. Ich bekam Angst, dass mir das wegen Pattys Anwesenheit nicht weiterhin gelingen könnte. Ich würde mit ihr viel Zeit verbringen müssen. Mein Sohn würde zuhören und Fragen stellen. Die schützende Mauer des Schweigens würde zusammenbrechen ...

Tanisha kam zu uns. »Josh«, sagte sie, »du hast mich doch gefragt, ob ich dir mal wieder Faraa gebe. Magst du sie jetzt nehmen?«

»Darf ich wirklich?« Er warf sich dankbar in Tanishas Arme. Sie lächelte mich so warmherzig an, dass ich hätte weinen können. Sie war eine echte Freundin! Nicht nur, dass sie mich für den Moment aus einer verzwickten Situation befreit hatte. Sie machte Josh obendrein eine unvorstellbare Freude. Ich half ihr, Faraa vom Rücken zu binden, und sie zeigte Josh, wie er das knapp sechs Monate alte Mädchen richtig tragen konnte. Er warf mir einen vor Glück strahlenden Blick zu und lief zu den Mädchen, die sich in der Nähe der beiden alten Frauen aufhielten.

Nun ging ich die wenigen Schritte hinüber zu Ezira und Patty. Ich brannte darauf, endlich zu erfahren, was der wahre Grund ihres Besuchs war. Die beiden würdevollen Frauen hatten noch kein richtiges Gespräch begonnen, und ich hatte den Eindruck, dass Ezira warten wollte, bis ich mich zu ihnen gesellt hatte. Eines der Mädchen brachte frischen Tee, und Ezira bat sie und die anderen, wieder ihre Arbeit aufzunehmen, Pflanzen zu sortieren.

»Setz dich zu uns, Tochter Choga«, lud mich Ezira ein.

»Mama Patty, wie geht es dem Harem? Sind deine Mitfrauen gesund?«, fragte ich. Patty und ihre zwei Jahre jüngere Schwester Felicitas waren mit neun Frauen und vier fast heiratsfähigen Töchtern meines Vaters im Harem zurückgeblieben. Meines Wissens nach war keine von ihnen HIV-positiv.

Kaum dass ich meine höflich gemeinte Frage gestellt hatte, stimmte Mama Patty großes Wehklagen an: »Es ist so schlimm. Alles ist abgebrannt. Viele Menschen sind tot. So viele. Ich habe noch nie so etwas Grauenvolles gesehen.« Entmutigt schüttelte sie den Kopf. Tränen erstickten ihre Worte.

Ich hatte keine Ahnung, wovon sie sprach!

Die einstige Königin des Harems berichtete stockend: Es war an einem Sonntagabend Ende Januar gewesen. Ein Munitionsdepot, mitten im Wohngebiet gelegen und dennoch eines der größten des ganzen Landes, war explodiert. Die Druckwelle zerstörte unzählige Häuser. In der Folge kam es zu einer Reihe weiterer kleinerer Explosionen, überall brachen Brände aus. Patty berichtete unter Tränen von Leichen, die sich stapelten und in einem angrenzenden Kanal schwammen. Sie sagte, es seien tausend Menschen umgekommen. Verwundete Menschen irrten umher, stolperten über Tote.

Vaters *compound* war nicht weit vom Waffenlager entfernt gewesen. Die große Anlage, die Welt meiner Kindheit, war völlig verwüstet, die dünnen Wände der einfachen Steinhäuser von der gewaltigen Explosion hinweggefegt worden. Die alten Lehmhütten zerfielen wie nichts.

»Ich fand meine Schwester Felicitas in der Nähe ihres Hauses. Sie starb in meinen Armen«, berichtete Mama Patty stockend und unter Tränen. Felicitas war Vaters zweite Frau gewesen, die er etwa 1950 geheiratet hatte. Im Harem hatte Felicitas die Aufgaben einer

Hebamme gehabt; sie hatte auch mich auf diese Welt geholt.

»Der *compound* ist für alle Zeiten ausgelöscht. Ein Raub der Flammen und von allem Bösen dieser Welt«, klagte Patty, die durch Zufall entkommen war. Dass sie an diesem unbewohnbaren Ort nicht bleiben wollte, leuchtete durchaus ein. Allerdings verstand ich ihren Entschluss, ausgerechnet mich aufzusuchen, überhaupt nicht.

Ich starrte in das faltige Gesicht, sah die scharf geschnittenen Lippen, über die nun Worte kamen, die immer weniger Sinn machten: »Ich habe Mama Lisa stets sehr geachtet. Deine Mutter hatte mir deine Entscheidung, Felix zu verlassen, erklärt. Ich war nicht ihrer Meinung. Eine christliche Frau darf nicht aus der Ehe davonlaufen.«

Ich blickte zu Ezira und erhoffte mir ihren Beistand. Doch deren Gesicht verriet kein Gefühl, sie hörte nur zu. Während ich am liebsten aus der Haut gefahren wäre! Warum war Patty gekommen, wenn sie so über mich dachte?

»Aber ich habe meine Meinung über dich geändert«, fuhr Patty unbeirrt fort. »Nachdem dein Mann gestorben war, hast du zu deiner Verantwortung gestanden und viele deiner Mitfrauen mitgenommen, um für sie zu sorgen. Ich sagte damals zu Mama Felicitas: Schade, dass Mama Lisa das nicht mehr erlebt hat. Tochter Choga ist wirklich Papa Davids besondere Tochter. Die wahre Erbin seines Gedankens.«

Es hatte wohl jenseits von Pattys Vorstellungskraft gelegen, was sie bei uns erwartete: die Entsagungen eines Lebens in der Natur statt die Bequemlichkeit der Großstadt; Naturreligion statt Christentum.

Ezira brach ihr langes Schweigen: »Du bist uns willkommen, Mama Patty. Ich danke dir für das Vertrauen, das du uns entgegenbringst.« Obwohl ich Patty nie als meine Ziehmutter angesehen hatte, war sie es dennoch nach den Regeln meines Landes. Es wäre niemandem in den Sinn gekommen, sie zu fragen, wie lange sie bleiben wollte.

Mein Herz setzte für eine Sekunde aus, als Ezira meinte: »Ich nehme an, dass du dir mit Tochter Choga eine Hütte teilen möchtest.«

»Selbstverständlich«, bestätigte die *queen*. Dazu musste Tanisha ihre frühere Hütte wieder beziehen. Mein Sohn durfte sie und Faraa begleiten, worüber sich alle angesichts der neuen Entwicklung sogar freuten.

Innerlich schrie ich auf. Wenn ich mit der obersten »Königin« meines Vaters zusammenlebte, durfte ich davon ausgehen, mich voll und ganz unterordnen zu müssen. Ich sollte werden, was ich vor langer Zeit gewesen war – eine Haremstochter. Pattys Wort war im Harem Gesetz gewesen. Sie befand sich zwar nun in Eziras Reich. Doch meine Lehrerin hatte mich der »Königin« unterstellt, indem sie ihr meine Hütte anwies. Dadurch galten für mich automatisch die Regeln meiner Kindheit. Was auch immer Patty verlangte, ich hatte es von jetzt an ohne Widerspruch zu tun.

Ich wagte nicht, laut zu protestieren; denn die Regeln verlangten meinen bedingungslosen Gehorsam. Auch Ezira musste sich so verhalten, da die Gesetze des Respekts gegenüber Älteren es forderten. Sie wogen wesentlich schwerer als das Befinden einer jungen Frau wie mir. Ich hatte mich unterzuordnen. Oder ich musste gehen. Und zwar sofort! Ich war fest entschlossen, auszuhalten. Denn da war ja auch noch Ezira, die meine Vergangenheit kannte und auf deren Unterstützung ich vertraute.

Für mich war Vaters einstige *queen* die Frau, die sich im Harem durch ihre schöne Singstimme hervortat und uns gelegentlich als Musiklehrerin unterrichtete. Sie schien über uns zu schweben wie eine wahre Königin. Ihr unvermittelt so nahe zu sein wie nicht einmal in meiner Kindheit, verwirrte mich. Denn mich quälten plötzlich Fragen, auf die ich keine Antworten kannte. Meine Vergangenheit, der ich glaubte mit dem Leben auf der Farm entkommen zu sein, hatte mich eingeholt.

Ich verbrachte eine schlaflose Nacht, in der mir Pattys Worte nicht aus dem Kopf gingen: Wäre ich ein Junge geworden, so würde der Harem auch heute noch bestehen und ich wäre der Nachfolger meines Vaters. Denn als besondere Tochter war ich die Erbin seiner Gedanken.

Was meinte sie damit? Hatte ich das falsche Geschlecht? Warf sie mir damit etwas vor, woran ich nichts ändern konnte? Worunter ich durch Felix' Misshandlungen sogar gelitten hatte?

Nein, ich würde vor Patty nicht weglaufen! Ganz gewiss nicht! Sie musste mir Rede und Antwort stehen! Aber sie lag nur laut schnarchend dort, wo Josh sonst schlief ...

Das Los der Töchter

Im ersten Morgengrauen floh ich regelrecht in die Kräuterküche. Es war mir ein echtes Bedürfnis, mich als Heilerin zu betätigen. Ich wollte mich nicht als Haremstochter fühlen. Mit wahrer Leidenschaft zerstampfte ich Beeren im Mörser und zerrieb Blätter. Ich war längst nicht fertig, als Tanisha in die Kräuterküche trat.

Damit sie sich schulen konnte, bereitete Tanisha sonst frühmorgens den Tee. »Willst du das heute lieber machen?«, fragte sie. Ich hörte ihre leichte Enttäuschung.

»Ja«, gab ich einsilbig zurück. Wegen des entgangenen Schlafs hatte ich rasende Kopfschmerzen.

»Du hast schlechte Laune«, stellte Tanisha fest. »Liegt es an der Frau aus Lagos?« Ich knurrte eine unverständliche Antwort. »Freust du dich denn nicht, jemanden aus dem Harem wieder zu sehen? Sie gehört doch zu deiner Familie, oder nicht?«

»Das ist nicht so einfach zu sagen«, gab ich zu. »Für dich besteht eine Familie aus Vater, Mutter, Kindern, Großeltern, Onkeln und Tanten. Eben Menschen, die direkt miteinander verwandt sind. Aber Patty ist in diesem Sinn keine Verwandte. Auch wenn alle sie immer Mama gerufen haben, so betonte das nur ihre Bedeutung. Nicht aber die Liebe, die einer Mutter entgegengebracht wird.« Ich rieb meine schmerzenden Schläfen. »Genau genommen waren wir keine Familie«, sagte ich, »sondern eine Lebensgemeinschaft.« Ich trat einen Schritt zur Seite, damit wir gemeinsam arbeiten konnten.

»Und dein Vater? Wie hast du für ihn empfunden?«, fragte Tanisha. Sie begann damit, Baumrinde zu raspeln.

»Ich war stolz auf ihn. Wie wir alle. Aber du willst wissen, ob ich ihn liebte?« Sie nickte, und ich dachte nach, was ich für Papa David wirklich empfunden hatte. Was ich tatsächlich hinter diesem beeindruckenden Mann gesehen hatte. Ich musste mir eingestehen, dass er niemals wirklich in meinem Herzen gewohnt hat. »Mein Vater schwebte über uns. Wie so eine Art Engel, der einen beschützt. Aber einen Engel kann man nicht anfassen oder sich an ihn lehnen.« Ich blickte sie an. »Verstehst du, was ich meine?«

»Ja, sehr gut sogar. Mein Vater hat zwar nur ein Baugeschäft. Und er ist gewiss kein überirdisches Geschöpf, sondern ganz normal. Aber für mich war er trotzdem nicht greifbar. Ich respektierte ihn.« Sie lächelte versonnen. »Aber ist das Liebe, wenn man jemanden respektiert?«

Unser eigentliches Anliegen, den Tee zu bereiten, hatten wir über unser Gespräch vergessen ... »Doch«, meinte ich, »man kann auch jemanden respektieren, den man liebt.«

Tanisha lachte über ihre plötzliche Erkenntnis: »Stimmt, aber man muss jemanden nicht lieben, um ihn zu respektieren.«

»So geht es mir mit Mama Patty«, erklärte ich. »Wahrscheinlich auch mit meinem Vater. Aber das weiß ich nicht genau. Ich muss es herausfinden. Denn ich glaube, ich kannte ihn nicht als Mensch. Patty hat gestern seltsame Andeutungen gemacht. Deswegen konnte ich nicht schlafen.«

»Was hat sie denn gesagt?«

»Als Mann würde ich heute Vaters Harem leiten.«

Zunächst starrte Tanisha mich mit offenem Mund an.

Dann lachte sie laut los und konnte sich kaum wieder beruhigen. »Das ist eine tolle Idee«, meinte sie atemlos. »Hättest du dann 48 Männer geheiratet?« Sie kicherte vergnügt.

»Um Himmels willen! Ich wäre schon mit einem zufrieden gewesen, den ich hätte lieben können.« Ich grinste. »Und respektieren.« Ich hob die Schultern. »Aber ich wäre ja ein Mann gewesen, Tanisha. Also hätte ich 48 Frauen heiraten müssen. Nämlich alle Witwen meines Vaters.«

»Etwa auch Mama Patty?« Tanisha nahm mich Tränen lachend in die Arme. »Was hast du für ein Glück, dass du eine Frau geworden bist ...«

Ich lachte mit ihr. Aber ich fragte mich auch, wie ich wohl gedacht hätte, wenn ich ein Mann geworden wäre ...

Tanisha zwickte mich in den Arm. »Deine Königin kommt direkt auf uns zu, Choga!«

Ich seufzte und überließ es Tanisha, den Tee fertig zu stellen. »Du darfst den Tee auch heute Morgen bereiten. Und ich werde mich jetzt in Pattys gehorsame Haremstochter verwandeln.«

In ihrem Blick lag Mitleid. »Wir sind eben nur Töchter. Ich kümmere mich um Josh.« Sie zwinkerte mir zu. »Und er sich um Faraa.«

»Ich habe dich lachen hören, Tochter«, meinte Patty aufgeräumt. Der Morgen war leicht dunstig, die Luft von schwerer Süße. In den Bäumen zwitscherten bunte Vögel. Der Tag versprach schön zu werden. »Ich freue mich, dich so glücklich zu sehen.« Sie blickte auf Tanisha. »Willst du mir deine Freundin nicht vorstellen?«

»Das ist Tanisha. Ich habe sie von unserer Farm mitgebracht«, sagte ich. Jetzt wäre ein Kniefall fällig gewesen. Der natürlich ausblieb.

Mama Patty übersah diesen Umgangsfehler geflissentlich. Josh rannte herbei, das Baby im Arm: »Wer hilft mir, Faraa auf den Rücken zu binden?«

Die Verwunderung der Haremskönigin wuchs. Sie erkundigte sich, wem von uns die Kleine gehörte, und ich gab Auskunft.

»Tanisha und Faraa – sind das muslimische Namen?« Ich nickte.

»Habt ihr schon zu Jesus Christus gebetet?«, fragte sie nachdrücklich. »Wo ist denn eure Kirche? Wo betet ihr zu Gott?«

Bevor jemand antworten konnte, sagte ich geistesgegenwärtig: »Wo immer wir seine Werke finden.« Meine bibelfeste Formulierung sollte die Christin nicht zu sehr schockieren. Sie war Vaters älteste Frau und ich von Kindsbeinen an zu Gehorsam erzogen. Sie erwartete deshalb, dass ich den Glauben meines Vaters ausübte, die Verehrung des Schwarzen Jesus. Das Leben, das ich führte, stand dazu in offenem Widerspruch. Ich teilte ihren und Vaters Glauben nicht mehr. Doch die pflichtgemäße Achtung von Papa Davids Andenken nötigte mich, meine tatsächlichen Ansichten vor ihr zu verbergen.

»Es gibt hier gar keine Kirche?« Mama Patty packte mich am Arm und zog mich mit sich fort. »Tochter, ich glaube, du bist vom rechten Weg abgekommen!« Der Tadel in ihrer Stimme hätte kaum deutlicher sein können. Für sie gab es nur den christlichen Gott. So als müsste ich mich für meine Überzeugung entschuldigen, sprach ich diffus von einem Genesungsurlaub, den ich bei Ezira verbrächte. Ich versuchte sie zu versöhnen, indem ich von der Kapelle erzählte, die wir auf der Farm hatten. Dass sie abgebrannt war, erwähnte ich lieber nicht.

»Dann wirst du also demnächst wieder auf die Farm zurückkehren!« Patty war erleichtert. »Wir sollten vielleicht bald aufbrechen. Dort scheint ja wohl ein christlicherer Ort zu sein als hier.«

Das hatte mir gerade noch gefehlt: eine *queen*, die unser Leben aufmischte! Es musste mir irgendwie gelingen, Patty loszuwerden, bevor ich mit Josh heimkehrte. Das war mir jetzt klar. Aber ich hatte keine Ahnung, wie ich das anstellen konnte, ohne gleichzeitig sämtliche Regeln des Gehorsams zu missachten. Es gab nur eine Lösung: Patty musste selbst erkennen, dass sie nicht mehr in mein Leben gehörte. Aber ich hatte keine Ahnung, was dann mit ihr werden sollte …

»Sind deine Mitfrauen, mit denen du damals fortgingst, noch gesund?«, fragte sie.

»Ja, wir haben uns eingerichtet. Es ist nicht leicht, mitten auf dem Land zu leben. Wir arbeiten hart, um zurechtzukommen.«

Sie hatte mir kaum zugehört, wie ihre Antwort zeigte: »Du musst meine Kleider waschen.« Wir kehrten zu meiner Hütte zurück, um die kostbaren Stoffe unverzüglich zu holen. Sie sah sich in dem fast leeren Raum um und deutete auf die der Fensteröffnung gegenüberliegende Seite: »Dort wirst du einen Altar bauen und ein Kreuz mit einem Schwarzen Jesus errichten.«

Mit Josh Weihnachten feiern – das war eine Sache. Den Glauben meines Vaters in dieser Form aufleben zu lassen, eine andere. Gott als oberstem Schöpfer hatte ich keineswegs abgeschworen; er stellte für mich die große Energie dar, aus der sich alles ableitete. Seit meinem ersten Besuch bei Ezira hatte ich jedoch Mutter Erde als Sinnbild der weiblichen Kraft erkannt, die Menschen, Tiere und Pflanzen nährte. Ich verehrte sie gewissermaßen als Mittlerin zwischen Gott und den Menschen. Patty hätte das nicht verstehen wollen; in ihrem Alter ändert kaum jemand seine Ansichten so radikal. So lud ich mir schweigend das Bündel auf den schmerzenden

Kopf, um zum Fluss zu gehen, wo ich meinen Tochterpflichten nachkommen konnte.

Wir wollten gerade aufbrechen, als Tanisha mir unseren Tee in einer Kalebasse brachte. Sie sah, was ich vorhatte. »Choga, lass mich das machen!«, rief sie.

Ich hätte das Angebot meiner Freundin ohnehin nicht angenommen; sie sollte nicht Pattys Dienerin sein. Aber die *queen* sagte bereits schroff: »Du siehst doch, dass Tochter Choga sich um meine Angelegenheiten kümmert.« Tanisha wich eingeschüchtert zurück.

»Danke, Tanisha, ich muss es wirklich machen«, sagte ich.

»Schaffst du es denn?«, fragte sie mitfühlend.

»Sie ist eine große, kräftige Frau! Hast du keine Arbeit, Mädchen?« Das war der Ton, den ich von Patty kannte ...

Wir liefen quer durch den *compound*, um den Weg zum Fluss zu erreichen. Patty ging voraus, ich hinterher. Die jungen Mädchen blickten mir verwundert nach. So etwas gab es bei Ezira sonst nicht. Selbst die alte Lehrerin wusch ihre Tücher selbst.

Dann rannte mein Sohn auf mich zu, Faraa auf dem Rücken. »Mama, du sollst dich doch schonen!«

»Ist schon okay, Schatz. Ich werde ja nicht jeden Tag waschen«, meinte ich. Tanisha nahm ihn bei der Hand und führte ihn fort.

»Warum tut Mama das?«, hörte ich ihn fragen, und Tanisha antwortete: »Weil es ihre Pflicht ist.«

Ein Haufen Scherben

Als wir am Fluss angekommen waren, bat ich Mama Patty, mir das Bündel vom Kopf zu nehmen. Ich war außer Atem und brauchte eine Pause, bevor ich die Tücher waschen konnte. Erschöpft ließ ich mich nieder.
»Was ist mit dir, Tochter Choga?«
»Ich habe Aids«, erwiderte ich.
»Du auch? Das ist ja furchtbar.« Sie schüttelte den Kopf und blickte mich prüfend an: »Du bist doch deinem Mann immer treu gewesen, Tochter?«
Mein Mann! Ich hatte ihn niemals so genannt. Doch solche Kleinigkeiten erschienen mir allmählich nebensächlich. »Ja«, sagte ich, »immer.«
»Felix hat nur Unglück gebracht«, stöhnte sie. Ebenso wie ich hatte sie das Elend der Frauen, die er infiziert hatte, miterlebt. Allerdings waren es meine Mutter, Bisi und Ada gewesen, die sich während Felix' Herrschaft im Harem und nach seinem Tod um die Kranken gekümmert hatten. Deshalb war Mama Lisa bis zu ihrem Tod im Harem geblieben.
Ich hatte neue Kräfte gesammelt und stieg bedächtig in den Fluss, um mit dem ersten von Pattys Tüchern zu beginnen. Wäsche waschen zählte ohnehin nicht zu meinen Leidenschaften. Es aus Gehorsam zu tun, kostete mich eine Menge Überwindung. Doch ich ließ mir nichts anmerken.
Die Besucherin trug das Herz offenbar auf der Zunge. »Jede Frau, die du mitgenommen hast, sehe ich vor mir:

Lape, Abidem, Jumoke, Yetunde, Chinne und Charity. Vor allem sie ist mir gut in Erinnerung geblieben.«

»Wieso Charity?«, erkundigte ich mich schwitzend und schrubbend.

»Weil sie die letzte Frau deines Vaters war, die 48.«, antwortete Mama Patty. Ich erkundigte mich, wann er sie geheiratet hatte. Sie dachte kurz nach und erwiderte: »Drei Jahre vor seinem Tod.«

Damals war er 58 und sie 17. Zu dem Zeitpunkt hatte ich andere Sorgen: Ich war 15 und fürchtete, bald selbst verheiratet zu werden, weshalb ich mir größte Mühe gab, meine Regelblutung zu verstecken. Doch erinnerte ich mich sehr gut daran, dass mein Vater schon sehr geschwächt war. Dass er Aids hatte, erfuhr ich erst Jahre später. Ob er es zu dem Zeitpunkt wusste, als er Charity heiratete, konnte niemand sagen. Dennoch drängte sich mir eine Frage auf, die ich nun an Mama Patty richtete: Warum heiratete ein so kranker Mann?

»Die *Familie* musste erkennen, dass Papa David noch ein starker Mann war«, erwiderte Patty entschieden.

Ich hockte im Fluss, meine Kleider wurden nass, mein Kopf und meine Hüfte schmerzten und meine Stimmung war miserabel. »Hat mein Vater deshalb so oft geheiratet?«, fragte ich.

»Er musste das tun!«, erwiderte Patty. »Das hat den Einfluss der *Familie des Schwarzen Jesus* im ganzen Land vergrößert. Die Frauen, die er aussuchte, waren die Töchter ebenfalls mächtiger Männer. So wurde seine Kirche immer größer.«

»Und Liebe? Hat er sie denn alle geliebt?«

Meine wahrscheinlich sehr naive Frage verblüffte Patty. Sie dachte nach, was sie einer jungen Frau darauf antworten sollte. Schließlich sagte sie ganz schlicht, aber sehr entschieden: »Du weißt, dass Ehen geschlossen werden, um Kinder zu bekommen.«

Das hieß nichts anderes als das, was ich vermutet hatte: Um Liebe war es bei so vielen Frauen tatsächlich nicht gegangen. Doch galt das auch im Fall meiner Mutter? Ich hatte sie zu Lebzeiten mehrfach versucht, darauf anzusprechen. Aber so ähnlich, wie ich Josh seine Vergangenheit verschwieg, hatte es meine Mutter mit mir gehalten. Sie sprach von meinem Vater zwar als einem bedeutenden und großen Mann. Aber warum sie seine Frau geworden war, hatte ich nie verstanden. Denn das Argument, dass sie den Zusammenhalt der anderen Frauen so genoss, reichte mir dafür nicht mehr. Genau genommen klang es nach einer Ausrede. Mama Lisa konnte ich nicht mehr fragen. Bei Bisi und Ada hätte es wenig Sinn gehabt: Sie hätten mich vor jeder unangenehmen Wahrheit beschützt. So wie ich Josh. Aber er war sechs und ich 25. Ich brauchte jetzt keine Schonung mehr. Ich wollte Pattys Version hören. Vorausgesetzt, sie wollte sie mir mitteilen!

»Meine Mutter hatte keinen einflussreichen Vater. Hat Papa David sie aus Liebe geheiratet?«

Plötzlich blickte mich Patty aufmerksam an, um wenige Sekunden später in das tropische Grün hinter mir zu starren.

»Mama Lisa war eine besondere Frau.« In ihrer Stimme lag echtes Pathos. »Ich habe sie entdeckt. Auf einer Party. Damals gingen Papa David und ich noch zusammen aus. Ich sah die Frau dieses deutschen Ingenieurs. Sie war unglücklich. Sprich sie an, sagte ich zu Papa David. Lade sie ein. Er tat es. Und ich unternahm alles, damit sie wiederkam, damit sie blieb. Sie war genau das, was ich für Papa David wollte.«

Ich vergaß das Waschen der Wäsche und starrte Patty an. »Du wolltest es? Warum?«, fragte ich verblüfft.

»Weil sie eine große, deutsche weiße Frau war.« Ihr Blick aus den harten alten Augen traf mich wie ein

Schwert. »Ich wollte, dass Mama Lisa ihm einen weißen Sohn schenkt. Du wärst der Beweis gewesen: Der Führer der *Familie des Schwarzen Jesus* steht unter dem Schutz Gottes. So hättest du später auch die Weißen vom Glauben an den Schwarzen Jesus überzeugen können. Nur ein Weißer hätte das vermocht.«

Vor meinen Augen drehte sich alles. In den ersten Jahren war meine Haut sehr hell gewesen. Das hatten sowohl Mutter als auch Mama Bisi mir oft erzählt. Aber ich war ein Mädchen. Ich traute mich kaum, weiterzufragen. Aus Angst vor der Antwort. Ich tat es dennoch. Meine Stimme glich einem Krächzen. »War Papa David enttäuscht, als er mich sah?«

Die *queen* schüttelte den Kopf. Ihre Antwort bewies, dass ich für meinen Vater dennoch etwas »Besonderes« gewesen war. Vielleicht sogar, dass er mich liebte. »Er küsste dich auf die Stirn und sagte: ›Gott hat sie so gemacht, wie er es für richtig hielt.‹ Und dann gab er dir deinen Namen.«

Er bedeutet: *Gott hat mich gemacht*. Obwohl ich viele schwere Stunden durchgestanden und oft mit meinem Schicksal gehadert hatte, so wusste ich dennoch, dass Gott es mit mir auch gut gemeint hatte. Die Liebe meines Sohnes bewies es mir jeden Tag. Ebenso wie die Unterstützung, die ich von meinen *Mamas* bekam, und die Hilfe, die ich an andere, wie Tanisha, weitergeben konnte. Für diese Geschenke war ich dankbar.

Das Schlechte, das mir widerfahren war, verband ich dagegen mit nur einem Namen. »Wann hat Papa David beschlossen, dass ich Felix heiraten soll?«, fragte ich.

Patty sprach mit fester Stimme. »Es war zu der Zeit, als er Charity heiratete. ›Lisas Tochter soll die *Familie* später einmal so wie du als älteste Frau leiten‹, sagte er zu mir. ›Ich werde für sie einen Mann suchen, sie mit ihm verheiraten. Sie werden einen Sohn zeugen, der unsere Tradition fortsetzt.‹«

Meine Nerven hatten schon kaum verkraftet, zu hören, dass ich mein Leben nicht der Liebe verdankte. Aber dass mein Vater und Patty mich in kalter Berechnung dem unbeugbaren Willen nach Geltung, Ansehen und Macht geopfert hatten, brachte mich fast um den Verstand. Voll bekleidet, wie ich war, sank ich in das Wasser. Tränen liefen mir übers Gesicht.

Über Jahrzehnte hinweg, sogar Generationen über seinen Tod hinaus, hatte mein Vater den Fortbestand unserer *Familie* geplant. Doch wenige Jahre nach seinem Tod war nichts erhalten geblieben. Nur noch ein Haufen Scherben. Mein Sohn und ich waren zwei dieser Bruchstücke.

Mama Pattys Tücher schwammen im Fluss langsam davon. Es war mir egal. Sie stand auf, watete hinein und zog sie zu sich heran. Die tropfenden Textilien in der Hand, blickte sie auf mich hinab. »Du siehst, Tochter, dein Vater hatte mit dir Großes vor. Er war nicht enttäuscht, wie du glaubst, dass du ein Mädchen warst. Er wollte, dass du die große Mama einer neuen Generation wirst. Leider hat er sich in Felix getäuscht. Diesen Mann auszuwählen, war sein einziger Fehler.« Nur diese Entscheidung stellte sie infrage. Nichts anderes. Wie konnte sie auch? In ihrer Jugend hatte sie geholfen, einen Baum zu pflanzen, unsere *Familie*. Dafür hatte sie gelebt. – Sie wrang die Tücher aus und setzte sich ans Ufer.

»Vater hatte so viele Töchter. Warum wollte er ausgerechnet mich mit seinem Nachfolger verheiraten?«, fragte ich verzweifelt.

Die Haremskönigin blickte auf mich herab: »Du warst auserwählt.«

»Auserwählt – wozu? Um früh zu sterben?« Ich hätte ihr meine Verzweiflung am liebsten entgegengeschrien.

Aber alles, was ich zustande brachte, war ein heiseres Krächzen. Patty war über meine Anklage keineswegs verwundert. Sie hatte sie wohl gar nicht gehört und machte auch keinerlei Anstalten, mir aus dem Wasser zu helfen. Ich erwartete es allerdings auch nicht von einer Königin, die selbst Schicksal gespielt hatte.

»Ja, du warst auserwählt, Choga Regina«, hörte ich sie sagen, während ich im Fluss nach einem Halt suchte, um aufstehen zu können. »Und du hast bewiesen, wie Recht Papa David hatte. Du bist bereit, Verantwortung zu tragen. Das hat uns allen dein Verhalten gezeigt.«

War das ihre Art, mich zu trösten? Sie half mir damit nicht, sondern verwirrte mich zusätzlich!

»Mama Bisi bat mich um Erlaubnis, dass du deine *Schwestern* mitnehmen durftest. Ich willigte ein. Nicht nur, weil wir zu viele im *compound* waren, um satt zu werden.« Pattys Stimme nahm einen überraschend weichen Ton an. »Ich sagte damals zu Felicitas: Choga Regina ist Papa Davids wahre Erbin. Auf dieser Farm wird sie das machen, was wir hier hatten. Sie wird eine neue *Familie* aufbauen, nur ohne Männer. Ein Ort, an dem der Schwarze Jesus verehrt wird, dessen Witwen wir sind. Keine seiner Töchter hatte die Kraft, die Verantwortung zu übernehmen, die dein Vater auf seinen Schultern getragen hat.«

Oh, wie sie sich in meinen Absichten irrte! Nur in einem hatte sie Recht: Ich hatte Verantwortung übernommen. Aus einigen Scherben des zerbrochenen Harems hatten Bisi, Ada und ich etwas Neues erbaut. Wir wollten Kranken Mut machen, dass das Leben trotz Infektion weiterging.

Patty, die meine kleine Welt gerade heftig durchgeschüttelt hatte, sagte ganz ruhig: »Mir ist nicht entgangen, Tochter Choga, wie verwundert dein Sohn war, als ich ihn auf seinen Großvater ansprach. Er weiß wohl gar nicht, wessen Blut in seinen Adern fließt.«

Ich krabbelte gerade auf allen vieren aus dem Fluss und wollte mich pitschnass ans Ufer fallen lassen. Jetzt aber wich meine Niedergeschlagenheit in Sekundenschnelle einem hellwachen Alarmzustand. »Er hat es wahrscheinlich vergessen«, sagte ich schnell. »Wir leben schon immer sehr weit vom Harem entfernt.« Meine gestotterten Ausflüchte waren viel zu durchschaubar. »Er könnte ohnehin nicht mehr den Harem übernehmen, nicht wahr? Warum lassen wir ihm nicht seine sorglose Kindheit?« Schwer schnaufend stützte ich meine Hände auf die Knie und stand vorgebeugt vor ihr. Nicht bereit für die Auseinandersetzung, die sich abzeichnete.

Patty richtete sich auf, ihr Blick durchbohrte mich. »Dein Sohn ist sieben, wenn ich richtig gerechnet habe. In seinem Alter mussten die Jungen ihre Mütter und damit unseren *compound* verlassen, um ein Mann zu werden. Er aber lebt wie ein Mädchen, trägt ein Kind auf dem Rücken herum.« Sie machte eine Pause und setzte dann nachdrücklich hinzu: »Ein muslimisches. Nein, Tochter, der Enkel von Papa David muss seine wahre Bestimmung kennen lernen. Ich war die erste Frau deines Vaters, und ich werde dafür sorgen, dass er sie erfährt.«

So wie sie die Welt sah, war ich dazu auch gar nicht berufen. Ich war nur eine Tochter. Josh hingegen ein künftiger Mann, ein Herrscher ... Es schien fast so, als hätte Patty nur deshalb den weiten Weg zu uns unternommen, um Dinge ins Lot zu bringen, die ihrer Meinung nach nicht stimmten. Sie spielte wieder einmal mit dem Schicksal anderer Menschen. Doch diesmal ging es um Josh!

Der geschenkte Vater

Schon während ich tropfend nass hinter Patty her zurück zum *compound* lief, überlegte ich fieberhaft, was ich tun sollte. Überließ ich es der kaltherzigen Haremskönigin, meinem Sohn die Vergangenheit zu erklären, so würde er irgendwann wenig später vor mir stehen und mich fragen: Mama, warum hast du mir meinen Großvater verschwiegen? Und ich müsste mich verteidigen. Obwohl ich ihn doch eigentlich beschützen wollte. Je mehr ich darüber nachdachte, desto stärker fragte ich mich, wie ich wohl reagiert hätte, wenn Mama Bisi mir erzählt hätte, was ich gerade zuvor von Patty erfahren hatte. Wäre ich ein Kind wie Josh gewesen, ich hätte meinen Vater wohl gehasst. Weil ich die komplizierten Erwachsenen nicht verstanden hätte. Als Kind hätte ich aus all dem nur einen Schluss ziehen können: Der Harem musste ein Ort gewesen sein, in dem es keine Liebe, sondern nur rücksichtslose und berechnende Menschen gab. Aber das stimmte nicht! Dort hatten Frauen wie Ada und Bisi gelebt, die mich vorbehaltlos liebten. Auch meine Mutter gehörte dazu. Sie hatte jedoch eine andere Art, es zu zeigen.

Jetzt war ich selbst Mutter, hatte meine eigenen Erfahrungen und Einsichten. Und ich bemühte mich darum, »Kopf« und »Herz« miteinander in Einklang zu bringen. Nicht nur Patty zu hören und zu verurteilen. Sondern trotz allem die Sonnenstrahlen in mein Herz fallen zu lassen, damit das Vertrauen, das ich meinem Vater gegenüber gehabt hatte, nicht einging wie eine Blume ohne Licht. Ich versuchte, Patty und damit auch meinen Vater zu verstehen: Er hatte sich selbst eine Lebensaufgabe gestellt. Ob ich sie gut fand, spielte keine Rolle. Um ihn ging es: Er wollte mit seiner Überzeugung dem Leben anderer Menschen einen Sinn geben. So gesehen hatte Mama Patty Recht: Nichts anderes hatten Bisi, Ada und ich getan, indem wir unsere kleine Gruppe nach Jeba geführt hatten. Wenn sie meinte, in mir deshalb die »besondere Tochter« erkennen zu können – meinetwegen. Ich kannte schließlich die Geheimnisse der Wunderblume ...

Wir kamen dem *compound* nur sehr langsam näher, denn die nassen Tücher auf meinem Kopf hatten ein nicht gerade geringes Gewicht. Ich bemühte mich, es zu ignorieren, und bereitete mich auf mein Gespräch mit Josh vor. Es musste sehr bald stattfinden. Bevor Patty sich meinen Sohn schnappte. Aber wie konnte ich es anfangen, in seiner Vorstellung eine Welt auferstehen zu lassen, die so brutal zerstört worden war? Deren einst gut gemeinte Gedanken sich derart ins Gegenteil verkehrt hatten?

Ich blieb wie angewurzelt stehen. Natürlich! Das war es! Ich konnte ihm durchaus die Wahrheit erzählen, jene nämlich, die ich erlebt hatte! Dazu musste ich nur wieder ein Kind werden. Dann würde ihn die Wahrheit schützen, anstatt ihn zu verletzen.

Plötzlich war meine Stimmung wie ausgewechselt. Ich raffte mich auf und schaukelte mit neuem Mut hinter der einstigen Königin her. Und mir kam ein befreiender Gedanke: Mit ihrer Offenheit hatte Patty sich selbst entthront. Ich sah jetzt in ihr nicht mehr die unumschränkte Herrscherin über die Frauen. Sondern eine vom Leben enttäuschte alte Frau ohne Heimat, die nur noch einen Halt fand – die Vergangenheit. In ihren Augen war Josh der Hoffnungsträger. Für sie waren mein Sohn und ich wie die Ableger einer einst prächtig gedeihenden Pflanze.

Die Sonne stand hoch am wolkenlosen Himmel. Tanisha nahm mir mein schweres Bündel ab und half mir, Pattys Tücher auf Büschen zum Trocknen aufzuhängen. Sie hatte Faraa nicht bei sich und Josh war auch nirgends zu sehen. Patty beobachtete uns. Sie stand nicht weit von uns entfernt und hätte jedes Wort verstanden.

Tanisha und ich hatten uns darauf geeinigt, nur noch Englisch zu sprechen, damit sie diese Sprache, die im Süden unverzichtbar war, schneller lernte. Ich entschloss mich jedoch, jetzt mit ihr Haussa zu reden. Obwohl ich damit streng genommen gegen die Regeln des Respekts vor der einst so wichtigen Frau verstieß.

»Wo sind die Kinder?«, fragte ich.

»Faraa war müde, wollte aber nicht einschlafen. Da ist Josh bei ihr geblieben, damit sie schneller einschläft.« Sie lächelte glücklich. »Dein Junge passt gut auf Faraa auf. Ich glaube, er sieht in ihr schon eine Schwester.«

Einen kleinen Stich ins Herz spürte ich schon. Denn irgendwann würden wir die beiden verlassen müssen. Wahrscheinlich schon sehr bald. Mein Zuhause wartete auf mich.

»War es schwer für dich mit der Königin?«, erkundigte sich Tanisha besorgt.

»Sie hat mir Dinge aus der Vergangenheit erzählt, die mir wehtun«, sagte ich.

»Du wirkst aber nicht so niedergeschlagen wie zuvor. Dann verkraftest du es ganz gut?«

»Ich will nach vorne schauen und nicht zurück«, sagte ich. Ohne Vorwarnung schossen mir die Tränen in die Augen. Ich versteckte mich hinter der nassen Wäsche, damit Patty mich nicht sehen konnte.

Tanisha nahm mich in die Arme. »Du willst wieder stark sein.«

»Ich habe doch nur so wenig Zukunft. Und die soll schön sein und nicht dauernd von all dem Hässlichen überschattet werden!« Ich wischte mir die Tränen weg. »Stell dir vor, sie will Josh alles erzählen über den Harem. Es gibt nur einen Ausweg: Ich muss ihr zuvorkommen. Denn sie wird garantiert schlecht über Joshs Vater sprechen. Dabei weiß er doch gar nichts von Felix!«

»Du meine Güte! Arme Choga, wie kann ich dir nur helfen?«

»Geh zu Ezira und bitte sie, Josh und mir Patty für eine Weile vom Hals zu halten. Wir müssen in Ruhe miteinander sprechen. Wenn sie immer daneben steht, geht das nicht.«

»Klar, das mache ich. Mir fällt schon was ein.« Sie sank in sich zusammen. »Ich kann nicht lügen, Choga!«

Ich musste lachen; sie war so liebevoll ehrlich. »Nein, das sollst du auch nicht.« Ihre Kleidung war inzwischen fast so nass wie meine. »Wir müssen uns erst mal umziehen.«

Gemeinsam tauchten wir wieder hinter den mit nassen Tüchern behängten Büschen auf. Patty wirkte ziemlich aufgebracht. Man ließ die Haremsherrscherin nicht einfach herumstehen. Gerade so, als wollte sie mich in Anwesenheit meiner muslimischen Freundin an meine Wurzeln erinnern, sagte sie: »Du musst uns jetzt einen Altar mit einem Schwarzen Jesus bauen.«

»Ich möchte zuvor rasch meine Kleidung wechseln«, erwiderte ich.

»Gewiss, Tochter. Ich werde in meiner Hütte sein und deinen Sohn erwarten.«

So alt Patty auch war, steckte sie dennoch voller Energie. Entsprechend ließ sie nun keine Zeit mehr vergehen, um ihr neues Ziel zu erreichen: meinen Sohn über seine wahren Aufgaben zu informieren! Doch diesmal musste ich mich ihr entgegenstellen. Zumindest ein ganz kleines bisschen.

»Mama Patty, ich brauche für den Altar Holz und für einen schwarzen Jesus eine ganz besondere Sorte. Damit meinem Sohn die Bedeutung der Figur, die ich schnitzen werde, auch wirklich bewusst wird, sollte er mich begleiten bei der schweren Suche nach dem richtigen Material.«

»Ja, Tochter, ich stimme dir zu. Es ist besser, wenn ich mich ausruhe. Ich werde mit deinem Sohn sprechen, sobald ihr zurückkehrt.«

Ich atme erleichtert auf; ich hatte nicht vergessen, wie ich eine Haremschefin überzeugen konnte. Ich erklärte Tanisha in Haussa, unserer neuen Geheimsprache, was ich vorhatte, und wir trennten uns.

»Es ist nicht richtig, wenn du in meiner Gegenwart in einer anderen Sprache sprichst. Das hatte ich damals auch schon deiner Mutter gesagt, wenn sie sich mit dir auf Deutsch unterhielt«, tadelte Patty mich. Deshalb hatten wir nur in Mutters Räumen ihre Sprache benutzt.

Nachdem ich mich rasch umgezogen hatte, legte ich meine nassen Tücher zum Trocknen aus und suchte meinen Sohn in Tanishas Hütte auf. Er schlief, neben sich die kleine Faraa. Bei seinem Anblick übermannte mich meine eigene Müdigkeit. »Leg dich auf meine Matte«, bot mir Tanisha an. Ich leistete nur zu gerne Folge. Nachdem ich nicht mehr in die Zwänge meines Respekts vor Patty eingeschnürt war, spürte ich die Schmerzen in meinem überanstrengten Körper mit aller Macht.

»Was für ein Holz brauchst du?«, fragte Tanisha.

Ich war zu erschöpft, um darüber nachzudenken, warum sie das wissen wollte, und sagte nur matt: »Es muss sehr dunkel sein, möglichst schwarz.«

»Wie groß?«

»Vielleicht einen Meter lang. Wir werden eine Ewigkeit suchen müssen. Man muss zu beiden Seiten Arme daran setzen können ...« Dann fielen mir die Augen zu. Ich schlief wie ein Stein. Als ich aufwachte, war die Sonne ein ganzes Stück weitergewandert.

Wahrscheinlich hatte ich zwei Stunden geschlafen. Weder Josh noch Faraa lagen neben mir. Stattdessen entdeckte ich eines von den Heften, die ich Tanisha zum Fest der Fröhlichkeit geschenkt hatte. In Tanishas noch ungelenker Schrift stand auf einer sonst völlig leeren Seite: Wir sind am Fluss. Sie hatte mir zum ersten Mal eine Botschaft geschrieben! Ihre Fortschritte machten mich glücklich. Doch in dieser Nachricht versteckte sich eine zweite: Meine Freundin hatte Josh aus dem *compound* geführt, damit er nicht Patty über den Weg laufen konnte. Joshs und Faraas helle Stimmen bestätigten meine Vermutung, sobald ich mich dem Platz am Wasser näherte.

Mein Sohn spielte mit einer Rassel, die er um Faraa herumtanzen ließ. Die Kleine quietschte vergnügt. Ich setzte mich zu den Kindern.

»Wo ist denn Tanisha?«, fragte ich.

»Sie kommt gleich wieder.« Josh fürchtete sich nicht ohne erwachsene Begleitung im Regenwald: Fast die Hälfte seines bisherigen Lebens hatte er dort verbracht. Er lachte mich an. »Mama, du hast vielleicht fest geschlafen! Hast du dich erholt?«

»Mir geht es gut, Schatz. Ich bin es nur nicht gewöhnt, so viele Sachen zu tragen. Aber jetzt habe ich alles gewaschen.«

»Kann denn Oma Patty das nicht selbst?« Voller Arglosigkeit hatte er die Haremskönigin bereits zur Reihe seiner übrigen Omas wie Bisi und Ada hinzugefügt.

»Doch, das würde sie schon. Aber Mama Patty ist

eben sehr alt. Und da sie in mir eine Tochter sieht, muss ich es ihr abnehmen.«

»Mama, warum lebt diese Oma eigentlich nicht bei uns auf der Farm?«, fragte Josh und setzte gleichzeitig sein fröhliches Spiel mit Faraa fort.

Mein aufgeweckter Junge hatte eine völlig logische und simpel klingende Frage gestellt. Also begann ich, ihn behutsam in den Dschungel meiner Vergangenheit hineinzuführen. Denn ich wollte Josh eine Wahrheit erzählen, die ihn beschützte vor der hässlichen Wirklichkeit und ihn nicht verletzte. »Weißt du, sie hat bislang weit entfernt gewohnt. Dort, wo auch meine Mutter gelebt hat, deine Oma Lisa. Und ich bin dort auf die Welt gekommen. Das war ein ganz ungewöhnlicher Ort, wir nannten ihn Harem.«

Joshs Augen blitzten interessiert auf, während ich ihn über eine Brücke aus Worten in meine Vergangenheit entführte. Wer erzählt, erfindet die Welt neu. Damit jener, der die Geschichte hört, sie verstehen kann. Somit verändert sich die Welt und mit ihr die Erzählerin. So schlüpfte ich für Josh noch einmal in die Haut des kleinen Mädchens, das am Sonntag zwischen den weiß gewandeten *Mamas* saß und ihre süßlichen schweren Parfüms einatmete. Für ihren prächtig gewandeten Mann hatten sie sich in *queens* verwandelt. Ich lauschte meinem Vater, bewunderte die schönen bodenlangen Gewänder, die er trug, und war sehr stolz auf ihn. Ich spielte mit meinen vielen Halbschwestern hinter hohen Mauern und war umgeben von *Mamas*, die sich um mich kümmerten. In dieser Welt, die ich für Josh zu neuem Leben erweckte, gab es keine Eifersucht und keine Intrigen. Weder wurde ich gegen meinen Willen verheiratet noch musste ich fliehen. Es gab kein Aids und keine Toten. Nur ein friedliches Miteinander, reine Geborgenheit. Das, was ich mir unter einer Familie vorgestellt hätte.

»Mama, hast du deinen Papa eigentlich lieb gehabt?«
»So wie du mich lieb hast und Faraa?« Josh nahm die Kleine jetzt auf den Arm. »Nein, so nicht. Aber auf eine andere Art. Weißt du, Männer sind anders als Frauen. Jedenfalls die, die ich kenne oder kannte. Sie kuscheln nicht. Sie sind immer stark.« Ich lächelte ihn zärtlich an. »Jedenfalls glauben sie das.«

Er beugte gerade den Kopf runter und ließ sich von Faraa an seinen schon wieder viel zu langen Locken zupfen. »Hat er dich nicht in den Arm genommen?«, fragte er.

Ich musste lange nachdenken. Nein, mir fiel keine Situation ein. Vielleicht hatte es sie gegeben. »Papa David strahlte wie ein ferner Stern, den du nicht berühren kannst.« Joshs Blick tastete sich zu mir hoch, ich las darin Unverständnis. »Das hat mir nichts ausgemacht«, fuhr ich fort. »Bisi, Ada und auch Mama Lisa nahmen mich in die Arme. Das war genug Liebe.«

Das Kleinkind setzte seinen Haaren gewaltig zu und er musste dieses Spiel beenden. Er legte Faraa zwischen uns. Wenn er angestrengt über etwas nachdachte, kniff er die Lippen zusammen. Dann platzte die gewaltige Frage heraus: »Mama, habe ich eigentlich auch einen Vater?«

»Natürlich, Schatz, jeder Mensch hat einen Vater. Dein Vater hieß Felix. Aber er ist an einer schweren Krankheit gestorben. Darum hast du ihn auch nie getroffen.«

»Warst du traurig, als mein Vater starb?«

Ich hätte lügen müssen, um die Antwort zu geben, die mein Sohn jetzt erwartete. »Wir hatten vorher einen sehr schweren Streit, Josh. Ich hatte mit deinem Vater schon lange nicht mehr gesprochen, als er starb.« Ich hatte mich mit Josh bei Amara vor ihm versteckt! Das war die Wahrheit, und Patty hatte mir an diesem Morgen erst bewiesen, wie richtig ich gehandelt hatte: Felix hätte Josh zu seinem Nachfolger erzogen. Ich hätte mein Kind nie wieder gesehen.

Faraa begann zu nörgeln; sie hatte sich an Joshs Aufmerksamkeit gewöhnt und forderte sie nun ein. Doch jetzt hatte mein Sohn keine Zeit für sie.

»War mein Vater wie Papa David? Wie ein ferner Stern, den man nicht berühren kann?«

Ich liebte mein Kind so sehr, dass ich ihm am liebsten wenigstens solch einen Vater gebastelt hätte. Wenn ich dafür weiterhin seine Unschuld hätte bewahren können! Doch an Felix gab es keine guten Seiten. Ich sah in ihm einen Mann, der Sexualität als pures Instrument der Unterdrückung missverstanden hatte. Auch Josh hatte ich durch Vergewaltigung empfangen. Denn Kinder, noch dazu möglichst viele, waren für Felix ein Zeichen seiner Kraft und Macht. Sie banden Frauen an ihn, gaben ihm vielleicht auch das Gefühl der Unsterblichkeit. Aber er bewirkte das Gegenteil: Vielmehr hatte dieser Mann seinen Nachkommen ein tödliches Erbe mit auf den Weg gegeben.

Doch auch Felix musste positive Seiten gehabt haben. Sie waren nur versteckt gewesen. Sonst wäre Josh nicht so ein wunderbarer Mensch geworden.

»Dein Vater Felix war anders als Papa David. Er war kein unerreichbarer Stern. Sondern ein Mann wie viele andere auch. Er tat, was er für richtig hielt. Er war groß und sah gut aus.« Ich suchte verzweifelt nach etwas Schönem, woran Josh sich festhalten konnte, wenn er künftig an seinen Vater dachte. Allerdings fiel mir nichts ein. Ich wollte doch nicht, dass er in seinem Vater, von dem er sich kein eigenes Bild machen konnte, einen Schuft sah! »Papa David hielt viel von Felix. Darum wollte er, dass Felix mich heiratete. Er führte mich selbst zum Altar. Ich trug ein weites weißes Kleid und sah ganz schön aus. Alle sagten, dass ich eine hübsche Braut gewesen sei.« Das stimmte sogar!

Ich atmete erleichtert auf, als ich Joshs glückliches Gesicht strahlen sah. »Das hätte ich gern gesehen, Mama!«

»Stell dir vor, ich hatte sogar richtige Schuhe an. Aber an dem Tag hat es geregnet und im Harem war alles matschig. Da mussten mich die anderen Frauen tragen, damit mein Kleid nicht schmutzig wurde.« Ich lachte und die beiden Kinder freuten sich mit mir.

Es war mir gelungen, Josh einen Vater zu schenken, den er nicht verachten musste. Nun galt meine Sorge Patty, die sich Josh irgendwann vorknöpfen und ihm ihre Version erzählen würde. Daher traf ich eine Entscheidung, die gegen die eisernen Regeln des Respekts vor dem Alter und der Würde einer Haremskönigin verstieß: Ich würde Patty daran hindern, Felix in Joshs Augen schlecht zu machen.

Die Sonne sank immer tiefer und es wurde dämmrig. »Josh«, fragte ich, »warum kommt Tanisha eigentlich nicht wieder?«

»Das ist ein Geheimnis.« Mein Sohn grinste vieldeutig. »Soll ich es dir trotzdem sagen?«

»Wenn Tanisha sich dann nicht verraten fühlt.«

»Ich glaube, ich darf: Sie sucht in der Nähe Holz.«

Für unser abendliches Feuer musste immer Feuerholz gesucht werden. »Wieso ist das ein Geheimnis?«

»Das wirst du dann schon sehen, Mama.« Wir drei kuschelten uns aneinander und beobachteten den unvergleichlich schönen Anblick des sattgrünen Urwalds, der sich für kurze Zeit golden verfärbte.

Hinter uns raschelte es und Tanisha tauchte auf. Sie trug einige Äste und wirkte leicht niedergeschlagen. »Ich wollte dir eigentlich schwarzes Holz bringen, damit du schnitzen kannst. Tut mir Leid, Choga, aber hier scheint es keines zu geben«, sagte meine Freundin.

Ich nahm ihr die Ausbeute ab und schloss sie in die Arme. »Du bist so lieb, Tanisha. Ich danke dir. Allein dass du versucht hast, mir die mühevolle Suche abzunehmen, ist schon ein wahrer Freundschaftsdienst.«

»Helles Holz ist gewiss weicher. Du könntest es doch hinterher schwarz einfärben«, schlug sie vor.

Damit hatte sie völlig Recht. So machten es viele Schnitzer. Ich betrachtete die Äste. Sie hatte einige schöne, gerade gewachsene ausgesucht. Man könnte daraus viel schnitzen. Warum eigentlich einen Jesus?, fragte ich mich. Allein schon dieser Gedanke glich einer kleinen Rebellion gegen meinen Vater; eine »besondere« Tochter hätte so nie gedacht ...

Eine Frage des Respekts

Wie immer wurde das Abendessen im Kreis vor dem Kochhaus eingenommen. Tanisha, Josh und ich trafen gerade rechtzeitig ein. Ezira und Patty kamen gemeinsam aus der Hütte meiner alten Lehrerin. Sie war in der Dunkelheit wegen ihrer braunen Tücher schlecht zu erkennen. Patty hingegen, deren weiße Kleidung in der Nacht hell leuchtete, stach aus den Übrigen hervor. Die beiden so unterschiedlichen Frauen hatten offenbar ein erstes Gespräch geführt, setzten es jedoch nicht fort.

Während wir aßen, fütterte Tanisha gleichzeitig Faraa. Damit sie in Ruhe weiteressen konnte, nahm Josh sie ihr ab und trug sie ein wenig herum. Mama Patty saß neben Ezira, nur wenige Meter von mir entfernt. Plötzlich rief sie meinen Sohn zu sich. Für ihn war es immer noch etwas Neues, dass er Faraa tragen durfte. Entsprechend stolz ging er zu der alten Frau. Ohne jeden Argwohn, denn er sah in jeder Großmutter eine liebevolle Oma wie Bisi.

»Warum trägst du ein Kind mit dir herum?«, fragte Patty ziemlich brüsk. »Es hat doch eine Mutter, oder nicht?«

Patty kannte die komplizierte Vorgeschichte nicht, doch für meinen Sohn musste ihre Äußerung wie ein Schlag ins Gesicht gewesen sein. Immerhin kam es für ihn einem großen Triumph gleich, auf das Baby aufpassen zu dürfen. Er zuckte förmlich zurück.

»Ich weiß nicht«, sagte er und blickte verlegen zu Boden. »Ich habe Faraa eben lieb.«

»Mädchen passen auf Kinder auf. Nicht Jungen. Hat deine Mutter dich nicht so erzogen?«, fragte Patty.

Josh blickte sich verunsichert nach mir um. Mein Herz raste. Obwohl ich mir so fest vorgenommen hatte, Patty nicht gewähren zu lassen, kämpfte ich mit mir. Die Zeit schien plötzlich um zwei Jahrzehnte zurückgedreht. Ich glaubte, selbst ein Kind zu sein, das sich von der mächtigen Haremschefin einen Rüffel abholte. Wie ich diese Schwäche an mir hasste und sie dennoch kaum überwinden konnte!

Pattys barsche Worte hatten die Aufmerksamkeit aller geweckt. Nkem, die schon bei unserer Ankunft versucht hatte, Josh auszugrenzen, kicherte. Die meisten anderen verstanden allerdings nicht, worauf Patty hinauswollte. Denn sie hatten Joshs besondere Rolle längst akzeptiert.

»Warum behandelt diese Frau Josh so?«, flüsterte Tanisha.

Ich hatte das Gefühl, alle Blicke seien auf mich gerichtet. Ich griff nach meinem Stock und stand auf, meine Knie schlackerten, und ich wusste nicht, ob aus Wut oder Verzweiflung.

»Lass dir das Kind abmachen. Du willst doch mal ein Mann werden, Enkel Josh!«, sagte Patty kaltherzig.

Ich brach in Schweiß aus, während ich gleichzeitig die Hitze meiner Wut aufwallen fühlte. Ich hasste schon immer, wenn Unrecht geschah. Was Patty jetzt tat, verletzte meinen Sohn. Ich erreichte ihn schwer atmend und legte eine Hand schützend auf seine Schulter. »Josh ist mein Sohn, und ich bin so glücklich wie er, dass meine Freundin Tanisha ihm ihre Tochter anvertraut. Er passt sehr gut auf sie auf.« Josh blickte zu mir hoch, und ich sagte zu ihm: »Das ist ganz richtig, was du machst. Geh mit Faraa zu Tanisha. Ich muss mit Mama Patty sprechen.«

»Ja, Mama.« Er wandte sich ab und trottete zu ihr.

Patty musterte mich mit diesem von mir so gefürchteten gebieterischen Blick. »Wie kannst du es wagen, mich so vor dem Jungen herabzusetzen, Tochter!«

Wahrscheinlich war es dieses Wort, das alles plötzlich veränderte. Mein Zittern blieb zwar noch, aber meine Wut war so schnell gegangen, wie sie gekommen war. Meine Stimme schwankte nur ein wenig, als ich sagte: »Ich bin nicht nur deine Tochter. Ich bin auch Joshs Mutter. Und als seine Mutter weiß ich, was richtig ist und was falsch. Im Harem hast *du* die Gesetze gemacht. Aber wir sind hier nicht im Harem.«

Pattys Miene gefror. Wahrscheinlich war ihr so etwas im ganzen Leben noch nicht widerfahren. »Ich scheine mich in dir sehr getäuscht zu haben!« Mama Pattys harte Stimme durchschnitt die feuchtwarme Abendluft. »Du wirst immer die Tochter deines Vaters bleiben. Wo du auch sein magst.«

»Ich weiß«, erwiderte ich. »Aber mein Sohn ist nicht das, was du in ihm siehst.«

Meine Knie wollten nicht zu zittern aufhören; ich musste mich auf einen Hocker setzen. Konfrontationen wie diese hatte ich immer tunlichst vermieden; lieber hatte ich gelitten.

Die Mädchen machten lange Hälse, damit ihnen ja kein Wort entging. Ezira, die in ihrem Reich auf ein friedvolles Miteinander größten Wert legte, klatschte in die Hände. Das Zeichen für die Schülerinnen zum Aufbruch. »Geht schlafen!«, rief sie. Ihr Wort wurde sofort befolgt und ohne Murren verzogen sich alle in ihre Hütten. Josh zögerte noch.

»Gute Nacht, mein Schatz. Ich komme nachher zu dir«, sagte ich. Auch Ezira zog sich zurück. Es gehörte zu ihren Regeln, dass Dritte sich nicht in Gespräche einmischten, die zwei andere Menschen führten.

»Ich habe dir gesagt, was Gott für deinen Sohn vorhergesehen hat, Tochter Choga. Was du gerade getan hast, ist eine Sünde, ein Verstoß gegen die Vorhersehung.« Pattys dunkle Augen funkelten mich voll Empörung an. »Ich erwarte deine Bitte um Vergebung. Denn ich will auf meine alten Tage nicht erleben, wie Papa Davids Tochter vom rechten Weg abgekommen ist.«

Warum musste ich diese Auseinandersetzung führen? Warum konnte nicht alles so weiterlaufen wie bisher? Gut, ich hatte meine Vergangenheit verdrängt. Aber war das so schlimm? Durfte ich nicht einfach friedlich weiterleben? Ich hatte doch wirklich genügend andere Probleme! Aber nein: Die *Familie* musste mich bis in den tiefsten Regenwald verfolgen ...

Diese Verzweiflung, vielleicht sogar Mitleid mit mir selbst, legte sich über meine Nervosität und ich wurde ruhiger. »Ich möchte nicht, dass du Josh erzählst, dass er der Nachfolger von Papa David und Felix werden sollte«, sagte ich. »Denn Josh ist ein Kind, dem nur wenig Zeit auf dieser Welt bleibt. Er war schon zwei Mal lebensgefährlich krank. Die wenigen Jahre, die er noch vor sich hat, soll er unbeschwert genießen. Ohne das Wissen um unsere Vergangenheit. Denn es geht ihn nichts an, Mama Patty.«

»Wie kannst du so etwas sagen!« Ihre Stimme wurde schrill. »Kennst du seine Bestimmung besser als Gott? Der Allmächtige allein weiß, wie lange Josh leben wird. Woher willst du nun wissen, wie alt er wird? Du bist nur seine Mutter.«

»Nichts anderes will ich sein, Mama Patty.« Ich sah sie nun offen an. Ihr Gesicht war so unnachgiebig hart und verschlossen wie eine Wand aus Stein. Ihre scharf geschnittenen, schmalen Lippen waren fest zusammengepresst. »Du hast mir gesagt, warum ich gezeugt wurde und warum Felix mich vergewaltigt hat. Ausgerechnet du sprichst jetzt davon, dass nur Gott weiß, wie lange wir leben? Hast du nicht selbst Schicksal gespielt, indem du Mutter in Vaters Arme getrieben hast? Hast du zu ihm gesagt, als er meine Ehe mit Felix beschloss, wir sollten Choga fragen? Nein, Mama Patty, ihr habt getan, was ihr für richtig hieltet.«

Sie starrte mich entsetzt an. »Wie sprichst du mit mir, Tochter?! Hast du vergessen, wer ich bin? Hast du etwa vergessen, was Papa David immer gesagt hat? Wir leben für unsere *Familie*. Und so werden wir auch für sie geboren. Das ist unsere Bestimmung.« Ihre Brust bebte vor Empörung. »Aber gut, ich werde dir antworten. Wir haben nicht Schicksal gespielt, als du verheiratet wurdest. Es war Mama Idus Vision, durch die Gott zu uns sprach. Und 300 Menschen waren Zeugen, Tochter! Wie kannst du das vergessen haben!«

Idus Vision! Nun musste sie tatsächlich als Begründung für eine Eheschließung herhalten, die doch wohl schon längst festgestanden hatte. Sie hatte mein Schicksal allenfalls besiegelt.

Mitten im Gottesdienst war Idu, die zu diesem Zeitpunkt nur halb so alt war wie meine Mutter und Vaters 32. Frau, in Verzückung geraten. Sie sprach mit seltsamer Stimme und jemand musste übersetzen. Sie sagte, mein Vater solle die liebste seiner Töchter mit jenem Mann verheiraten, der ihm am nächsten stehe. Ich hatte mich nicht angesprochen gefühlt, denn ich hatte mich nicht als liebste Tochter empfunden – ich traf ihn ja kaum und er ließ mir keinerlei Sonderbehandlung zukommen, die diesen Schluss nahe gelegt hätte. Zwei Abende später eröffnete mir meine Mutter, dass es dennoch so war. Idu begleitete Felix, seine anderen Frauen und mich dann nach Jeba auf die Farm. Obwohl sie Vaters Frau war, betrog sie ihn mit Felix. Sie wurde von ihm schwanger, das Kind starb in ihrem Leib und sie wusste es nicht. Bevor sie einer Blutvergiftung erlag, beichtete sie mir ihre

Sünde: Sie hatte nie eine Vision gehabt. Es war nur Schwindel gewesen, um mit Felix nach Jeba gehen zu können, wo sie meine angebliche »Vertraute« sein durfte. Und seine Geliebte.

All das erzählte ich Mama Patty nun, die von dieser Wendung nie erfahren hatte.

»Du sagst, Idu hat Gott gelästert?«, fragte Mama Patty kaum hörbar; sie war wirklich erschüttert. Eine schlimmere Sünde gab es nicht als jene, der Idu sich schuldig gemacht hatte. Verglichen damit war mein Schicksal wesentlich unbedeutender.

»Ja, Mama Patty, das hat sie. Ihre Lüge hat mein Leben zerstört. Und somit das von Josh, lange bevor er geboren wurde. Wie soll ich ihm das erklären? Das Unfassbare, dass er der Nachfolger von Männern sein soll, die ihn vor seiner Geburt zum Tode verurteilt haben!«

Das Gesicht der alten Frau zeigte keine Empfindungen. Ich fürchtete, dass es in ihrem Herzen ebenso aussah. Dennoch flehte ich um Verständnis: »Sieh uns doch an, Mama Patty. Fühlst du nicht, dass wir nicht Papa Davids Erben sein können?«

Ich musterte sie schwer atmend. Meine lange Rede hatte mich völlig außer Atem gebracht. »Dich bitte ich, das zu respektieren. So wie ich nicht meinen Vater und Felix vor meinem Sohn schlecht machen werde. Er soll beide lieben können. Denn du hast Recht: Es ist beider Blut, das in seinen Adern fließt. Nur das muss er wissen.«

Mama Patty schwieg eine Weile, dann richtete sie sich auf und legte ihren Schleier sorgfältig um den Kopf. »Ich habe mich tatsächlich in dir getäuscht. Sage Ezira, sie möchte mir eine andere Hütte geben, wir können nicht mehr dieselbe teilen.«

»Bleib du in meiner Hütte. Meine Freundin wird mich gewiss in ihrer aufnehmen«, sagte ich.

»Nun lass mich bitte allein. Ich muss beten.« Patty schloss die Augen. Für mich sah es aus, als ob sie mich nicht mehr sehen wollte.

Ich war nun nicht mehr Papa Davids »besondere Tochter«. Doch das störte mich nicht. Es genügte, dass ich Joshs Mutter war und wir beide unser Leben weiterführen durften. Aber es entsprach nicht den ungeschriebenen Gesetzen des Respekts vor dem Alter und der Gastfreundschaft. Genau genommen hätte mein Verhalten Ezira sogar das Recht gegeben, mich aus ihrem Reich zu verbannen, da ich der ältesten Frau meines Vaters offen widersprochen hatte. Noch dazu vor anderen Menschen. Ich mochte mir nicht vorstellen, wie ich es verkraften konnte, die Zuneigung und Unterstützung meiner Lehrerin, meines Vorbildes, zu verlieren.

Mein Zittern hatte kaum nachgelassen; ich fror trotz der Wärme und humpelte eilig zu Tanishas Hütte. Ich musste Josh schnellstens beruhigen, bevor ich Ezira meinen Standpunkt erklären konnte. Schon vor dem Häuschen hörte ich Joshs Stimme. Er war sehr aufgeregt. Als ich eintrat, stürzte er sich in meine Arme. »Mama, das ist aber keine liebe Oma wie Bisi und Ada! Die war so böse zu mir. Ich habe doch gar nichts falsch gemacht. Ich darf doch Faraa tragen?«

Ich streichelte ihm übers Haar. »Selbstverständlich! Mama Patty kennt uns nicht. Im Harem galten andere Regeln.«

»Dann hat Papa David dich nicht wirklich lieb gehabt!« Josh zog die Tränen durch die Nase hoch.

»Eben anders als wir uns, mein Schatz.«

Ich wartete, bis er sich auf seine Schlafmatte gelegt hatte, und ließ mich schwerfällig neben ihm nieder. »Manche Menschen verstehen nicht, dass andere anders leben als sie. Sie wollen sie dazu zwingen, es ihnen nachzumachen.«

»Kannst du Oma Patty nicht sagen, dass sie uns nicht zwingen darf?«

»Das habe ich getan. Aber sie hat es nicht eingesehen.« Mir blieb nicht anderes, als Ezira zu fragen, was ich tun sollte.

Meine Lehrerin musste sich entscheiden: zwischen ihrer Loyalität mit mir auf der einen Seite. Dagegen standen die Bedeutung, die sie dem Recht auf Gastfreundschaft für eine Vertriebene einräumte, sowie die Frage des Respekts. Sie hätte den Konflikt natürlich auch lösen können, indem sie mich aufforderte, Patty um Vergebung zu bitten. Es hätte bedeutet, meine Überzeugung zu leugnen.

Eziras Vorschlag

In dieser Nacht war das Feuer nicht entzündet worden, und ich musste bis ans Ende des *compounds* laufen, um Ezira in ihrer Hütte aufzusuchen. Ihre Tür stand offen.
»Darf ich mit dir noch sprechen?«
»Ich habe auf dich gewartet«, erwiderte sie, und ich trat ein.

Die Hütte meiner alten Lehrerin war genauso groß wie die übrigen und ebenso karg eingerichtet. Wie alle anderen schlief sie auf einer Matte am Boden und es gab nur einen Hocker. Im Gegensatz zu Patty, für die ich einen Altar hätte bauen sollen, brauchte meine Lehrerin einen solchen Ort der stillen Zwiesprache nicht. Allerdings verbarg sie in einer Ecke einige große und kleine, hübsch verzierte Kalebassen, in denen sie wahrscheinlich geheime Utensilien verwahrte, die sie für besondere Zeremonien benötigte.

Ich nahm auf der Matte vor ihr Platz. Ezira sog sinnierend an ihrer kurzen Pfeife und sah dem aufsteigenden Rauch nach. »Ich habe vorhin mit Mama Patty ein langes Gespräch geführt«, meinte sie. »Als du mit dem kleinen Josh vor sechs Jahren zu mir gekommen bist, hast du mir viel von deiner Ehe erzählt. Von all dem, was man dir angetan hat. Aber ich hatte nie die Möglichkeit, auch die andere Seite zu hören.« Sie blickte auf ihre kleine Pfeife und fügte nachdenklich hinzu: »Du hast dich inzwischen gewiss gefragt, warum Patty gekommen ist. Hast du eine Antwort gefunden?«

Ich erzählte ihr ehrlich von Pattys soeben an meinem Widerstand gescheiterten Plänen. Auch meine groben Verstöße gegen das Gebot des Respekts erwähnte ich ungeschönt; Patty hätte es ihr am nächsten Tag ohnehin mitgeteilt. Ezira hörte aufmerksam zu, ließ sich jedoch nicht anmerken, was sie über meinen ungebührlichen Auftritt dachte.

Meine Lehrerin war wie nachts fast immer barhäuptig. Sie strich sich mit der Hand über ihren teilweise haarlosen, vernarbten Kopf. »Als Kind sprang ich beim Spielen über ein Feuer und fiel hinein. Viele Monate später blickte ich in eine Wasserlache und erschrak zu Tode über mein Aussehen. Mein zuvor hübsches Mädchengesicht war von Narben entstellt. So wie es mir damals erging, erlebst du es jetzt. Mama Patty ist der Spiegel, in dem du deine Vergangenheit erkennst. Er macht dich darauf aufmerksam, wer du einmal warst. Wenn du diesen Anblick erträgst, bist du bereit, dich mit deiner Gegenwart auszusöhnen.« Sie sah mich aufmerksam an. »Hältst du den Blick in den Spiegel aus?«

Ich dachte lange nach, was ich jetzt empfand, nachdem ich Patty meine wahren Gefühle offenbart hatte. »Nein«, sagte ich ehrlich, »ich ertrage es nicht. Es tut zu weh. Denn wenn Patty wirklich mein Spiegel ist, dann zeigt sie mir, dass ich vor mir selbst nicht entkommen kann. Die *Familie* hat mich benutzt. Und die Folgen davon kann ich nie mehr ablegen. Eigentlich kann ich nur vermeiden, in diesen Spiegel zu blicken.«

Ezira klopfte ihre Pfeife aus. »Egal wo die Narben sind, ob auf meinem Kopf oder in deiner Seele – unsere Wunden sind ein Teil von uns. Ich wollte dir damit nur sagen, dass du deine nicht jeden Tag ansehen musst. Du kannst sie durchaus wie ich gelegentlich verstecken. Aber du sollst nicht vor ihnen davonlaufen. Du hast Aids, weil dir Schlimmes widerfahren ist. Patty hat dir auf ihre

Weise geholfen, einen klaren Standpunkt zu finden, um mit etwas Unabänderlichem umzugehen. Sie war zwar in anderer Absicht gekommen, doch das war ihre Aufgabe.« Meine alte Lehrerin lächelte mich verstehend an. »Patty wollte wieder einmal Schicksal spielen. Aber diesmal hast du ihr einen Spiegel vorgehalten.« Ezira klopfte ihre Pfeife auf dem nackten Boden aus. »Ich sah dich mit der Wäsche auf dem Kopf hinter deiner Königin herlaufen. Das war wie ein Sinnbild deines Lebens, Choga.«

»Ich hatte doch so viel Respekt vor ihr. Ich würde auch deine Wäsche tragen, wenn du es sagst. So bin ich eben«, meinte ich hilflos.

Sie lachte kurz auf. »Ich würde niemanden meine Wäsche tragen lassen, sofern ich es noch selbst kann.«

Ihre Worte klangen so verständnisvoll, wie ich es mir von ihr nur wünschen konnte. Dennoch vergewisserte ich mich: »Ich hatte Angst, du würdest mir mein Verhalten nicht nachsehen.«

Ezira schüttelte den Kopf. »Nein.« Ihre gütigen Augen blickten mich intensiv an. »Kannst du dich an den Tag erinnern, als Patty hier ankam? Ich ließ sie niederknien. Obwohl ich nicht mal meinen Schülerinnen diese Unterwerfung abverlange. Sie aber hat diese Geste verstanden. So wird sie auch verstehen, dass du unter meinem Schutz stehst, wenn du es möchtest. Sie kann bleiben, so lange sie möchte. Du aber hast heute einen wichtigen Schritt getan, um du selbst sein zu können. Jetzt solltest du darüber nachdenken, meine liebe Choga, ob das reicht.«

»Wie meinst du das?«, fragte ich verwirrt.

»Du sagst, dass dich der Blick in den Spiegel schmerzt. Doch wenn du auf deine Farm zurückkehrst, was erwartet dich dann?«

»Bisi, Ada, Amara, meine Schwester Magdalena und meine Gefährtinnen, ihre Kinder«, zählte ich auf.

Aus einem kleinen Beutel neben sich holte Ezira frischen Tabak und stopfte ihre Pfeife. Sie schien angestrengt nachzudenken. Vielleicht wollte sie mir auch nur Gelegenheit geben, mich auf einen mir fremden Gedanken einzulassen: Hielt sie die Farm etwa auch für einen Spiegel meiner Vergangenheit? Ich wies diese Überlegung im ersten Moment weit von mir. Denn sie schockierte mich. »Es ist meine Lebensaufgabe, meine kranken *Schwestern* zu versorgen«, sagte ich.

»Auch über sie habe ich mit Patty gesprochen«, erklärte Ezira. »Du hast mir nie so deutlich gesagt, dass sie die Frauen von Felix waren. Und ihre Kinder alle von ihm. Ich habe mich gefragt, warum ich das bislang nicht wusste. Nun würde ich gern von dir wissen, warum. Denn meine Antwort wäre von meinem Urteil geprägt und würde dir nicht gerecht werden.«

»Weil es im Grunde nicht wichtig für mich ist, wem ich helfe«, antwortete ich.

Patty blickte auf ihre frisch gestopfte Pfeife und legte sie fort. »Choga, dreh dich einmal um. Zeige mir deinen Rücken und sitz ganz still.« Ich war zwar verwundert, aber meine alte Lehrerin hatte mich schon oft mit ihren ungewöhnlichen Methoden überrascht. Ich spürte nun ihre Hände auf meinem Rücken. Die Wärme, die von ihr ausging, tat jedoch gut. Ich schwieg, denn ich vertraute darauf, dass sie mir etwas erklären würde. Stattdessen fragte sie: »Heile ich dich jetzt gerade?«

»Nein«, antwortete ich verwundert. »Du gibst mir Geborgenheit.«

»Was gibst du deinen Schwestern?«

Ich stutzte. »Das ist nicht dasselbe. Ich bin nur für sie da, wenn sie Hilfe brauchen.«

»Wie weit geht deine Hilfe? So weit, dass du ihnen deine Wärme gibst?«

»Ja«, sagte ich, »wahrscheinlich schon.«

»Ist denn in dir so viel Kraft, dass du davon an andere abgeben kannst?«

Langsam drehte ich mich zu ihr um. »Was willst du mir sagen, Ezira? Dass ich mich wieder übernehme, wenn ich auf die Farm fahre? Dass ich es lassen soll, weil ich mit meiner Vergangenheit abschließen muss?« Ich schüttelte den Kopf. »Ich bin vielleicht nicht die Erbin meines Vaters, aber ich kann keinen neuen Weg beginnen. Was soll denn aus den anderen werden?«

»Du wirst nie wieder gesund werden, Choga. Du kannst nur eines tun: dich schonen.« Sie fasste nach meinen eiskalten Händen. »Wenn du zu Hause bist, wird nicht nur eine Patty an dir zerren. Dort werden es viele junge Frauen sein, die dich als ihre Heilerin zurückerwarten. Hast du die Kraft dazu?« Ich wollte antworten, dass ich mir das durchaus zutraute. Aber sie bat mich, zu schweigen. »Ich möchte dir einen Vorschlag machen: Bleibe hier, Choga. Du hast das, was du für deine Pflicht hältst, erfüllt und deinen Schwestern ein Zuhause gegeben. Du musst nicht zurückkehren. Unterrichte Tanisha. Sie vertraut dir und du hast in ihr eine Freundin gefunden. Du brauchst Ruhe.« Sie lächelte. »Gewiss, auch hier gibt es manche Aufregung. Aber wir haben sie gemeinsam gemeistert.«

»Du meinst, ich soll wirklich nie wieder nach Hause?«

»Wenn du sie unterrichtest, wird Tanisha in einigen Jahren wissen, was eine Heilerin wissen muss. Sie wird bei Buchi lernen und irgendwann kann sie deine Nachfolgerin werden. Dann könnt ihr gemeinsam nach Jeba fahren. Sie wird dir zurückgeben, was du ihr jetzt gibst.«

»Wer versorgt bis dahin meine Gefährtinnen?«

»Ich bin sicher, dass Amara einen Weg findet. Der Rest, meine Tochter, liegt in Gottes Hand. Er ist es, der unser aller Schicksal bestimmt. Du musst nur den Zeichen folgen, die er dir gibt.« Sie erhob sich und half auch mir aufzustehen, was mir nach langem Sitzen auf dem Boden immer schwer fiel. »Für heute haben wir genug gesprochen. Bewege meine Worte in deinem Herzen und frage deinen Verstand. Anschließend gib sie wieder an dein Herz zurück. Komme nicht vor Ablauf von sieben Tagen, um mir deine Antwort mitzuteilen.« Sie nahm mich in die Arme und küsste mich auf die Stirn. »Schlaf dich aus, Tochter. Die Leiden deiner Seele haben deinen Körper wieder angegriffen.«

Obwohl ich mein Leben völlig auf den Kopf gestellt hätte, wenn ich Eziras Angebot angenommen hätte, schlief ich in dieser Nacht wieder wie ein Stein. Die Nähe meines Sohnes, seine gleichmäßigen Atemzüge zu hören, tat einfach gut. Tanishas entspanntes Lächeln ließ mich wohlgemut den Tag angehen. Ich fühlte mich sicher.

Um Josh und Tanisha mit der Möglichkeit eines auf unbestimmte Zeit verlängerten Aufenthalts keine falschen Hoffnungen zu machen, wog ich in der folgenden Woche alles gründlich gegeneinander ab. Bisi und Ada hätten mir die Entscheidung, zu bleiben, gewiss nicht verübelt. Ihre Liebe zu mir war so groß, dass ihnen mein Wohlergehen wichtiger war. Wesentlich größere Sorge machte mir meine Schwester Magdalena, die sich Joshs und meinetwegen hatte beurlauben lassen. Amara konnte unmöglich für immer bleiben. Was sollte dann aus meinen *Schwestern* und ihren Kindern werden? Diese Fragen konnte ich nicht allein beantworten; ich musste dazu einen Brief nach Hause schreiben. Doch das betraf die Organisation meines Lebens. Und nicht mein Herz, das mit großer Leidenschaft an meiner Farm hing. Sie war mehr als eine Aufgabe; sie war so etwas wie mein Lebenswerk.

Mama Patty hielt sich unterdessen noch immer bei Ezira auf und wohnte in meiner Hütte. Sie verbrachte gelegentlich einige Stunden des Tages mit meiner Lehrerin; über ihre Unterhaltungen erfuhr ich nichts. Meine und Joshs Gesellschaft mied die einstige Königin jedoch. Wenn ich mit meinem Sohn und Tanisha im Schatten der Bäume Schreiben, Lesen und Rechnen übte, tat sie, als sehe sie uns nicht. Mit den anderen suchte sie ebenfalls keinen Kontakt.

Nachdem die von Ezira gesetzte Frist verstrichen und ich zu keiner Entscheidung gekommen war, beschloss ich, mich mit Tanisha zu beraten. Sie kannte die Situation auf der Farm und mein Leben im *compound* gleichermaßen.

Über Feuer springen

Als Ezira wieder einmal theoretischen Pflanzenkundeunterricht mit den Schülerinnen machte, ließen wir Faraa bei Josh und den anderen. Dann brachen Tanisha und ich auf. Während einer ausgedehnten Wanderung durch den Regenwald legte ich ihr meine Bedenken und Hoffnung dar. Je mehr ich redete, desto klarer wurde mir alles. Die duftende grüne Pracht umschloss uns wie ein Mantel.

»Der Streit mit Patty hat mir gezeigt, dass ich Auseinandersetzungen nicht mehr gewachsen bin«, sagte ich. »Bevor wir abgereist sind, habe ich meine Schwestern belauscht. Einige vertrauen meiner Gesundheit nicht mehr. Ich hatte gehofft, dass ich wieder ausreichend zu Kräften kommen kann. Doch das ist natürlich unmöglich. Ich habe mir etwas vorgemacht.«

»Du hängst doch so an deinem Zuhause«, meinte meine Freundin, als ahnte sie meine Gedanken.

Ich schüttelte den Kopf. »Es wird nie wieder sein wie früher, Tanisha. Selbst wenn es mir jetzt besser geht, werde ich dennoch immer Aids haben. Ich werde als eine Heilerin zurückkehren, die niemandem helfen kann. Das wird die anderen nur traurig machen. Darum ist es wahrscheinlich besser, ich bleibe bei dir und gebe mein Wissen an dich weiter.«

Tanisha antwortete: »Der Gedanke, deine Nachfolgerin zu werden, macht mich traurig, Choga. Ich möchte viel lieber, dass es dir gut geht.« Wir schlossen uns in die

Arme. »Meinst du, dass Gott dir hier mehr Zeit schenkt?« Ich nickte stumm. »Dann bleib«, sagte meine Freundin und drückte mich fest an sich.

Wir vergaßen die schweren Gedanken und genossen die Kraft der Natur. Gut gelaunt kehrten wir Stunden später in den *compound* zurück. Ich war nun bereit, Ezira meine Entscheidung mitzuteilen. Sie begrüßte mich allerdings mit einer anderen, die sie mir in ihrer Hütte überbrachte: »Buchi war hier und hat Medizin geholt. Sie ist allerdings schon wieder fort. Und sie hat Patty mitgenommen«, sagte Ezira.

Das war eine überraschend angenehme Nachricht! Die alte Königin hatte sich in der Tat nicht mehr bei uns wohl gefühlt. Was sollte sie auch noch länger an diesem Ort? »Wohin ist Patty gegangen?«, erkundigte ich mich.

»Sie hat noch einen Sohn. Sie wollte wohl zunächst nicht zu ihm, weil sie sich mit dessen Frau nicht versteht. Das scheint sie nun in Kauf zu nehmen.« Ezira hob die Schultern in gespielter Gleichgültigkeit. Ich war überzeugt, dass Eziras Gespräche mit Patty einen erheblichen Anteil an deren Entscheidung hatten. Meine Lehrerin gewährte mir in dieses Geheimnis keinen Einblick. Das musste ich akzeptieren; eine junge Frau hatte ihre Neugier dem Respekt vor Älteren unterzuordnen.

Dann gab sie mir zwei Briefe, die Buchi für mich aus dem Dorf mitgebracht hatte. Magdalena hatte mir am zweiten Todestag unserer Mutter geschrieben. Das bedeutete, dass Josh und ich mittlerweile über fünf Monate fort waren: Die Zeit war wie im Flug vergangen! Gespannt riss ich den Umschlag auf. Was ich las, machte mich froh und bestärkte mich in meiner Entscheidung: Es lief auch ohne mich bestens. Es gab sogar wieder ein neues Heilhaus und Amara versorgte meine Gefährtinnen bestens.

Dann nahm ich den zweiten Brief zur Hand; er war

von Amara und nur wenige Tage später abgeschickt worden. Durch ihn bekam ich einen völlig anderen Eindruck von den Vorgängen auf der Farm. Gerade so, als ob meine mütterliche Freundin nicht im selben Haus wie Magdalena lebte!

»Liebe Choga, leider habe ich eine schlechte Nachricht für dich. Obwohl ich Lape gut versorgt habe, ist bei deiner Schwester nun auch Aids ausgebrochen. Ihr Zustand hat sich in kurzer Zeit sehr verschlechtert«, schrieb meine Vertraute. »Ich wollte sie natürlich selbst hier auf der Farm pflegen. Inzwischen ist Lape allerdings im Krankenhaus in Jos. Du fragst dich sicher, wie es dazu kommen konnte. Die Wahrheit ist leider nicht sehr schön. Magdalena hat Lape ohne mein Wissen fortgebracht. Ich fahre mit Ada oder Bisi einmal in der Woche zu ihr, um sie zu besuchen. Aber ich sehe, dass es Lape immer schlechter geht, obwohl die Ärzte sie mit der Medizin des Westens behandeln. Ich wünsche dir von ganzem Herzen, dass es dir und Josh bei Ezira gut geht. Doch ich möchte nicht, dass du mir bei der Rückkehr auf die Farm Vorwürfe machst, wenn du Lape nicht mehr antriffst.«

Wortlos reichte ich Ezira beide Briefe.

Ich war so wütend. Wie konnte Magdalena sich gegenüber Amara so verhalten? Ich dachte an mein eigenes Ringen um das richtige Vorgehen in Pattys Fall. Hatte meine deutsche Schwester denn überhaupt keine Skrupel, Amara derart zu bevormunden? Warum ließen Bisi und Ada sie gewähren? Plötzlich wurden meine Gespräche mit Magdalena wieder lebendig: Von Anfang an hatte sie meine Naturheilmethoden überaus skeptisch beurteilt.

Die schlimmste Erkenntnis betraf Lape: Sie rang offensichtlich mit dem Tod. Obwohl sie bei meiner Abfahrt einen ebenso stabilen Eindruck gemacht hatte wie alle anderen. Doch was konnte ich im Urwald ausrichten? Nicht einmal von ihr verabschieden konnte ich mich! Geschweige denn dafür sorgen, dass sie ihre letzten Tage in Würde auf der Farm verbrachte.

»Ich wollte dir eigentlich mitteilen, dass ich bleibe«, sagte ich zu Ezira und war den Tränen nah. Mein Entschluss, mit dem ich tagelang gerungen hatte, war von Amaras Brief hinfortgefegt worden. Er zeigte mir mit unbarmherziger Brutalität, dass ich nicht loslassen konnte. Und das tat so weh. Das Schicksal wollte es einfach anders! »Ich muss zurück. Meine Vergangenheit ist und bleibt meine Gegenwart, Ezira. Ich muss wieder nach Jeba. Ich begreife nicht, warum sich Magdalena so verhält, denn es ist nicht richtig, was sie getan hat.«

Meine alte Lehrerin schloss mich in die Arme und sah mich so traurig an, dass ich es kaum aushielt. »Du bist verwirrt, Choga. Das ist sehr verständlich. Aber handle nicht in der Hitze des Augenblicks. Solange man jung ist, springt man so wie ich damals über ein Feuer. Wenn man älter wird oder wie in deinem Fall die Kräfte schwinden, sollte man das nicht mehr tun. Denn es ist gefährlich. Spring nicht über ein Feuer«, flehte sie mit schwankender Stimme. »Wenn du auf rutschigem Untergrund stürzt, greifen die Flammen nach dir. Und du wirst verbrennen.«

Eziras eindringliche Warnung ließ mir keine Ruhe. Wir nahmen das Abendessen ein, aber ich brachte keinen Bissen herunter. Meine alte Lehrerin, das spürte ich ganz deutlich, hatte Recht: Im Moment ging es mir zwar wieder so gut, dass ich mir die lange Reise zutraute. Doch es änderte nichts an meiner Einsicht, dass ich in Jeba nicht mehr wie gewohnt meinen Aufgaben nachkommen konnte.

Tanisha sah mir meine Sorgen an, und während Josh

und Faraa noch ein wenig mit den Mädchen spielten, erzählte ich ihr von Amaras Brief.

»Ich kenne Magdalena lange nicht so gut wie du«, sagte sie. »Aber sie ist bestimmt eine verantwortungsvolle Frau. Wir beide waren noch nie in ihrem Land. Vielleicht macht man das dort so, dass man so schwer Kranke in die Klinik bringt?«

»Das mag gut sein«, räumte ich ein. »Dennoch übergeht sie Amara!«

Meine Freundin stützte den Kopf in die Hände und dachte angestrengt nach. Schließlich sagte sie: »Deine Mamas und Amara sind doch erwachsene Frauen. Warum haben sie sich nicht gegen deine Schwester durchgesetzt? Wenn sie es nicht konnten, warum meinst du, dass du es schaffst?«

»Das stimmt, Tanisha! Ich kann nicht heimkehren und Magdalena offen ins Gesicht sagen, dass sie etwas falsch gemacht hat. Denn bin ich ihr zu großer Dankbarkeit verpflichtet. Sie hat ihr Leben in Deutschland für Josh und mich aufgegeben und geholfen, die zerstörte Farm aufzubauen. Darf ich deshalb gar nichts tun?«

»Ich glaube, dass dein Platz hier ist, Choga«, sagte Tanisha. »Aber ich verstehe, dass du nicht einfach weitermachen kannst, als wäre nichts geschehen.«

Nachdem ich Josh zu Bett gebracht hatte, suchte ich Ezira auf, die noch die Ruhe am nächtlichen Feuer genoss. Die Fragen, die Tanisha aufgeworfen hatte, reichte ich an sie weiter. »Du fühlst dich verantwortlich, deiner Gefährtin Lape beizustehen«, meinte Ezira. »Das ist verständlich, denn du möchtest sie beschützen, weil sie ein Teil jener Vergangenheit ist, die dir am meisten bedeutet. Aber spricht nicht aus Amaras Brief auch die Nachricht, dass auf deiner Farm ein anderer Wind weht? Du warst lange fort und Magdalena ist offenbar eine Frau wie du selbst. Sie tut, was sie für richtig hält. Kehrst du also zurück, wirst du nicht mehr alles so vorfinden, wie du es verlassen hast. Und du selbst bist keine Heilerin mehr, Choga.« Meine Lehrerin machte eine lange Pause. Ihre weisen Augen ruhten auf mir, gerade so, als versuchte sie meine Gedanken zu lesen. »Ich wüsste eine Lösung. Doch ich zögere noch, sie dir vorzuschlagen.« Gebannt hing ich an ihren Lippen. »Du kannst auch gehen, um wieder zurückzukommen«, erklärte sie schließlich.

»Du meinst, ich soll klären, was mir wichtig ist, und dann wiederkommen?«

»Ja, das meine ich. Doch du musst dir vornehmen, dich nicht wieder von der Situation auf der Farm in die Pflicht nehmen zu lassen. Verabschiede dich von allen. Mach ihnen keine Hoffnungen, dass du bei ihnen bleibst. Sondern zeige ihnen, wie schwach du wirklich bist und dass sie einen neuen Weg für sich finden müssen. Dann hast du getan, was ich dir geraten habe: Du hast dich mit deiner Vergangenheit ausgesöhnt.«

Das Feuer spie kleine Funken in die Nachtluft hinaus. Ezira hatte Recht: Ich durfte nicht mehr hinüberspringen. Vor allem wollte ich es gar nicht mehr. Ich war so erleichtert, als ich das dachte. Es war, als wäre mir eine riesige Last von den Schultern genommen, die mich niedergedrückt hatte.

»Ich werde wiederkommen!«, sagte ich laut und deutlich. »Am liebsten würde ich dich umarmen, Ezira.«

»Dann tue es, meine Tochter! Du würdest mich damit sehr glücklich machen.«

Als ich am nächsten Morgen aufwachte, war Tanisha schon aufgestanden und bereitete den Tee in der Kräuterküche.

»Du hast im Schlaf gesprochen. Ich habe nicht alles verstanden. Hast du dich inzwischen entschieden?«, fragte sie.

»Ich werde mit Josh heute fahren. Sobald ich alles geregelt habe, kommen wir jedoch wieder«, sagte ich.

Sie stellte den Topf aus der Hand und umarmte mich. »Danke, Choga, dass du es so machen willst. Ich freue mich jetzt schon auf deine Rückkehr.«

»Ich hatte so viel Angst, ob es richtig war, dich zu Ezira zu bringen. Und wir hatten wirklich schwere Zeiten. Aber sie haben uns zusammengeführt. Ich bin dir so dankbar für deine Freundschaft«, sagte ich gerührt. Nachdem wir uns lange im Arm gehalten hatten, ging ich zu unserer Hütte und suchte unsere Sachen zusammen.

Mein Sohn rieb sich schlaftrunken die Augen. »Was machst du, Mama?«

»Wir fahren heute nach Hause.«

»Echt?« Mit einem Satz sprang er hoch. Sein Ungestüm warf mich fast um. »Ich freu mich so auf Oma Bisi und Oma Ada! Und Hope! Mama, sie ist bestimmt ganz viel gewachsen. Ob sie mich wiedererkennt?«

Seine laute Freude weckte die noch schlafende Faraa. Er nahm sie hoch und tanzte mit ihr durch die Hütte. »Wir fahren zu Oma Bisi«, sang er und vergaß in seinem Überschwang, dass er die Kleine nicht mitnehmen konnte ... Ich ließ ihn gewähren. Sich von seinem Schützling zu trennen, würde ihm ohnehin schwer genug fallen.

»Mama, darf Faraa schon mit Hope spielen?«, fragte er.

Ich ließ meine Packerei ruhen und wandte mich den beiden zu. »Hör mal, Schatz, Faraa und Tanisha können leider nicht mitkommen.«

»Warum denn nicht?«, rief er entrüstet.

»Tanisha muss so viel lernen. Sie wird Heilerin. Da kann man nicht einfach wegfahren. Und Faraa braucht ihre Mutter. Aber ich habe mir überlegt, dass wir wieder hierher kommen. Schon ganz bald. Dann hast du Faraa wieder«, versprach ich. Für den Moment war der inzwischen Siebenjährige versöhnt und stellte keine weiteren Fragen. Er war noch zu jung, um sich auszumalen, dass er dann nicht mehr bei seinen Omas auf der Farm leben konnte. Ich schob diese Überlegung lieber von mir; ein Leben ohne meine Lieblingsmamas wollte ich mir einfach nicht vorstellen. Vielleicht würden wir gemeinsam einen Weg finden, um zusammenbleiben zu können. Jetzt schon Ezira zu fragen, ob es möglich wäre, die beiden aufzunehmen, hielt ich für verfrüht. So wie ich Ezira einschätzte, durfte ich von ihrem Beistand auch in diesem Punkt ausgehen: Sie hatte ja sogar Patty ein Zuhause angeboten! Und die war gewiss kein so angenehmer Gast, wie es Ada und Bisi sein würden ...

Die Nachricht von unserer Abreise verbreitete sich an diesem frühen Morgen so schnell wie der Samen im Wind. Alle Schülerinnen liefen zusammen, um sich zu verabschieden. Schließlich erschien Ezira und küsste uns zum Abschied.

»Ich danke dir für alles«, sagte ich. »Ohne dich hätte ich nie die Kraft gehabt, nach vorn zu blicken. Dein Beistand hat mich ermutigt und ...«

Meine alte Lehrerin hob abwehrend die Hände. »Meine liebe Choga, du bist für mich wie eine Tochter. Danke mir nicht, sondern finde deinen Weg. Und komm bald wieder zurück. Das wird viel schwerer werden, als du es dir jetzt vorstellst. Vor allem beherzige die Erkenntnis deiner alten Lehrerin: Jemanden zu lieben, ist nicht dasselbe, wie jemanden zu versorgen. Nimm jene, die du liebst, an der Hand und lehre sie zu laufen. Doch dann musst du loslassen. Denke bitte daran, wenn du deine *Schwestern* triffst. Nun geht, habt eine sichere Reise und eine glückliche Heimkehr.« Sie umarmte mich ein letztes Mal. »Ich werde dich wiedersehen, meine Tochter.« Sie lächelte und strich mir sanft über die Wangen. Dann umarmte sie meinen kleinen Sohn. »Ich hoffe, es wird nicht wieder so lange dauern, bis wir uns wiedersehen, Josh. Bis bald.«

Ich blickte mich noch einmal um, damit sich mir die Bilder dieser friedlichen kleinen Welt einprägten: Ezira, klein und zart, stand inmitten ihrer winkenden Schülerinnen. Wieder überwältigte mich der Gedanke, dass man dieser unscheinbaren Frau in braunen Gewändern ihre wahre Größe nicht ansah ...

Tanisha hakte mich unter und wir machten uns auf den Weg ins Dorf. Sie ließ es sich nicht nehmen, eines meiner Bündel zu tragen. Josh nutzte es bis zum letzten Augenblick aus, die kleine Faraa auf dem Rücken zu spüren, wo sie fröhlich lachte, während er kleine Sprünge vollführte. Wir verließen das Dunkel des Waldes. Das ungefilterte Licht blendete mich. Noch nie hatte mich die Helligkeit so in den Augen geschmerzt. Ich musste mein Tuch so über den Kopf legen wie Ezira. Doch ich verschwendete daran weiter keinen Gedanken. Wahrscheinlich hatte ich mich einfach zu sehr an den Regenwald gewöhnt.

Buchis Krankenhaus war wie immer voller Menschen und sie vollauf damit beschäftigt, ihre vielen Patienten zu versorgen. Sie war völlig überrascht, uns zu sehen, und als ich ihr den Grund nannte, wurde sie traurig.

»Choga, wir haben uns kaum gesehen in der ganzen Zeit. Nicht ein Mal bist du ins Krankenhaus gekommen.«

Mein Blick fiel auf die vielen kranken Menschen und mir wurde schwer ums Herz. Die Zeiten, in denen ich heilen durfte, waren vorbei.

»Ich komme wieder, Buchi, aber auch dann werde ich bei dir nur noch kleine Hilfsarbeiten ausführen können. Ich habe eingesehen, dass meine Gesundheit mir Grenzen auferlegt.« Ich wandte mich Tanisha zu. »Lehre sie, was du mir beigebracht hast. Tanisha wird meine Nachfolgerin.«

Buchi schloss mich in ihre starken mütterlichen Arme. »Du hast von einer großen Aufgabe Abschied genommen. Doch so, wie du vor mir stehst, wirkst du erleichtert, Choga. Ich danke Gott, dass er dir die Kraft gibt, dein Schicksal anzunehmen.« Sie küsste mich auf die Stirn. »Pass auf dich auf, Choga, gehe mit deinen Kräften sorgsam um. Ich wünsche dir alles Gute.«

Als Josh seinen Schützling zum letzten Mal küsste, liefen ihm dicke Tränen über die Wangen. »Ich komme wieder, Faraa«, sagte er mit großer Ernsthaftigkeit. »Du musst nicht traurig sein!« Es klang, als wollte er sich selbst trösten.

Buchi organisierte uns ein Taxi, und bevor wir einstiegen, versprach ich Tanisha noch einmal unsere baldige Rückkehr. Ich war fest entschlossen, mein Versprechen einzuhalten.

Der Boden unter meinen Füßen

Die Rückreise mit überfüllten Bussen und Sammeltaxen dauerte zwei Tage und war anstrengender, denn ich es mir hatte vorstellen können. Als wir aus dem letzten Auto stiegen, war es Nacht. Mein ganzer Körper schmerzte, während ich auf die Farm zuhumpelte. Die dunklen Umrisse des hohen Dachs beschirmten die Farm. Wir schoben das Eingangstor auf und wie ein beständiger Herzschlag empfing uns das leise Tuckern des Generators. Lampen, die wie vor dem Überfall den Hof beleuchteten, sagten mir, dass ich zu Hause war. Hinter dem Tor legte ich erschöpft meine Gepäckbündel ab und atmete tief durch: Ich war angekommen.

Dies war mein Zuhause. Mein Erbe. Ich spürte jetzt schon, dass es mir nicht leicht fallen würde, es aufzugeben. Doch das Wenige, das ich in der Dunkelheit erkennen konnte, gab mir ein gutes Gefühl: Wenn ich in ein paar Wochen zu Ezira aufbräche, würde ich nicht so wie damals mein Vater einen Haufen Scherben zurücklassen. Sondern ein intaktes Gebilde. Ein Zuhause, das zwar nicht mehr meines sein würde; aber es würde sich jemand finden, der weitermachen könnte. Vielleicht Amara, möglicherweise auch eine Heilerin aus ihrem *compound* in Lagos, die sie ausgebildet hatte. Erst jetzt, im Augenblick der Heimkehr, wurde mir bewusst, wie dankbar ich Ezira war. Sie hatte meine Füße wieder auf festen Boden gestellt.

Mein Sohn wurde bereits von Hope laut bellend begrüßt, die Sekunden später auch an mir hochsprang. »Hope, meine Hope, endlich habe ich dich wieder!« Josh knuddelte den Mischling mit solch einer Herzlichkeit, dass beide bald über den Boden kugelten. Dass inzwischen über fünf Monate vergangen waren, konnte ich an ihr zuerst erkennen: Aus dem Welpen war ein ausgewachsener Hund geworden, der schon über ein Jahr alt war. Der treue Ausdruck mit den beiden hellbraunen Flecken über den Augen hatte sich kaum verändert.

Hopes Bellen hatte die Farm aus dem Schlaf gerissen. Gerade so, als würde das alte Haus die Augen öffnen, gingen die Lichter an. Auf der gegenüberliegenden Seite erkannte ich hinter zwei Fenstern Helligkeit. Bei unserer Abreise hatten dort nur Trümmer gelegen. Jetzt zeichneten sich die Umrisse eines neuen, aus hellen Steinen errichteten Heilhauses ab, dessen Tür mit gewaltigem Schwung geöffnet wurde.

Meine mütterliche Freundin Amara kam mir mit schweren Schritten entgegen. Die Wiedersehensfreude überwältigte uns so sehr, dass wir uns schweigend in die Arme fielen. Untergehakt gingen wir zum Farmhaus. Mama Bisis Stimme weckte alle, die Hopes Gebell zum Trotz noch geschlafen hatten: »Choga ist zurück! Josh ist wieder da! Heißt sie willkommen!« Sie schloss erst Josh in die Arme, dann mich und sagte zu Tränen gerührt gar nichts mehr.

Wir gingen ins Haus. In der Eingangshalle trafen wir auf Ada. »Endlich! Unsere Heimkehrer!« Meine große hagere Mama wirkte noch schlanker, als ich sie in Erinnerung hatte. Die vergangenen Monate hatten der hart arbeitenden 50-Jährigen zugesetzt. Mit ihren starken Händen umfasste sie meine Schultern. »Du siehst zwar müde aus. Aber du machst mir den Eindruck einer Frau, die wieder weiß, was sie will. Täusche ich mich, Choga?«

»Nein, Mama Ada, du hast völlig Recht.«

Sie nahm mich fest in die Arme und sagte: »Ein bisschen Angst machst du mir schon, Choga, wenn du so sprichst. Du hast eine große Entscheidung getroffen. Ich kenne sie noch nicht, aber du sollst wissen, dass ich dich dabei unterstützen werde. Egal was zu vorhast. Du bist meine Tochter.«

Ich drückte sie an mich. Denn ohne dass wir beide das Thema angesprochen hatten, durfte ich daraus schließen, was ich erhofft hatte: Ada würde mich vielleicht sogar zu Ezira begleiten. Doch ich war zu frisch heimgekehrt, um sie gerade jetzt danach zu fragen.

Nach und nach kamen meine *Schwestern* die Treppe herunter. Ich war überwältigt, in so viele vertraute Gesichter zu sehen, und umarmte eine nach der anderen: Abidem, Jumoke, Yetunde, Chinne und ihre vier Kinder. Jede freute sich über unsere Rückkehr und begrüßte uns mit lieben Worten.

Dann jedoch war Charity an der Reihe. Auch sie umarmte mich, aber nur flüchtig, und in ihrem Blick lag eine seltsame Kälte. »Bist du wirklich wieder in Ordnung?«, fragte sie. Ich konnte ihr nicht antworten, was ich dachte: Es waren zu viele Menschen, die wieder meinen Beistand erwarteten. So sagte ich nur ausweichend: »Im Moment geht es mir gut.« Mein Blick suchte automatisch nach Lape, bis mir wieder einfiel, dass sie nicht hier sein konnte.

Josh saß inzwischen auf der Treppe, die ins obere Stockwerk führte, und erzählte. Er war umringt von seinen Halbschwestern Zuna, Baina, Dayo und Ijaba, unter die sich Bisi und Ada mischten. Sein Mund stand überhaupt nicht mehr still. Er hatte so viel zu erzählen von der langen Reise und den vielen Menschen, die er getroffen hatte. Als er sich endlich müde geredet hatte, schmiegte er sich an seine Lieblingsomas.

Meine deutsche Schwester Magdalena hatte den Ansturm der anderen abgewartet und kam erst jetzt zu mir. Ihr volles dunkles Haar war grauer geworden. Durch die strenge Brille musterten mich ihre stets etwas sorgenvollen Augen. Sie wirkte wie meine Mutter, wenn sie mich lange nicht mehr gesehen hatte. Ein wenig förmlich reichte sie mir die Hand, gerade so wie bei unserer ersten Begegnung auf dem Flughafen von Lagos vor inzwischen zwei Jahren. Dann endlich umarmten wir uns. »Schwesterchen«, meinte sie, »du wirkst verändert.«

»Die Ruhe bei Ezira hat mir gut getan.« Ich wollte nicht mit der Tür ins Haus fallen und schon bei der Ankunft über meine Abreise sprechen. Ich nahm mir vor, erst mal die Richtung jenes neuen Windes zu erspüren, der nach Eziras Meinung inzwischen in meinem Zuhause wehte.

Meine Schwester musterte mich. »Du bist wie ausgewechselt, Choga. Du wirkst entspannt. Das ist sehr gut.«

»Ich habe wegen der Dunkelheit noch nicht viel gesehen, aber ihr habt unsere Farm wieder richtig schön hergerichtet. Ich danke dir, Magdalena.« In ihrem Brief, den ich im Regenwald erhalten hatte, hatte sie geschrieben, dass sie ihre Stelle als Lehrerin in Deutschland endgültig aufgegeben hatte. Deshalb fragte ich: »Ist es dir nicht schwer gefallen, dein Zuhause aufzugeben?«

Ihre Antwort stimmte mich nachdenklich: »Mein Zuhause, Schwesterchen, ist jetzt hier. Du wirst sehen, ich habe alles im Griff.«

Amara führte mich in die Küche, die nun nicht mehr als Ersatzheilhaus diente. Dort trank ich erst mal einen Becher heißen Tees, der mich wärmte. Wir plauderten ungezwungen. Ich erzählte von Pattys unerwartetem Besuch und sie schwärmte vom neuen Heilhaus. Sie sagte: »Ich habe alles in deinem Sinne wieder eingerichtet. Du wirst dich zurechtfinden, als wäre nichts geschehen.«

Vertraut legte sie mir den Arm um die Hüfte. »Du bist schmaler geworden, Choga.«

»Wirklich?«, fragte ich. »Das habe ich noch gar nicht bemerkt.«

»Wie ich dich kenne, wirst du dich wieder mal um dich selbst viel zu wenig gekümmert haben.« Sie sah mich aufmerksam an. »Du gibst dir Mühe, sehr entschlossen zu wirken. Aber ich glaube, ich spüre da eine leichte Trauer. Was ist los?«

Ich sah sie offen an. »Meine Gesundheit ist stabil. Doch ich weiß inzwischen, dass ich nie mehr als Heilerin arbeiten werde. Darüber muss ich mit dir sprechen. Nicht jetzt, wo ich gerade ankomme. Aber schon bald, Amara.«

Meine Mentorin wurde sehr ernst. »Oh, ich verstehe.« Es schien, als legte sich ein leichter Schatten auf ihr Gesicht. »Ezira ist eine sehr kluge Frau. Habe ich Recht, wenn ich vermute, dass sie dich ermahnt hat, deine Grenzen zu erkennen?«

Ich zögerte mit meiner Antwort. Doch dann kam ich zu dem Schluss, dass ich sie nicht im Unklaren lassen durfte. Die Wende, die ich innerlich anstrebte, betraf immerhin sie ganz besonders. »Ich habe meine Grenzen nicht nur erreicht, sondern überschritten. Und zwar an dem Tag, an dem ich beschlossen hatte, unsere Heilstation für fremde Patientinnen zu öffnen. Damit begann ich, mich zu übernehmen. Ich hätte mich darauf beschränken sollen, nur meine *Schwestern* zu behandeln.«

Amara stimmte mir zu. »Das habe ich mir auch schon so manches Mal gedacht. Irgendein kleines gesundheitliches Problem hat eigentlich dauernd jemand. Und wenn es nur ein Durchfall ist. Wenn man als Heilerin von HIV-Patienten nicht Acht gibt, erwächst daraus rasch eine Aufgabe, die schwer zu lösen ist. Wenn es nur darum

ginge, den Tee zu machen, wäre alles nicht so schlimm.«
Ihr intensiver Blick versuchte abzuschätzen, was in mir vorging. »Was hast du dir überlegt, wie es hier weitergehen soll?«

»Ich weiß es nicht«, gab ich zu. »Denn das hängt nicht zuletzt von dir ab, Amara. Eigentlich möchte ich wieder in den Regenwald zurückgehen. Ich will es den anderen aber lieber erst in den nächsten Tagen sagen, wenn sie eingesehen haben, dass ich nicht mehr ihre Heilerin sein kann.«

»Das wird nicht einfach werden, Choga«, erwiderte meine Mentorin und umfasste meine Hände. »Gib mir etwas Zeit, um über alles nachzudenken. So etwas will reiflich überlegt sein. Jetzt kann ich nur sagen, dass ich die große Idee, die du, Ada und Bisi mit eurer Oase hattet, weiter unterstützen werde. Nur weiß ich noch nicht, wie. Auf jeden Fall werde ich meine Nachfolgerin anrufen und ihr sagen, dass ich noch länger bei euch bleiben möchte.«

»Ist das denn möglich?«

»Es gefällt mir hier so gut, dass ich mir schon mehr als einmal gedacht habe: Es wäre schön, hier bleiben zu können. Doch das muss ich natürlich mit meiner Nachfolgerin besprechen.«

»Was ist mit Lape? Du schreibst, es geht ihr sehr schlecht. Wie lange wird sie noch durchhalten?«, fragte ich.

»Das weiß ich nicht, denn sie ist nicht mehr meine Patientin. Aber ich beuge mich dem Lauf der Dinge. Magdalena führt jetzt die Farm. Sie hat damit die Verantwortung übernommen.«

Sie klang, als ob sie aufgegeben hätte, sich mit meiner Schwester auseinander setzen zu wollen. Ich war noch zu frisch in mein altes Zuhause heimgekehrt, um in den möglicherweise offenen Wunden meiner Mentorin zu stochern. Ich nahm meinen Tee und trank. In der Eingangshalle löste sich die Willkommensversammlung auf. Abidem, Charity und Chinne drängten neugierig zur Tür. Damit sie nicht den Ernst unseres Gesprächs erfassten, fragte Amara locker: »Tanisha geht es gut?«

Ebenso leichthin formulierte ich meine Antwort: »Sie hat ein neues Zuhause gefunden.«

»Na, da sind wir aber froh!«, rief Charity, die sich vor unserer Abfahrt so abfällig über meine Freundin geäußert hatte. »Die Muslimin und ihre Probleme brauchen wir hier wirklich nicht mehr. Seitdem sie weg ist, hat man uns in Ruhe gelassen.«

Mir versetzte es einen Stich, doch ich ließ ihre spitze Bemerkung im Raum stehen. Wenn Tanisha allerdings tatsächlich jemals meine Nachfolgerin wäre, würde zumindest Charity sich von ihr gewiss nicht behandeln lassen. Bis dahin würden drei Jahre vergehen. Wenn nicht sogar noch mehr. Was bis dahin wäre, konnte niemand voraussagen. Denn auch dies hatte mich Ezira gelehrt: Ich wollte keine Pläne mehr machen, die über einen so weiten Zeitraum reichten.

Ich erkundigte mich, wie das Verhältnis zu unseren Nachbarn sei, und die Wortführerin Charity sagte: »Magdalena hatte eine gute Idee. Unsere Kinder gehen jetzt mit den Nachbarskindern in die Schule. Magdalena unterrichtet sie gemeinsam.« Charity schickte ihre beiden Kinder ebenfalls in die kleine Schule auf unserer Farm, die inzwischen neu erstanden war. Meine Schwester hatte in ihrem Brief erwähnt, dass sie Schülerinnen aus Jeba aufgenommen hatte. Ich war zu müde, um darüber nachzudenken, ob das womöglich irgendetwas mit meinen Plänen zu tun hatte. Denn ich wäre nie auf die Idee gekommen, dass ausgerechnet die Schule all meine schönen Absichten gefährden könnte ...

Bisi und Ada ließen es sich nicht nehmen, Josh im ersten Stock ins Bett zu bringen. Dort teilte er sich mit Zuna und Baina, den Töchtern von Charity, einen Raum. Ich setzte mich auf die Veranda, um die würzige, klare Luft der Hochebene zu genießen. Hope erinnerte sich an ihre Gewohnheit, auf meinen Schoß zu springen, wenn ich draußen saß. Obwohl sie so schön wärmte, musste ich sie sanft hinunterschubsen. Sie war zu schwer geworden. Ich saß kaum, als Mama Bisi mir mit einem heißen, duftenden Tee folgte, den sie mir reichte.

Nichts an Bisi erinnerte daran, dass sie einst in einem Harem gelebt hatte. Die weiße Kleidung hatten sie und Ada gemeinsam mit mir vor über einem Jahr abgelegt. An diesem Abend trug sie ein buntes T-Shirt mit einem roten Herzen darauf und ein geblümtes Tuch als Rock. Sie wirkte wie das, was sie war: eine Farmerin. »Du weißt über die Sache mit Lape Bescheid?«, fragte sie.

»Ich habe Magdalena noch nicht darauf angesprochen, Bisi. Ich wollte wissen, wie es dazu gekommen ist. Amara hat sie wohl zuvor nicht gefragt?«

Und auch nicht Bisi, unsere respektierte Älteste, die in solchen Fragen eigentlich das letzte Wort gehabt hätte, wie ich nun hörte. »Nein, sie hat Lape einfach ins Auto gesetzt und ist mit ihr nach Jos gefahren. Ada und ich wollten Magdalena aufhalten. Es war ein trauriger Augenblick für uns alle. Amara war wie versteinert. Denn damit hatte sie nicht gerechnet. Doch deine Schwester meinte, dass die westliche Medizin Lape besser helfen würde.«

Aus Amaras Brief hatte ich allerdings herausgelesen, dass es ihr nicht besser ging! Ich beschloss, mir eine eigene Meinung zu bilden, und schlug vor: »Ich würde gern morgen zu Lape fahren.«

»Ich werde mitkommen. Lape freut sich immer, wenn sie mich sieht. Aber du musst dich auf eine böse Überraschung gefasst machen. Es geht ihr wirklich nicht gut.

Ich bete immer noch dafür, dass Magdalenas Entscheidung richtig war.«

Eingedenk meines eigenen Ringens mit Patty fragte ich: »Warum hat Magdalena nicht auf dich gehört?« Kannte sie denn keinen Respekt vor Bisis natürlicher Autorität als unsere Älteste?

»Ach, meine Kleine, das ist nicht so sehr der Fehler deiner Schwester. Wie deine Mutter ist sie eine weiße Frau. Auch Lisa habe ich immer vertraut, dass sie das Richtige tut. Ich konnte mich nicht gegen sie durchsetzen.« Sie sah mich liebevoll an. »Könntest du es? Wo deine Schwester uns doch so geholfen hat?«

Die Widersacherin

Der erste Morgen nach unserer Rückkehr auf die Farm gab mir das Gefühl, die Zeit wäre tatsächlich um etwa zehn Monate zurückgedreht worden. Damals, im August 2001, vor dem Überfall, hatten wir uns morgens auf der Veranda um den langen Tisch versammelt und gemeinsam das Frühstück eingenommen. Jetzt, nach unserer Rückkehr, war es wieder so wie früher. Die Veranda erstreckte sich über die gesamte Längsseite des Hauses und war so tief, dass sämtliche Bewohner darauf Platz hatten. Wir saßen an mehreren, zu einer langen Tafel zusammengeschobenen Holztischen. Das weit vorgezogene, auf schmale Holzsäulen gestützte Dach bot sogar bei schlechtem Wetter allen Schutz.

Es war etwa sieben Uhr morgens und meine *Schwestern* und ihre Mädchen schwatzten fröhlich durcheinander. Die Aufgaben des jungen Tages wurden verteilt: Abidem, Jumoke, Yetunde, Chinne und Charity wurden Ada zugeteilt, um auf den Feldern zu arbeiten. Zuna, Baina, Dayo und Ijaba würden ebenso wie Josh mit ihrer Lehrerin Magdalena in die Schule gehen. Mama Funke sollte sich während der Abwesenheit der anderen wie üblich um das Haus kümmern und das Mittagessen vorbereiten.

Funke war eine mittelgroße, sehr schweigsame Frau. Im Gegensatz zu Bisi und Ada war sie nicht mit meinem Vater verheiratet gewesen. Funke hatte sich uns erst im April 2000 angeschlossen. Die knapp 60-Jährige hatte schon zuvor in Jeba gelebt und kannte dort viele Leute. Deshalb hatte sie eine besondere Aufgabe: Sie unterhielt enge Kontakte zu den Frauen der örtlichen Farmer-Kooperative, über die wir unsere Produkte wie Mais, Hirse und Kartoffeln verkauften. Von dem Erlös bestritten wir unseren Lebensunterhalt.

Bisi hatte als Älteste ihren Stammplatz auf der Stirnseite des Tischs. Magdalena, mit dem Rücken zum Hof, saß mir gegenüber. Neben meiner Schwester saßen Amara und Funke, an meiner Seite, mit dem Rücken zum Haus, Ada. Meine Schwestern schlossen sich daran an, zum Ende der Tafel hatten sich die Kinder versammelt. Eine fest gefügte Ordnung, die jeden Streit um die Plätze vermied.

Mein Blick fiel auf den sauber gefegten, etwa acht Meter breiten und 25 Meter langen Hof und das gegenüberliegende Haus: Das Heilhaus, in dem Amara die Medizin schon zubereitet hatte, bevor alle anderen aufgestanden waren, schloss sich wie früher an die Heilstation an und daran grenzte die neue Schule. Von außen wirkten alle drei Abteilungen wie ein langes Gebäude. Die aus hellem, noch unverputztem Stein errichteten Mauern mit den sechs scheibenlosen Fenstern waren mit Blech eingedeckt. Zuvor hatten wir Palmwedel und langes Gras verwendet, was zwar hübscher war; doch der Brand hatte bewiesen, wie gefährlich diese Bauweise war. Das Blech war zwar teurer, aber haltbarer.

Hinter dem langen Vielzweckhaus, gleich neben dem breiten Einfahrtstor, lag die neue Kapelle, die auf die gleiche schlichte Weise errichtet worden war wie zuvor. Auf der gegenüberliegenden Seite, nah beim alten Farmhaus, befanden sich das kleine steinerne Kochhaus, das traditionell mit Blättern gedeckt war, und daneben ein altes Lehmhaus, das als Speicher diente. Dazwischen befand sich unser Brunnen, der nachmittags im Schatten eines Baums lag. Dem Blutbaum verdankten wir die Zutaten für eine wichtige Schmerzmedizin.

»Ich fahre mit Choga heute nach Jos, um Lape zu besuchen«, verkündete Mama Bisi, sobald das Frühstück beendet war. Amara, die als einzige außer Magdalena Auto fahren konnte, versprach, uns zu chauffieren.

Meine Mentorin hatte mich immer wieder angeschaut. Irgendetwas wollte sie mir noch sagen, bevor wir aufbrachen. Als es so weit war, nahm sie mich zur Seite. »Lass mich mal in deine Augen sehen.« Sie schnalzte leise mit der Zunge, was sie immer tat, wenn ihr etwas nicht gefiel. »Ich hab's doch richtig gesehen. Deine Augen sind leicht entzündet. Du hast wohl etwas reinbekommen. Tut es dir weh?«

»Sie brennen ein bisschen. Wahrscheinlich habe ich zu wenig Tränenflüssigkeit.« Ich blickte zum Himmel, dessen Morgenschleier sich nun hob. »Seit kurzem bin ich etwas lichtempfindlich.« Ich legte mir ein buntes Tuch um den Kopf, um meine Augen zu schützen. »Ist nicht so schlimm«, sagte ich. »Das geht wieder weg. Liegt vielleicht auch an der trockeneren Luft hier auf der Hochebene.«

Amara war von meiner Antwort nicht recht beruhigt. »Wir werden das beobachten.«

Ich verschwendete keinen weiteren Gedanken an meine Gesundheit, denn auf mich stürmten so viele andere Eindrücke ein. Magdalena wollte mir vor Schulbeginn noch kurz den neuen Raum zeigen. Auf gestampftem Lehmboden standen drei Bänke, die von der handwerklich geschickten Ada wohl selbst geschreinert worden waren. In jeweils einer hatten drei Kinder Platz. Gedanklich ging ich die Namen unserer vier Mädchen durch: die Schwestern Zuna und Baina sowie Jumokes Tochter Dayo und Yetundes Tochter Ijaba.

»Mit den vier Mädchen, die Rose schickt, ist unsere kleine Schule ausgelastet.« Magdalena war sehr zufrieden über diese Entwicklung.

Ich konnte ihren Optimismus überhaupt nicht nachvollziehen. Roses Name weckte bei mir keine guten Erinnerungen. Sie war eine Verwandte von Mama Funke und deren Mitfrau Ngozi. Nachdem Ngozi von den Muslimen im September getötet worden war, hatte Rose uns für den Tod ihrer Mutter verantwortlich gemacht. Es war zu einer hässlichen Szene gekommen: Rose hatte mich eine Hexe genannt und uns verflucht. Daraufhin hatte Bisi sie aus dem Haus geworfen. Magdalena hatte das alles miterlebt. Umso verwunderter war ich, dass sie Roses Kinder nun unterrichtete.

»Hast du dich denn mit Rose vertragen?«, fragte ich. »Ist der ganze Streit vergessen?«

Magdalena seufzte. »Leicht war das nicht, Choga. Aber ich sah keine andere Möglichkeit. Irgendwie mussten wir schließlich unsere Ernte verkaufen. Das ging nun mal nur über die Kooperative, in der Rose ein entscheidendes Wort mitzureden hat. Ich habe dann eben in den sauren Apfel gebissen und Mama Funke einen Vorschlag gemacht: Wir unterrichten Roses Kinder, wovon übrigens zwei ihre eigenen Töchter sind und die anderen Nichten, und dafür arbeiten die Händlerinnen wieder mit uns zusammen. Es war ein Friedensangebot. Und es hat geklappt.« Sie hob die Schultern. »Was soll's? Die Kinder können nichts dafür. Sie müssen lernen und sind auch ungeheuer dankbar für diese Möglichkeit. Es macht Spaß, sie zu unterrichten.«

»Und Rose hat alles vergessen? Ihren Fluch, ihren Zorn? Das ist ja unfassbar! Aber es freut mich, dass dir das gelungen ist.« Ein bisschen unangenehm erschien mir diese Konstruktion allerdings schon, durch die unsere wirtschaftliche Situation von Roses Wohlwollen abhing. Doch ich schob meine Bedenken beiseite. Die streitbare Rose hatte mit dem Farmleben offenbar nicht viel zu tun, sondern vor allem mit der deutschen Lehrerin.

»Zugegeben«, sagte Magdalena, »ein wenig habe ich gemogelt. Sie zahlen kein Schulgeld. Aber das ist nicht wichtig. Für mich zählte, dass wir durch die Kooperative wieder Anschluss an die Nachbarn fanden und Einnahmen haben, von denen wir leben können.« Meine deutsche Schwester packte die Dinge mit wirklich bewundernswertem Pragmatismus an. Da wollte ich mich nicht einmischen. Es war offensichtlich, dass ich auch hier nicht mehr gebraucht wurde. Es wehte ein neuer Wind.

Ich trat mit Magdalena vor das Schulhaus und atmete tief durch. Ich fühlte mich in der Tat wie befreit. Josh stürmte mit seinen vier Halbschwestern aus dem Farmhaus auf die Schule zu. Hope umsprang die Kinder. Wie sie hatte auch mein Sohn ein Heft und ein Schulbuch an sich gedrückt. »Machen wir jetzt Unterricht?« Das war weniger eine Frage, sondern glich mehr einem Jubelschrei. Mein wissensdurstiges Kind nahm einen Platz ganz vorn ein. Seine Lehrerin hatte ihm in ihrem Brief, der uns im Regenwald erreicht hatte, einen Platz in der ersten Reihe versprochen. Nun saß er zwischen Zuna und Baina und strahlte übers ganze Gesicht. Er war zu Hause. Sein kindliches Gemüt hatte völlig vergessen, dass er noch eines im Regenwald hatte ...

Von der Tür aus beobachtete ich noch, wie Magdalena Josh zeigte, welchen Stoff sie inzwischen durchnahmen.

»Das kann ich doch schon!«, maulte Josh.

»Dann hilf Baina«, erwiderte seine Lehrerin ungerührt.

Ich packte Hope am Halsband und zog mich zurück; es wurde Zeit, dass wir nach Jos fuhren, um Lape zu besuchen. In der Türöffnung prallte ich auf Rose, eine kleine Frau von Ende 30 mit einem verbitterten Zug um den Mund. Ich erinnerte mich, dass sie auch früher schrille, in den Augen schmerzende Farben bevorzugt hatte. Jetzt trug sie helles Grün und schreiendes Violett. Sie war ebenso überrascht wie ich und musste sich von Hope überdies ein leises Knurren gefallen lassen.

Beiläufig murmelte ich: »Gott sei mit dir auf all deinen Wegen.« Ich schob mich und Hope an ihr und den vier Dorfmädchen vorbei.

Meine einstige erbitterte Widersacherin wiederholte pflichtschuldig: »Gott sei mir dir.« Aber dann rief sie mir mit ihrer unangenehm hohen Stimme doch nach: »Wieso bist du wieder hier?«

»Ich wohne hier«, antwortete ich so ruhig wie möglich und ging mit dem Hund meiner Wege.

Ich spürte den alten Groll gegen eine Frau, die immer nur genommen hatte. Als ihr Haus im Vorjahr durch die Kämpfe zwischen Christen und Muslimen im nahen Jeba zerstört worden war, hatten wir ihr Unterkunft und Essen gewährt. Doch sie hatte nur missgünstig gefragt, warum nicht auch sie den von mir unter Mühen hergestellten Kräutertee trinken dürfe, der nur für die HIV-positiven Mitbewohnerinnen bestimmt war. Als ich ihn verweigert hatte, war ein erbitterter Streit entbrannt. Er legte die Grundlage für Roses später ausgestoßene Verwünschungen. Denn sie hatte in der Zwischenzeit erfahren, wie krank wir waren.

Dennoch hatte sie sich nun entschlossen, ihre Kinder in Magdalenas Schule zu schicken. Es entsprach Roses Charakter, sich darauf einzulassen, weil sie auf diese

Weise viel Geld sparte. Da es in Jeba nur diese Kooperative gab und Rose dort ein wichtiges Mitglied war, sah ich ein, dass wir wohl nicht umhinkamen, mit ihr Frieden zu schließen. Ich nahm mir vor, meinen Teil dazu beizutragen.

Lapes Befreiung

Amara und Bisi erwarteten mich bereits am Auto, einem Pick-up mit offener Ladefläche. Hope sprang sofort hinten drauf; sie war es inzwischen wohl gewohnt, mitzufahren. »Choga, wir können sie nicht mitnehmen!«, rief Amara mir zu, und ich brachte unsere Hündin zu Funke, die sie festhielt. Der kleine Pick-up war recht eng für drei Frauen wie Bisi, Amara und mich und wir drängten uns in dem schmalen Fahrerhaus aneinander.

Meine Gedanken waren bereits bei Lape, und ich machte mir große Sorgen, in welchem Zustand wir sie vorfinden würden. Zuletzt hatte sie sich von mir verabschiedet und klang so optimistisch. »Wenn du zurückkommst, wird alles so schön sein wie zuvor«, hatte sie gesagt und sich eine Träne aus dem Auge gewischt. Ich sah eine hübsche, junge 25-Jährige vor mir, deren ganzer Stolz ihre langen schwarzen Haare waren. Sie konnte den ganzen Abend damit verbringen, sich dünne Zöpfchen flechten zu lassen. Sie war immer etwas schüchtern, und mir kam es oft so vor, als benutze sie ihre langen Zöpfe wie einen Vorhang, hinter dem sie sich versteckte. Ihre Meinung behielt sie meistens für sich und ließ Charity für sich sprechen, die das vorlauteste Mundwerk hatte. Lape war sehr beliebt unter meinen *Schwestern*, da sie eine seltene Tugend pflegte: Wer Lape ein Geheimnis anvertraute, konnte sicher sein, dass es nicht wenig später die Runde gemacht hatte.

»Wann wart ihr zuletzt bei Lape?«, fragte ich Bisi, während Amara bereits den Wagen durch Jeba lenkte.

Meine Lieblingsmama rechnete kurz nach. »Vor fünf Tagen. Magdalena hat kein schlechtes Krankenhaus ausgesucht, Choga. Es ist ziemlich modern und sie haben dort viele Aidspatienten.«

»Zu viele«, muffelte Amara. »Die haben doch gar keine Zeit für jeden Einzelnen.« Meine Mentorin blickte mich an. »Wir sind unter uns, erlaubt, dass ich mal offen spreche. Was Magdalena gemacht hat, ist Unsinn. Lape befindet sich im Endstadium. Auch die Medizin des Westens vollbringt keine Wunder. Die Ärzte geben ihr in erster Linie starke Schmerzmittel. Das kann ich auch. Doch es widerspricht meinen Ansichten, einen Patienten in einen todesähnlichen Dauerschlaf zu versetzen. Der große Schlaf kommt früh genug; Todgeweihte sollen halbwegs wach hinübergehen.«

Amara hatte wohl fast vergessen, dass sie ein Auto lenkte. Im letzten Augenblick riss sie das Steuer herum, als uns ein entgegenkommender Wagen anhupte. Ich erschrak furchtbar. »Pass auf, dass wir nicht gleich hinübergehen!«, rief Bisi.

»Ach, ich kann mich so aufregen! Diese Ärzte haben überhaupt kein Fingerspitzengefühl. Wie sollen sie auch? Bei den vielen Todkranken!« Sie umklammerte das Lenkrad und stierte zornig auf die Straße. Ich verstand ihre Gefühle so gut! Ich dachte an Efe und ihren kleinen Sohn Jo zurück. Die Dankbarkeit dieser beiden Menschen, dass ich ihnen bis zum letzten Atemzug beigestanden hatte, war in meinem Herzen lebendig. Mit dieser Erinnerung im Hinterkopf näherte ich mich jenem Ort, an dem Lape auf uns wartete.

Amara parkte den Wagen vor einem mir riesig erscheinenden Gebäudekomplex aus alten und neuen Häusern, der sich über ein weites Gelände erstreckte. Die

Universitätsklinik von Jos hatte einen hervorragenden Ruf als Zentrum der Aidsbekämpfung. Ich stieg schon mit weichen Knien aus. Solche Krankenhaus-Maschinen, wie ich sie nannte, erschreckten mich durch ihre schiere Größe. Meine Welt waren schließlich die kleinen Heilstationen von Buchi und mir. Häuschen, in denen Patienten eher Schützlinge waren, denen die Heilerin eine Art Mama war, der sie sich anvertrauten. Und Lape hatte sich nicht einmal entscheiden können, ob sie aus Amaras Obhut entlassen werden wollte.

Bisi eilte zielstrebig auf ein älteres Gebäude zu. »Sie liegt dahinten in dem Zimmer«, sagte sie. Wir öffneten die Tür zu einem Raum mit sechs Betten. Meine Vorbehalte schwanden ein wenig, denn alles wirkte sehr gepflegt. Bisi und Amara blickten in die Betten und tauschten verwunderte Blicke. »Nanu, wo ist sie denn? Haben wir das falsche Zimmer erwischt?«, fragte Bisi verunsichert. Doch auch im nächsten entdeckten wir meine *Schwester* nicht. Wir fragten Personal, das keine Zeit hatte, und wurden in einen anderen Trakt geschickt. Dort irrten wir durch verstopfte, kaum beleuchtete Gänge, blickten in überfüllte, muffig riechende Krankenzimmer. Endlich fanden wir Lape auf einer Liege in einem engen Gang. Wir wären fast an ihr vorbeigelaufen.

Meine *Schwester* dämmerte apathisch vor sich hin. Ich erkannte sie erst auf den zweiten Blick. Das schöne lange Haar hatte man ihr abrasiert, dunkle Stellen verunstalteten ihren Kopf, die Augen lagen eingefallen in den Höhlen, die Haut war grau, die Knochen traten spitz hervor. Wo ich Apparate erwartet hatte, die ihr Leiden erleichtern könnten, gab es nichts. Nur ein graues Tuch, das sie kaum noch bedeckte.

»Wie ist das möglich?«, sagte Bisi entsetzt. »Wieso ist sie hier? Kümmert sich denn niemand um sie?«

Amara und mir fehlten die Worte. Wir blickten uns nach Personal um, das uns diese Gemeinheit erklären konnte. Wohin ich auch sah, entdeckte ich nur Menschen, die in einem ähnlich erschreckenden Zustand waren wie Lape. Der Gang war mit unzähligen anderen Feldbetten voll gestellt. Nicht anders als im Regenwald brachten auch hier Angehörige ihren ausgezehrten Verwandten Essen und unterhielten sich lautstark. Allerdings hatte Buchi mit ihren Heilerinnen für eine angenehme Atmosphäre gesorgt. Hier dagegen war nur Lärm. Der Geruch war unerträglich. Die Krankheiten, an denen die Menschen litten, offensichtlich: Hautkrebs, Lungenentzündung, Durchfall, Infektionen. Wer hier gelegen hatte, brauchte nach seinem Tod nicht mehr die Hölle zu fürchten.

Ich wagte kaum, die Verbindung zwischen Lape und mir herzustellen. Aber auf mich käme irgendwann ähnliches Leid zu! Der Gedanke, meine eigenen letzten Tage an einem solch trostlosen Ort verbringen zu müssen, machte mich weniger wütend als vielmehr unendlich traurig. Zählte denn das Leben eines Aidskranken gar nichts? Ich wünschte mir, dass dann jemand da wäre, der mich vor solch einem Ende bewahrte.

»Wir können sie doch nicht einfach hier so liegen lassen«, flüsterte ich niedergeschlagen. »Lasst sie uns nach Hause bringen.«

»Und zwar sofort. Das ist ja nicht zu verantworten«, pflichtete mir Amara beherzt bei.

»Natürlich. Alles andere wäre unmenschlich«, sagte Bisi.

Lape selbst schlief immer noch fest. Ich beugte mich zu ihr herunter und sprach sie mit ihrem Namen an. Endlich schlug sie die Augen auf, aus denen der Glanz gewichen war. Obwohl sie so geschwächt war, trat ein leichtes Lächeln auf ihr Gesicht. Als sie die rissigen, ausgetrockneten Lippen bewegte, konnte ich sie kaum verstehen. Sie erkannte mich nicht sofort.

»Ich bin's. Choga«, sagte ich.

»Choga? Wo warst du denn?« Sie war immer noch nicht ganz in ihre Wirklichkeit zurückgekehrt. Die Kranke versuchte, die Hand zu heben, um nach mir zu greifen, aber selbst dazu fehlte ihr die Kraft. Ich nahm die Todgeweihte in die Arme und kämpfte gegen die aufsteigenden Tränen an.

Ohne weiter nachzudenken versprach ich: »Wir nehmen dich jetzt mit, Lape. Mach dir keine Sorgen mehr. Alles wird gut.«

Lape war zu schwach, um sich noch freuen zu können. Oder um diese erlösende Botschaft überhaupt zu verarbeiten. Ihre Augen fielen bereits wieder zu.

»Magdalena hat mit irgendwelchen Ärzten gesprochen. Sie hat erzählt, dass sie etwas unterschrieben hat«, erinnerte sich Mama Bisi. »Mit denen müssen wir erst reden, sonst können wir Lape nicht mitnehmen.« Sie sah allerdings nicht so aus, als würde sie sich einem solchen höchstwahrscheinlich unangenehmen Gespräch stellen wollen. Das konnte ich gut verstehen. Im Moment war es wesentlich wichtiger, dass sie Lapes Hand hielt und ihr Zuversicht gab.

Amara und ich schoben uns durch die Gänge. Die gesuchten Ärzte fanden wir nach etlichen Irrwegen in einem anderen, freundlich wirkenden Gebäude, in dessen Gängen keine Patienten ihrem Jüngsten Tag entgegendämmerten.

»Für die besteht wohl noch Hoffnung«, meinte Amara. »Aber es kann doch nicht angehen, dass man alle anderen einfach aufgibt!« Ihre schweren Schritte hallten wütend durch die leeren Flure.

Man ließ uns in einem großen Raum warten, dessen Wände mit zahlreichen Urkunden geschmückt waren.

Universitäten in Ländern, deren Namen ich noch nie gehört hatte, priesen ihre Patenschaften mit dieser Klinik und versicherten ihre Unterstützung. Gerahmte Zeitungsartikel zeigten Fotos von einheimischen Ärzten, die weißen Medizinern die Hände schüttelten. Die dazugehörigen Überschriften lobten den begonnenen Kampf Nigerias gegen die Krankheit und mahnten gleichzeitig zu weiterem entschlossenen Vorgehen, damit mein Land eine Zukunft habe.

Weder Amara noch ich waren bereit, in den mit Leder bezogenen und verchromten Stühlen Platz zu nehmen. Wir wussten nur eines: Obgleich diese Ärzte dasselbe Ziel hatten wie wir, trennten uns Welten. Und jene, der ich mich hier ausgeliefert sah, überforderte mich. Das viele Geld, das aus dieser Umgebung sprach, stieß mich ab. Wozu war eine solch protzige Umgebung gut, wenn gleichzeitig Patienten wie Lape in einem Gang vergessen wurden?

»Lass uns gehen«, drängelte Amara. »Wir nehmen Lape einfach so mit.«

»Vielleicht hast du Recht«, sagte ich. »Die werden ohnehin nicht auf zwei Frauen wie uns hören.«

»Über Heilerinnen lachen die doch nur«, meinte Amara. »Was wir machen, nennen die Buschmedizin. Ich werde denen auch nicht sagen, dass ich Heilerin bin. Das muss ich mir nicht antun, dass sie mich voller Verachtung ansehen.« Sie stemmte die Arme in die Hüften. »Wenn nicht sofort einer kommt, gehen wir, Choga. Lape soll keine Minute zu lang hier bleiben.«

Wir hatten die Tür schon fast erreicht, als ein Mann von etwa Mitte 40 den Raum betrat. Er hatte ein freundliches Gesicht, das ich auf einem der Fotos an den Wänden entdeckt hatte. Er trug elegante Hosen, Krawatte und einen weißen Kittel und bat uns, auf den teuren Stühlen Platz zu nehmen. Obwohl ich das eigentlich nicht wollte, tat ich es dennoch. Der Mann musterte mich durch seine goldgefasste Brille. Er sagte seinen Namen: Dr. Rashid.

»Wir sind hier, um unsere Freundin abzuholen«, sagte Amara und umriss, um wen es ging. »Warum muss sie so dahinvegetieren? Niemand versorgt sie. Deswegen werden wir sie jetzt sofort mitnehmen.«

Der Arzt schob seine goldene Brille mit dem Zeigefinger hoch und blickte auf ein Blatt Papier. Er überflog den Inhalt und sagte dann, anstatt auf den Vorwurf zu antworten: »Jetzt weiß ich, mit wem ich es zu tun habe. Sie sind die Heilerinnen aus Jeba.« Er blickte mich an. »Frau Choga Regina Egbeme?« Ich nickte. Was ging hier vor? »Ich hatte ein Gespräch mit Ihrer Schwester. Sie ist Deutsche, nicht wahr?« Er blickte mich interessiert an. »Sie sagte, dass Sie ein Mittel gegen Aids gefunden haben. Stimmt das?«

»Wir haben kein Mittel gegen Aids«, widersprach ich energisch und voller Verärgerung. Ich hatte Magdalena nicht gebeten, Fremden – schon gar nicht Ärzten – etwas von unserem Tee zu erzählen. Noch dazu in dieser Form! Wenn sie Lape hierher brachte, sah es ja ganz so aus, als ob unser Tee wirkungslos wäre. »Der Tee ist nur sinnvoll, solange Aids nicht ausgebrochen ist. Er stärkt die Abwehrkräfte«, stellte ich klar.

»Nun seien Sie mal nicht so bescheiden, Frau Kollegin«, sagte der Mann mit der Brille und lächelte auf eine Art, die mich ärgerte. *Kollegin!* So ein Witz! Er hatte studiert, wusste so viel mehr als ich über alle möglichen Krankheiten. »Sie haben doch jahrelang Frauen und Kinder mit Ihrem Tee behandelt. Ich interessiere mich sehr dafür.«

Amara verschränkte die Arme vor der Brust. Ihr Gesicht wirkte sehr verschlossen. »Was wollen Sie mit unserem Tee?« Mit einer lässigen Kopfbewegung deutete meine Mentorin auf die an den Wänden aufgereihten Dokumente. »Sie bekommen doch alles aus Europa und den USA. Sie wollen nur die Wirkungslosigkeit unserer Naturmittel beweisen, um noch mehr Geld beantragen zu können. Weil Afrika allein angeblich mit Aids nicht fertig wird. Aber solche Spielchen machen wir nicht mit, Doktor. Geben Sie unsere Freundin frei und wir sind fort.«

»Meine Absichten sind ernst gemeint. Ich will Sie nicht vorführen«, sagte der Arzt.

»Leere Worte«, gab Amara knapp zurück. »Wer so arbeitet wie Sie, hat gar keine andere Wahl.« Sie griff blitzschnell nach einem der vor Rashid ausgebreiteten Bögen. »Na bitte!« Sie schob mir ein Formular hin. Es war ein Entlassungsbogen. Ich unterschrieb zügig und übernahm damit gleichzeitig die Verantwortung für unser Handeln.

Als ich schon aufgestanden war, fragte ich dennoch, was mir auf dem Herzen lag: »Meine Schwester Magdalena kann unmöglich gewollt haben, dass unsere Freundin in einen Gang zum Sterben abgeschoben wird. Warum haben Sie das getan?«

Dr. Rashid wendete die Papiere in seinen Händen hin und her. Dann sagte er: »Ich bin kein Stationsarzt, Frau Egbeme. Ich leite eine ganze Abteilung dieses Krankenhauses. Normalerweise spreche ich nie mit Angehörigen. Aber es war ungewöhnlich, dass eine Europäerin eine Patientin einliefert. Deshalb unterhielt ich mich mit Ihrer Schwester. Was danach geschah, lag nicht in meiner Hand.«

Ich ärgerte mich über die Herzlosigkeit, die in dieser mir fremden Welt herrschte, und sagte: »Ihre Patientin möchte ich dann allerdings lieber nicht sein.«

Rashid stutzte, als er mir höflich die Tür öffnete. Er blickte mich geradewegs an. »Was ist mit Ihren Augen?

Darum sollten sie sich dringend kümmern!« Seine Worte machten mir das Brennen eigentlich erst bewusst, das stärker geworden war. Da mir jedoch dauend irgendetwas wehtat, spürte ich auch diesen Schmerzen nicht nach. Solche Unannehmlichkeiten gehörten zu meinem Leben.

Der Arzt reichte mir die Hand. »Ich werde Sie demnächst besuchen.«

»Sparen Sie sich den Weg.« In Amaras Tonfall lag eine Unfreundlichkeit, die ich zu schroff fand. Mein Gefühl sagte mir, dass dieser Mann noch eine andere Seite hatte. Wir sahen nur jene eines Arztes, der mit seiner Arbeit Geld verdienen musste und darüber Lape vergessen hatte. Insofern war ich froh, als wir draußen waren.

Lape reagierte nur mit einem kurzen, erleichterten Aufatmen, als Amara sie kurz darauf von dem Feldbett hob, auf dem sie lag. Bisis liebevollem Zureden war es zu verdanken, dass meine *Schwester* verstand, was nun mit ihr geschah.

»Ach Kind, das ist aber nett, dass du dich so leicht machst«, scherzte die resolute Amara. Obwohl der Anblick der 25-Jährigen ein Bild des Jammers war. Sie bestand nur noch aus Haut und Knochen, zu schwach selbst für die winzigsten Schritte.

Der kleine Lastwagen taugte schlecht als Krankentransporter. Da wir die geschwächte Lape nicht ins Fahrerhaus setzen konnten, mussten wir sie auf die Ladefläche legen und gaben ihr alle Tücher, die wir entbehren konnten. Glücklicherweise war es ein warmer Tag und Amara fuhr diesmal sehr vorsichtig. Unterwegs kauften wir eine Schaumstoffmatratze, auf der Lape einigermaßen weich lag. Bisi saß hinten neben ihr und achtete darauf, dass sie gut versorgt war. Die Matratze, auf der Lape während der lediglich anderthalb Stunden langen

Rückfahrt geruht hatte, war bei unserer Ankunft auf der Farm völlig durchgeschwitzt.

Wir brachten unsere Gefährtin in die neue Heilstation. Bislang hatte ich den etwa dreißig Quadratmeter großen Raum noch gar nicht betreten. Er war kleiner als der vorherige. Aber so hatte ich es noch mit Ada und Amara vor meiner Abreise besprochen, denn fremde Patientinnen sollten ohnehin nicht mehr aufgenommen werden. Im Grunde war es nur noch ein Heil*zimmer*. Vier Betten hätten darin dennoch problemlos Platz gehabt. Bislang befanden sich dort nur ein einziges, in dem Lape bis zu ihrer Verlegung geruht hatte, sowie eine Schlafmatte.

Die Fahrt hatte die geschwächte Lape viel Kraft gekostet. Sie wirkte wie erlöst, als Amara sie ins Bett legte. Durch das offene Fenster waren die Stimmen der spielenden Kinder zu hören. Ein wenig war es, als wäre sie zurück im Leben. Sie blickte Amara, Bisi und mich glücklich an. »Danke«, sagte sie. Und das war ein wunderbarer Lohn.

Amara entschwand durch die Verbindungstür in die Heilküche nebenan. Sie musste dringend einen stärkenden Tee brauen und einen Ernährungsplan aufstellen. Denn Lapes Rückkehr stellte sie vor eine große Herausforderung. Bisi ging ebenfalls, und ich blieb bei Lape, damit sie in den leeren Raum nicht allein war. Ich setzte mich auf einen Stuhl neben ihr Bett und hielt ihre Hand.

Plötzlich streckte Magdalena den Kopf zur Tür herein. Auf ihren blassen Wangen zeichneten sich hektische rote Flecken ab. »Choga Regina, ich muss sofort mit dir sprechen!«

»Was ist passiert?«, fragte ich. In meiner Arglosigkeit wäre mir nie eingefallen, dass sie mir Lapes Befreiung vorwerfen könnte. Doch am finsteren Blick meiner Schwester erkannte ich, dass ich wohl ihrer Meinung nach einen kaum wieder gutzumachenden Fehler begangen hatte. Ich legte Lapes eiskalte, kraftlose Hand auf das Bett. »Ich komme gleich wieder«, sagte ich und ging hinaus.

Wo die Liebe wohnt

Kaum hatte ich die Tür der kleinen Heilstation geschlossen, fuhr mich Magdalena an: »Wie konntest du so etwas machen? Das ist unverantwortlich!«

»Du meinst Lape?«, flüsterte ich. Meine glücklich heimgeführte *Schwester* sollte unsere Auseinandersetzung nicht durch die geöffneten Fenster erlauschen können.

»Natürlich meine ich sie!«, erwiderte Magdalena.

»Ich kann dir alles erklären«, sagte ich. Ich war überzeugt, dass Magdalena Amaras, Bisis und mein Handeln verstehen würde, sobald sie die Gründe kannte. Doch zuerst rief ich Josh herbei, der mit Zuna und Baina Fangen spielte. Ich trug den Kindern auf, Bisi zu holen, damit sie Lape Gesellschaft leistete.

Magdalena straffte den Rücken. Aus ihrem Gesicht sprach solch ein Unverständnis, dass mich fröstelte. Wenn sie so in ihrer ganzen Autorität vor mir stand, fühlte ich mich meiner 18 Jahre älteren Schwester immer unterlegen. Sie wirkte in solchen seltenen Momenten wie meine Mutter. Zu keinem Zeitpunkt hatte ich mich gegen deren Willen aufgelehnt. »Ich habe versucht zu helfen, Choga Regina. Deine kindische Aktion macht das alles zunichte.«

»Lass uns zur Bougainvillea gehen. Da haben wir Ruhe«, bat ich und humpelte los. Dummerweise hatte ich meinen Stock im Heilhaus zurückgelassen und wollte ihn nicht gerade jetzt noch holen. Mit dem kurzen Spaziergang an meinen Lieblingsplatz verband ich die Hoffnung, dass meine deutsche Schwester sich etwas beruhigen würde. Doch ich irrte mich.

»Eine Todkranke hierher zu schleppen! Was soll das? Ihr tut ihr damit keinen Gefallen«, ereiferte sich Magdalena.

Die Fahrt nach Jos, die Konfrontation mit den vielen dem Tod nahen Aidskranken, das Gespräch mit dem Arzt und Lapes Rücktransport hatten ohnehin an meinen Kräften gezerrt. Nun auch noch dafür meiner erbosten Schwester Rede und Antwort stehen zu müssen, ging an die Grenzen meiner Belastbarkeit. Ich hörte Magdalenas Vorwürfen schweigend zu und mühte mich, mein selbst gesetztes Ziel unter den Sträuchern zu erreichen. »Wir haben es nur gut gemeint«, brachte ich hervor.

»Mit wem denn? Mit euch selbst? Wollt ihr beweisen, dass ihr mehr zustande bringt als studierte Ärzte?«, schimpfte Magdalena.

Endlich konnte ich mich unter die Büsche setzen. »Nein, es war alles ganz anders. Sie war nicht mehr in dem Zimmer, das du kanntest. Sie lag in einem Gang und war unversorgt. Wir haben nur menschlich gehandelt. Nicht so sehr als Heilerinnen.«

Magdalena verschlug es für einen Augenblick die Sprache. »Unversorgt?«, wiederholte sie verblüfft. Dann richtete sie sich mit dem Kampfesmut einer gesunden Frau auf. »Hast du mit Dr. Rashid gesprochen?« Ich nickte. »Und? Hat er sie nicht sofort verlegt?«

»Darüber habe ich gar nicht nachgedacht«, gab ich kleinlaut zu. »Sie tat mir nur so Leid, weißt du. Ich habe mich da selbst liegen sehen. Und mir einen Engel ersehnt, der mich aus dieser Hölle befreit.«

»Was für eine Hölle?«, fragte sie.

Ich beschrieb die Situation wohl so anschaulich, dass

Magdalenas Empörung nur weiter wuchs. »Dieses Nigeria!«, rief sie aus. »Bevor ich hierher gekommen bin, habe ich über dein Land alles gelesen, was ich irgendwie in die Finger bekommen konnte. Ich wusste von der Korruption und dem Chaos, das hier herrscht. Mit Sicherheit haben sie Lapes bezahlten Platz verschachert.« Sie sah mich ernst an. »Ich hatte mir auch alle Informationen über dieses spezielle Krankenhaus besorgt. Darum habe ich, als es bei Lape so weit war, gezielt nach dem Chefarzt gefragt. Ich hatte ein langes Gespräch mit ihm und gewann den Eindruck, dass Lape bei ihm in guten Händen ist. Natürlich gab ich ihm viel Geld. Aber das war nicht das Problem. Sondern ich wollte ...« Meine deutsche Schwester verstummte plötzlich. Sie blickte auf einen imaginären Punkt im Nirgendwo. »Choga, ich wollte vorbereitet sein für den Fall der Fälle.«

»Wie meinst du das?«

Magdalena stöhnte auf. »Du hast nun mal Aids. Wir wissen beide nicht, wie es dir irgendwann mal geht. Ich wollte sicher sein, dass du dann gut versorgt wirst. Deshalb musste ich wissen, ob diese Klinik auch wirklich so gut ist wie ihr Ruf.« Sie sank in sich zusammen. »Offensichtlich ist sie es nicht.«

»Es belastet mich zwar, zu wissen, dass du Lape genau genommen meinetwegen dorthin gebracht hast. Aber ich bin irgendwie erleichtert über deine Offenheit. Darum sage ich dir jetzt auch etwas ganz ehrlich. Denn du sollst wissen, warum ich tatsächlich wieder hier bin.«

Es war ein total unwirklicher Augenblick ewiger Schönheit. Diese friedliche Stille, die uns umgab, die Schmetterlinge und Bienen, die uns umtanzten. Das entfernte Kinderlachen. Doch unter dieser Oberfläche lauerte die Erinnerung an das Grauen im Krankenhaus von Jos und an die erlöschenden Augen Lapes. Mit diesen

Bildern im Kopf sagte ich: »Ich will nicht hier sterben, Magdalena.«

Sie starrte mich entsetzt an. »Choga, was redest du da? So habe ich das doch nicht gemeint, wenn ich sage, dass ich vorbereitet sein wollte!«

Gleich neben uns befanden sich die Gräber von Efe und Jo. Mama Bisi hatte wie jeden Morgen eine neue, dicke rote Kerze davor gestellt und entzündet. Das heiße Wachs schwamm, der breite Rand war nach innen geknickt. Ein leichter Windzug drückte die Flamme beständig in eine Richtung. Dadurch war die Kerze auf dieser Seite stärker heruntergebrannt. Das Wachs lief beständig heraus, bildete am Fuß eine breite erstarrte Lache. Wenn der schwache, gleichmäßige Luftzug anhielt, würde der Flamme irgendwann die Nahrung entzogen werden. Sie würde verlöschen. Also drehte ich die Kerze, damit der Wind ihr noch etwas Zeit ließ. Nun driftete die Flamme gegen die andere Seite. Ich beobachtete, wie der dicke Rand noch mehr nach innen knickte. Das flüssige Wachs stieg kurzzeitig an und überschwemmte den Docht. Mit einer winzigen Rauchfahne erlosch die Kerze.

Ich nahm sie aus der leichten Erdvertiefung, in die Bisi sie gestellt hatte, goss das Wachs aus und richtete den Docht wieder auf. Hätte ich ein Streichholz gehabt, so hätte ich sie wieder angezündet. Ich betrachtete die rote Kerze, die sich in meiner Hand warm und weich anfühlte. Die Stelle, an der das Wachs ausgelaufen war, glich einer breiten, dick verkrusteten Narbe.

»Wie diese Kerze bin ich dem beständig wehenden Wind ausgeliefert, dem ich nichts entgegenzusetzen habe«, wandte ich mich nun wieder an Magdalena. »Darum will ich mich in den Regenwald zurückziehen. Gewiss wird mich auch dort immer wieder ein Wind erwischen. Aber vielleicht flackert mein Licht etwas länger. Das ist die Hoffnung, die mich aufrecht hält.«

Meine Schwester sah mich mit einem Ausdruck ungläubiger Fassungslosigkeit an. »Das ist deine Hoffnung? Du Arme! Das habe ich nicht gewusst. Du beobachtest deinen eigenen langsamen Verfall. Als ob dein Leben ein Stundenglas wäre. Du bist doch viel zu jung, um ans Sterben zu denken.« Sie nahm ihre Brille ab und rieb sich die Augen.

»Ich denke nicht ans Sterben, sondern ans Leben. Sieh doch die Kerze an«, meinte ich. »Sie weiß nicht, dass sie verlöscht. Sie brennt bis zuletzt.«

Magdalena richtete sich auf, als ob sie sich nicht unterkriegen lassen wollte, und meinte: »Warum der Regenwald? *Hier* sind doch die Menschen, die dich lieben!«

Es fiel mir so schwer, zu sagen, dass es weniger jene waren, die mich liebten, als jene, für die ich die Farm aufgebaut hatte, denen ich nicht zur Last fallen wollte. So weit wollte ich es nicht kommen lassen. Nachdem ich Magdalena meine Gefühle offenbart hatte, sagte sie: »Du hast doch den Tee! Hilft der denn gar nicht mehr?«

»Doch, er hat mir einige Jahre geschenkt. Aber ich hätte damit nicht aufhören dürfen, als das Heilhaus zerstört wurde.« Ich blickte auf die erloschene Kerze in meinen Händen und das ausgelaufene Wachs. »Das war eben einfach mein Schicksal, das mich damals ereilt hat. Bis zu diesem Tag war ich wirklich überzeugt gewesen, dass ich den Tod überlisten kann. Aber das geht nicht. Und das habe ich eingesehen.« Ich stellte die Kerze ans Grab und sagte: »Was mir noch an Zeit bleibt, will ich mit Josh genießen. Ohne Verantwortung für Kranke, denen ich ohnehin nicht helfen kann.« Ich sah meine Schwester an. Sie wirkte traurig. »Du bist Joshs und meinetwegen nach Afrika gekommen. Du hast alles aufgegeben. Das muss für dich eine schreckliche Nachricht sein. Ich kann nur hoffen, dass du verstehst, warum ich mich so entschieden habe.«

Sie atmete tief durch, stand auf und fuhr sich mit beiden Händen durch das ergraute Haar. Dann ließ sie den Blick über die aus Trümmern wieder erstandene Farm schweifen. In vielem von dem, was sie sah, steckte nicht nur ihr Erspartes. Sondern auch ihre Sehnsucht nach einem Leben mit mir und Josh in Afrika.

»Ich liebe diese Farm«, meinte Magdalena. »Mit deinem Land habe ich durchaus Probleme, das kann ich nicht verheimlichen. Lapes Geschichte beweist es. Aber wenn du mich fragen würdest, ob ich dennoch bleiben würde, muss ich dir jetzt sagen: Ich verlasse diese Farm keinen Tag vor dir. Darauf gebe ich dir mein Wort.«

Ich dachte wieder an jenen Satz unserer Mutter, dass ich stolz auf meine Schwester sein könne. Doch ich empfand mehr als Stolz oder Glück: eine tiefe Liebe, die uns verband. Mochte das Leben uns auch spät zusammengeführt haben – es war der richtige Augenblick gewesen. Wie lange er dauern würde, konnte ich nicht sagen. Es spielte auch nur eine geringe Rolle. Es zählte allein die Tatsache, dass wir uns überhaupt gefunden hatten. Mein Weg war beschwerlich, aber Gott hatte mir Menschen an die Seite gestellt, die mich liebten. Das Gefühl der Dankbarkeit dafür war größer als die Angst vor meiner Zukunft.

Magdalena setzte sich neben mich. »In meiner Jugend gab es einen englischen Schlager. Darin hieß eine Zeile: ›Freiheit ist ein anderes Wort für: Du hast nichts mehr zu verlieren.‹« Sie hob die vertrockneten Blüten der Wunderblume auf und ließ sie durch die Finger wieder zu Boden gleiten. »Weißt du, daran habe ich oft gedacht, bevor ich mich auf den Weg zu dir gemacht habe. Ich ging auf Mitte 40 zu, meine Tochter lebte weit entfernt in den USA, ich war geschieden und ich hatte eine Arbeit, die mir nicht mehr richtig Spaß machte. An eine neue Liebe glaubte ich nicht, weil ich keine neue wollte. Ich war also frei. Dann kam ich hierher und plötzlich war alles anders. Ich hatte euch und das war wie ein Geschenk. Dann fuhrst du weg und ich habe festgehalten an dem, was mir so wertvoll geworden war. Jetzt sagst du mir, dass du mich verlassen wirst. Und ich spüre, dass ich nicht frei bin. Denn ich habe etwas zu verlieren: dich, Choga. Und Josh. Das tut wahnsinnig weh. Mein Herz, das glaubte, frei zu sein, hat sich an euch gebunden.«

In etwa zehn Metern Entfernung erhob sich die Mauer, die meine Gefährtinnen ein Jahr zuvor errichtet hatten, um unsere Farm zu schützen. Sie erschien mir wie ein Sinnbild: Wir zwei Schwestern, die sich ein Leben lang nicht gekannt hatten, hatten eine kleine Oase gefunden. So ähnlich muss es unserer Mutter ergangen sein, die selbst dann nicht den Harem verließ, als Felix einzog, die blieb, als so viele starben. Der Harem war ihr Zuhause; er gab sie nicht frei. Während ich auf die unregelmäßig geformten Steine blickte, überkamen mich Zweifel, ob ich die Kraft hatte, jemals wieder von hier fortzugehen.

Zu Hause ist, wo deine Liebe wohnt – so lautet ein englisches Sprichwort. Ich liebte meine Schwester, Bisi und Ada. Ezira verehrte ich, Tanisha hatte einen Platz in meinem Herzen als Vertraute und Freundin. Mochte Ezira auch Recht haben, was meine Vergangenheit betraf, nämlich meine *Schwestern*, die einstigen Frauen von Felix. Die anderen drei gehörten nicht zu dem abzuschließenden Kapitel meines Lebens. Sie waren jener Teil meiner Gegenwart, den ich liebte. Und in der Tiefe meines Herzens nicht loslassen mochte.

Magdalena und ich standen auf. Ohne ein Wort zu sagen schlossen wir uns in die Arme. »Bist du denn sicher, dass es bei dir schon so schlimm ist? Bleibt dir wirklich so wenig Zeit?«, fragte Magdalena.

»Das liegt in Gottes Hand«, erwiderte ich.

Meine Schwester blickte mich aufmerksam an. »Warum sind deine Augen so entzündet? Hast du mit Amara schon darüber gesprochen?«

»Ja«, sagte ich und erinnerte mich auch an Dr. Rashids Worte, »dagegen muss Amara etwas tun. Ich hatte eigentlich gehofft, es würde von allein weggehen.« Gemächlich liefen wir zum Hof zurück. Ich lenkte meine Schritte zum Heilhaus und Magdalena ging ins Farmhaus.

Ich ließ mir von Amara gründlich die Augen untersuchen. Sie stellte eine eitrige Entzündung fest. »Ich werde eine Tinktur und eine Augenspülung für dich zusammenstellen«, sagte sie.

In ihrem kleinen Reich sah es vertraut chaotisch aus. Der relativ kleine Raum war voller Zutaten, aus denen sie nicht nur unseren Tee, sondern alle möglichen anderen Arzneien zubereitete. Von der Decke hingen gebündelte Pflanzen zum Trocknen und auf der kleinen Feuerstelle kochte ein Tee für Lape. »Du kannst ihn ihr jetzt geben«, meinte unsere Heilerin und begann bereits damit, etwas gegen meine Augenentzündung anzurühren. Ich beobachtete sie und spürte, wie es mich in den Fingern juckte, ihr zu helfen. Doch ich unterdrückte diesen Impuls schweren Herzens.

»Kranke dürfen nicht heilen«, sagte ich mehr zu mir selbst als zu meiner Mentorin.

»Aber helfen dürfen sie«, erwiderte Amara mit einem leichten Augenzwinkern.

Ich goss einen Becher voll Tee und trug ihn ins Heilhaus nebenan. Bisi hatte sich eine Schlafmatte geholt und lag neben Lape auf dem Boden. Sie summte gerade ein Wiegenlied. Ob Lape es hörte, war nicht zu erkennen; die geschwächte Patientin rührte sich nicht. Erst als ich mich auf den Bettrand setzte, schlug sie die Augen auf.

»Trink einen Tee. Der gibt dir Kraft«, sagte ich und flößte ihn ihr Löffel um Löffel ein. Sie war fast zu schwach, um den Mund zu öffnen. Aber sie gab sich dennoch Mühe, mitzumachen.

»Ich werde Amara helfen. Für eine ist das viel Arbeit«, sagte Bisi und ging nach nebenan. Wenig später betrat Magdalena das Heilhaus. Durch die Verbindungstür hörte ich sie und Amara miteinander sprechen, verstand aber nicht, worum es ging. Kurz darauf bestieg meine Schwester den neben dem Tor abgestellten Pick-up und fuhr vom Hof. Nachdem es mir gelungen war, mehr als die Hälfte des Tees in Lapes Mund zu manövrieren, erkundigte ich mich nebenan im Heilhaus, wohin Magdalena gefahren sei.

Bisi, die unseren Tee fertig stellte, antwortete: »Nach Jeba. Sie will mit Rose reden. Denn sie befürchtet große Probleme, wenn diese Streithenne erfährt, dass wir Lape geholt haben.«

»Ach, Rose soll sich nicht so haben«, meinte ich leichthin. »Weder sie noch die Kinder werden Lape je zu Gesicht bekommen. Schule und Station trennt immerhin eine Mauer.«

»Hoffen wir, dass Rose es ebenso sieht«, erwiderte Bisi. In ihrer Stimme schwangen erhebliche Zweifel.

»Du glaubst das nicht?«

»Auf jeden Fall hat Magdalena Recht, wenn sie mit Rose vorher sprechen will. Wir können uns keinen neuen Streit leisten. Wir sind auf das Wohlwollen der Kooperative angewiesen.« Mama Bisi lächelte. »Auf die deutsche Lehrerin wird Rose schon hören, wenn die sie beruhigt.«

»Dennoch war es richtig, Lape zu befreien, meine liebe Bisi. Wenn Rose uns Steine in den Weg legt, werden wir sie eben beiseite räumen. Dies ist euer Zuhause. Nicht das von Rose. Ihr dürft euch nicht vorschreiben lassen, wer hier noch leben darf und wer nicht!«, wetterte Amara.

Meine kleine Lieblingsmama blickte unsicher zu ihr. »Ja, ja, ich weiß!«, stöhnte sie. Dann sagte sie zu mir: »Lape darf auch nachts nicht allein sein. Abidem, Jumoke, Yetunde, Chinne und Charity sollten sich damit abwechseln, bei ihr zu schlafen. Könntest du eine von ihnen bitten, heute den Anfang zu machen?«

Ich ging unverzüglich los, und Amara rief mir nach, dass sie mir später meine Augentinktur verabreichen würde.

Auf den Verandastufen saßen Charity und Chinne. Sie legten sich gerade Zöpfchen und ich richtete ihnen Bisis Vorschlag aus. Charity blickte zu mir auf, während sie sich von ihrer *Schwester* schön machen ließ. »Jetzt bist du doch zurück. Warum bleibst du nicht bei Lape? Du hast früher auch im Heilhaus geschlafen, wenn Patientinnen krank waren.« In ihrer Stimme glaubte ich einen lauernden Unterton zu hören.

»Es geht doch nur darum, dass jemand Lape Gesellschaft leistet«, erwiderte ich ruhig. Aber ein bisschen ärgerte ich mich auch. »Warum sollen nur Amara, Bisi und ich für unsere Gefährtin da sein? Lape war bislang doch auch deine Freundin.«

»Ja, schon«, maulte Charity. »Aber wir verstehen nichts davon, wie wir ihr helfen müssen.«

Ich lehnte mich gegen einen der Verandapfosten und fühlte mich plötzlich sehr müde. Wieso empfand Charity es nicht als Selbstverständlichkeit, sich um ihre Freundin zu kümmern? Warum musste darüber erst diskutiert werden? Ich sah den beiden jungen Frauen zu, die mich kaum mehr beachteten. Jetzt tauschten sie die Plätze und Chinne ließ sich von Charity frisieren. Schlagartig wurde mir klar, dass für sie der Tod noch nicht in greifbare Nähe gerückt war. Sie konnten sich nicht vorstellen, selbst einmal so krank zu sein wie Lape. »War eine von euch heute schon bei Lape?«, fragte ich.

Charity und Chinne gaben ein undefinierbares Brummen von sich.

»Kommt«, sagte ich, »wir gehen jetzt mal rüber zu ihr.«

»Ach nein, Choga, jetzt nicht«, erwiderte Charity und umwickelte eines von Chinnes Zöpfchen mit buntem Garn.

Ich spürte, wie in mir eine heiße Welle der Wut aufstieg. »Möchtest du eigentlich, dass ich mir die Haare machen lasse, wenn du im Sterben liegst?«, brauste ich auf und packte Charitys Hand.

Sie schüttelte mich ab. »Du bist Heilerin. Das ist etwas anderes!«

»Du bist ihre Freundin. Empfindest du denn gar kein Mitleid?«, entfuhr es mir.

Endlich sagte Chinne auch mal etwas. »Ist ja gut, Choga.« Sie stand auf und ging zum Heilhaus.

Charity sah mich verblüfft an. »Was ist mit dir denn passiert? Sonst hast du dich doch um alle gekümmert. Jetzt bist du richtig komisch geworden.« Dann folgte sie Chinne, die sie an der Tür der Heilstation erwartete. Allein traute sie sich wohl nicht hinein. Ich ging den beiden nach. Sie standen wenig später recht ungelenk neben Lape und blickten auf sie hinunter. Aber keine von beiden sagte ein Wort. Mama Bisi trat durch die Verbindungstür zum Heilhaus zu uns. Mit einem Blick erfasste sie die Spannung, die im Zimmer lag. Es war offenkundig, dass Charity und Chinne von Lapes Anblick schockiert waren. In ihrer mütterlichen Art ermunterte Bisi die beiden, sich zu Lape zu setzen und mir ihr zu sprechen.

Ich zog mich unauffällig zurück und bewunderte Bisis Klugheit. Ihrer Idee war es zu verdanken, dass meine *Schwestern* zu lernen begannen, was jede Heilerin früh erfahren muss: Sterben ist ein Teil des Lebens. Es tut weh, das einsehen zu müssen. Aber es bleibt niemandem erspart.

Doch ich bedachte nicht, dass wir damit mancher von uns viel zu viel Tapferkeit abverlangten ...

Die Hand an unserer Kehle

Noch am gleichen Abend verabreichte Amara mir in meinem Zimmer erstmals eine Tinktur, die sie eigens für mich zubereitet hatte. Sie hatte sich für eine ölige Substanz entschieden, die mich für eine Weile kaum noch etwas erkennen ließ. Sobald es nachließ, untersuchte ich meine Augen vor dem Spiegel. Rote Äderchen durchzogen sie, sie brannten wie Feuer und die Tränensäcke waren geschwollen. Für einen Moment überlegte ich, ob ich noch mal zu Amara ins Heilhaus hinübergehen sollte. Aber als Heilerin hatte ich mit so vielen Kranken zu tun gehabt und ihre Ungeduld zu spüren bekommen; Naturmedizin wirkt nun mal sehr langsam. Obwohl es gerade erst dunkel geworden war, entschied ich mich deshalb dafür, lieber früh schlafen zu gehen.

Kaum lag ich im Bett, als ich draußen Amaras Pickup vorfahren hörte: Magdalena war von ihrem Besuch bei Rose in Jeba zurück. Wenig später klopfte es; nur meine deutsche Umgangsformen liebende Schwester tat das. Alle anderen platzten nach afrikanischer Sitte einfach ins Zimmer, wenn ihnen etwas auf dem Herzen brannte.

»Komm rein, Magdalena!«, rief ich.

Ich entzündete eine Kerze, die so schwaches Licht spendete, dass es mich nicht in den Augen schmerzte. Meine Schwester setzte sich zu mir aufs Bett. Sie fuhr sich nervös durch das Haar. »Ich wusste nicht, dass du schon schläfst«, entschuldigte sie sich. »Ich bin so aufgewühlt, dass ich mit dir einfach sprechen muss«, sagte sie. »Wir haben wirklich ein Problem mit Rose!«

»Bisi erzählte mir, dass du versuchen wolltest, ihr unser Vorgehen mit Lape in Ruhe zu erklären«, erwiderte ich. »Sie war einigermaßen zuversichtlich, dass Rose auf dich hören würde.«

Meine Schwester ballte die Fäuste. »Choga, ich sitze in einer ziemlichen Zwickmühle!« Ihre innere Unruhe ließ sie nun im Zimmer auf und ab gehen. »Du hast mir vorhin erklärt, warum ihr Lape geholt habt. Ich verstehe, dass du nicht anders handeln konntest. Nur – Rose durfte ich das nicht so sagen.«

»Wie hast du es denn gesagt?«, fragte ich.

»Dass wir sie aus dem Krankenhaus holen mussten, weil sie dort nicht richtig versorgt wurde. Und dass du jetzt wieder hier bist, um dich um Lape zu kümmern. Von Lape gehe aber keine Ansteckungsgefahr aus, weil sie die Heilstation ohnehin nicht mehr verlässt.« Magdalena lehnte sich mit verschränkten Armen gegen die Tür. »Was hätte ich sonst sagen sollen? Ich fand, das sei eine vernünftige Argumentation.«

»Aber Rose hat das nicht gereicht?«

»Nein, leider nicht. Ich glaube, bei ihr kommen zwei Dinge zusammen. Zum einen die Angst vor Ansteckung.« Sie hob abwehrend die Hände. »Ich weiß, was du sagen willst: Das ist völliger Unsinn. Aber jemandem wie Rose kannst du nicht mit Vernunft kommen. Was glaubst du, Choga, was gesunde Menschen über diese Farm denken mögen, auf der immerzu junge Leute sterben?«, fragte Magdalena. »Die Leute haben Angst vor dem Tod. Sie wissen, dass sie ihm nicht entkommen können. Also meiden sie alle, die sie mit dem Tod in Verbindung bringen. Jetzt ist Lape aber hier. Und sie wird sterben. So furchtbar das auch ist, so wahr ist es dennoch.«

»Und zum anderen?«, fragte ich gefasst.

Magdalena suchte meine Nähe und setzte sich wieder auf mein Bett. »Es tut mir Leid, dir das sagen zu müssen, Schwesterchen: Aber Rose hasst dich. Sie glaubt, dass du ihre Kinder verhexen willst.«

»Was?« Ich musste lachen. Das war ja nur noch albern! »Ich habe ihre Kinder niemals angerührt! Nicht mal angesehen. Es sind deine Schülerinnen. Was gehen sie mich an?«

»Das weiß ich doch!« Magdalena griff nach meiner Hand und hielt sie fest. »Sieh mal, Schwesterchen, du bist Afrikanerin. Und ich bin Deutsche. Jetzt sitze ich hier und habe die unerfreuliche Aufgabe, dir klar zu machen, wie eine Landsmännin von dir denkt. Obwohl ich es selbst nicht begreife. Ich kann nur wiederholen, was sie gesagt hat: Du hättest einen bösen Blick und wolltest das Schlimme, das dir geschehen ist, an andere weitergeben. Darum hättest du Lape geholt.« Sie schüttelte traurig den Kopf. »Ach, sie hat noch eine Menge anderes Zeugs geredet, das ich dir lieber erspare.«

Ich lehnte mich zurück und schloss die brennenden Augen, um nachzudenken. Dass der Glaube an Hexerei und schwarze Magie in meinem Land sehr lebendig war, wusste ich durchaus. Obwohl die Menschen in die Kirchen oder Moscheen gingen. In Bibel und Koran fanden sie wohl nicht die Antwort auf Aids. Die angeblich überzeugte Christin Rose hätte sie dort gewiss gefunden. Es war allerdings bequemer, eine Hexe verantwortlich zu machen, als in der Bibel zu lesen. Ausgerechnet mich, die an meinem Elend die geringste Schuld traf, bedachte sie mit dieser Rolle! Das war unfair, und ich hatte keine Chance, mich zu wehren.

»Wie soll es weitergehen?«, meinte ich niedergeschlagen. »Du wirst Rose doch etwas vorgeschlagen haben?«

Meine Schwester stand erneut auf; ihre innere Zerrissenheit war körperlich spürbar. »Ich möchte dir nicht wehtun. Das weißt du. Wir sind auf die Kooperative angewiesen, in der Rose so großen Einfluss hat. Wenn wir unsere Produkte nicht verkaufen können, wovon sollen wir leben? Eine Farm ohne Abnehmer hat ein richtiges Problem! Rose hat sozusagen die Hand an unserer Kehle. Ich habe ihr gesagt, dass du den Kindern nicht nahe kommst. So ist es ja auch. Du sagst selbst, dass du die Mädchen noch nicht mal angeschaut hast.«

Es war hart, zu hören, dass ich mich in gewisser Weise auf meiner eigenen Farm verstecken musste. Trotzdem regte ich mich nicht auf, sondern sagte ganz ruhig, was ich aus all dem folgerte: »Wenn Rose in mir eine böse Hexe sieht, die unschuldigen Kindern etwas zuleide tut, kann sie genauso gut in ein paar Tagen verlangen, dass ich völlig zu verschwinden habe.« Es war einfach unglaublich, wie sich die Dinge entwickelt hatten. Ich störte auf meiner eigenen Farm! Es war nur gut, dass ich ohnehin nicht für immer bleiben wollte. Aber doch zumindest so lange, wie Lape noch lebte ...

Magdalena massierte sich die Schläfen, als bereite ihr das Nachdenken Kopfschmerzen. Es tat mir richtig weh, sie zwischen zwei Stühlen sitzen zu sehen – der Verantwortung für die Farm und ihrer Liebe zu mir. Langsam kam sie zurück an mein Bett. »Der Kompromiss mit Rose ist dir gegenüber unmenschlich. Also lass uns über eine Alternative sprechen: Dr. Rashid hat dich gewiss auf deinen Heiltee angesprochen, oder?«

»Doch«, sagte ich und erkannte noch nicht ganz den Zusammenhang.

»Warum verkaufst du ihm nicht den Tee?«

»Würde er denn dafür bezahlen?«, fragte ich zurück.

»Natürlich! Jedoch bin ich noch nicht so weit gegangen, darüber mit ihm zu sprechen.« Sie atmete tief durch. »Also, ich erzähle mal von Anfang an: Ich kam mit Lape an. Aber da war Dr. Rashid noch nicht dabei, sondern irgendein anderer Arzt. Ich verlangte gezielt nach Rashid, weil ich wusste, dass er der Chefarzt ist. Ich bin eine Weiße. Das ist ein Vorteil, den ich in diesem Moment nutzte. Rashid kam und wir sprachen über Lapes Vorgeschichte. Wie lange sie schon krank sei; und ich erzählte in diesem Zusammenhang, dass sie hier bei euch diesen Naturtee bekommen hatte. Er wurde hellhörig, als ich ihm erzählte, dass du und Amara ihn herstellen und er schon vielen HIV-Patienten seit Jahren hilft.«

»Wunderte er sich denn nicht, dass du ihm Lape dennoch brachtest?«

»Nein. Im Gegenteil. Ihn hat wohl überzeugt, dass ich nicht behauptet habe, der Tee könnte Aidskranke wieder gesund machen. Ich hatte mich schon in Deutschland darüber informiert, dass in Nigeria falsche Heiler ihre eigentlich wirkungslosen Präparate so anpriesen. Außerdem erzählte ich ihm, dass du im Gegensatz zu diesen Leuten umsonst behandelst.« Sie lächelte. »Über deine Wohltätigkeit hatte ich mich ja so aufgeregt, als wir uns letztes Jahr nach meiner Ankunft hier darüber unterhielten.«

Ich war verwirrt. »Es stimmt, Amara und ich geben den Tee umsonst ab. Aber wie wollen wir ihn dann Dr. Rashid verkaufen?«

»Du müsstest in diesem Punkt über deinen Schatten springen, um den Unterhalt deiner *Schwestern* zu sichern«, erwiderte sie rundheraus.

Nun saß ich zwischen zwei Stühlen! Der eine war die Verantwortung für meine Schwestern, denen ich mit meiner Anwesenheit eine Last auferlegte. Der andere war die Treue zu meinen Grundsätzen. Heilen gegen Geld lehnte ich ab, weil die Natur mir ihre Gaben schenkte. Sie kamen somit von Mutter Erde. Verwandelte ich sie in Geld, entweihte ich sie. Und riskierte somit, dass Mutter Erde mir ihre Unterstützung entzog. Nur ein einziges Mal hatte ich gegen diese eiserne Regel verstoßen: als Tanishas Bruder mir Geld zukommen ließ, weil ich seiner Frau empfängnisfördernde Mittel verabreicht hatte. Ich brachte Mutter Erde zwar sofort ein Dankesopfer und betete für das Ungeborene. Aber ich wurde kurz darauf so krank, dass ich seitdem nicht mehr als Heilerin arbeiten konnte.

Ich erklärte Magdalena diesen Zusammenhang und sie hörte aufmerksam zu.

»Das heißt, dein Glaube und deine Heilfähigkeit gehören untrennbar zusammen«, resümierte meine deutsche Schwester. »Ich verlange somit etwas Unmögliches, wenn ich sage, dass du über deinen Schatten springen sollst. Du müsstest dazu eigentlich deine Überzeugung verraten.«

»Es geht nicht um eine Überzeugung, Magdalena. Mutter Erde ist meine Göttin, die ich verehre, weil sie meine oberste Schutzpatronin ist.«

»Kannst du ihr denn nicht irgendwie verständlich machen, dass es im Sinne unzähliger kranker Menschen wäre, wenn du dein Wissen an Dr. Rashid weitergibst?«, fragte sie. In ihrem Blick lag ein Flehen. Nur zu gern hätte ich ihrem Wunsch entsprochen.

»Natürlich ginge das«, sagte ich, »aber nur wenn Rashid sich seinerseits verpflichtet, nach Amaras und meinen Prinzipien zu handeln. Er dürfte also auch kein Geld verlangen, wenn er Patienten mit unserem Tee behandelt. Meinst du, er lässt sich darauf ein?«, fragte ich. Ich bezweifelte es stark. Immerhin arbeitete er in einer teuren Klinik, die davon lebte, dass Menschen für die Behandlungen Geld bezahlten.

Magdalena erhob sich. »Wenn alle so selbstlos denken würden, sähe unsere Welt wohl anders aus, Schwesterchen.« Ihr tiefes Seufzen drückte die Vergeblichkeit dieser Hoffnung aus. »Wie du können nur Menschen handeln, die einen tiefen Glauben haben. Verstehen werden dich nicht viele, wenn du so sprichst. Ich tue es, weil du meine Schwester bist und ich dich liebe.«

»Ich bin nicht selbstlos«, widersprach ich, »Heilige sind das. Ich bin nur dankbar für das, was die Natur mir schenkt. Mache ich Geld daraus, gibt es Streit. Weil die Leute sich nun mal grundsätzlich wegen Geld in die Haare geraten.«

»Oder wegen ihres Glaubens«, stöhnte Magdalena. »Damit wären wir wieder bei Rose und ihrem Hexen-Quatsch!«

Ich rang mich zu einem Vorschlag durch: »Ich mache mich unsichtbar, solange die Dorfmädchen bei uns sind. Dann sehen wir mal weiter, ob Rose das reicht. Das fällt mir nicht so schwer. Ich werde ohnehin viel bei Lape sein.«

Meine Schwester küsste mich auf die Stirn. »Du bist – ach, ich weiß nicht … Ich habe dich einfach lieb und bin unglaublich froh, dich kennen gelernt zu haben. Ich lasse dich jetzt schlafen.« Sie ging zur Tür, blieb stehen und drehte sich noch einmal um. »Ich habe immer darüber nachgedacht, warum du so anders bist. Ich glaube, ich kenne jetzt die Antwort: Für dich zählt das Wohl anderer mehr als dein eigenes.« Sie griff nach dem Türknauf und sagte mehr zu sich selbst: »Aber warum musst dann ausgerechnet du so krank werden? Wo liegt da der Sinn? Ich verstehe diese Welt nicht.« Ein letztes Mal wandte sie sich mir zu. »Gute Nacht, Schwesterchen.«

In den nächsten Tagen, die auf dieses Gespräch folgten, ging ich stets morgens nach dem Frühstück ins Heilhaus und hielt mich dort bis zum Einbruch der Dunkelheit auf. Lape schlief viel. Ich wendete sie zwischendurch gemeinsam mit Amara oder richtete sie etwas auf, damit sie keine Lungenentzündung entwickelte. Trotz all unserer Mühe wussten wir, dass wir Lape nicht heilen, sondern nur ihr Leiden erträglicher machen konnten. Damit sie spürte, dass diese Welt ihr auch Liebe gegeben hatte, wenn sie gehen musste. Nicht nur Gleichgültigkeit.

Während ich zu Lapes Krankenschwester wurde, war ich gleichzeitig Amaras Patientin. Unsere Heilerin probierte verschiedene Augenspülungen und Tropfen aus und legte mir sogar stundenweise Umschläge aus geriebener Rinde und Blätterextrakt auf. Allerdings wurde meine Entzündung kaum besser. Ich zwang mich zur Geduld. Und fühlte mich dennoch niedergeschlagen. Mein Rückzug ins Heilhaus kam mir ein wenig vor wie eine Gefangenschaft, obwohl ich mich selbst dazu entschieden hatte. Wenn Lape nicht gewesen wäre, die ich nicht im Stich lassen wollte, wäre ich wohl bereits zu Ezira aufgebrochen. Doch so zwang ich mich, auszuhalten, und hoffte, dass meine Augen sich in der Zwischenzeit erholten.

Um mich abzulenken, lauschte ich den Stimmen der Kinder, die durch die dünne Wand zwischen Heilhaus und Schule gut zu hören waren. Magdalenas Unterricht machte den Kleinen offenbar Spaß. Am meisten freute ich mich, wenn Joshs Stimme erklang. Er beteiligte sich rege am Unterricht, und ich grübelte, wie ich ihn bei Ezira zur Schule schicken konnte. Wenn er nicht morgens und abends jeweils eine Stunde bis ins Dorf gehen wollte, müsste er wohl bei Buchi unterkommen. Magdalena wollte ich nicht bitten, uns in den Regenwald zu begleiten. Eziras Welt und ihre passten einfach nicht zusammen. Immer wenn ich über dieses Thema nachdachte, verschlechterte sich meine Laune noch mehr. Denn jede Lösung, die ich erwog, würde jemandem wehtun.

Am sechsten Tag begann der Kreislauf der Nachtwachen von vorn: Charity war wieder an der Reihe. Sie betrat das Krankenzimmer, als ich auf einer Matte am Boden neben Lape lag, einen Kräuterumschlag auf den Augen.

»Na, Heilerin«, meinte sie, und ihr eiskalter Tonfall ließ mich frösteln, »du scheinst ja selbst deine beste Patientin geworden zu sein.«

»Meine Augen werden nicht besser«, gestand ich, denn es gab keinen Grund, daraus ein Geheimnis zu machen. Ich nahm den Umschlag von den Augen und richtete mich auf, konnte die Besucherin jedoch zunächst nur schemenhaft erkennen – wie einen bunten, großen Farbklecks. Sie, Chinne, Yetunde, Jumoke und Abidem kleideten sich in weite Tücher, doch Charity wählte immer besonders leuchtende Farben. Wie den anderen einstigen Frauen von Felix war auch ihr nicht anzusehen, dass sie das Virus in sich trug. Wer sie und die anderen nicht kannte, wäre nicht auf die Idee gekommen, dass sie HIV-positiv waren.

»Als du bei deiner Lehrerin im Regenwald warst, habe ich von meiner Tante einen Brief bekommen«, sagte Charity und lehnte sich gegen den Türrahmen. Sie wirkte, als wollte sie gleich wieder gehen. »Sie schrieb mir, dass sie wieder geheiratet hat. Heute habe ich sie angerufen und sie gefragt, ob ich bei ihr leben kann. Sie ist einverstanden!«

Während Charitys letzte Worte einem Jubelschrei glichen, erschrak ich. »Du willst fort?«, fragte ich überrascht. »Wann denn?«

»Morgen«, gab sie zurück.

»Weiß denn schon jemand davon?«, erkundigte ich mich erstaunt. Schließlich musste das mit allen abgesprochen werden.

»Ja, ich habe es eben Bisi gesagt.«

»Eben erst? Und morgen willst du uns nach zwei Jahren einfach so verlassen? Ist das nicht ein wenig plötzlich?«, fragte ich mit aufsteigender Verärgerung. »Und deine Kinder? Als Mutter hast du ihnen gegenüber eine Verantwortung. Sie brauchen regelmäßig Medizin. Hast du das bedacht?«

»Meine Tante wird sich auch um meine Töchter kümmern. Zuna und Baina geht es im Moment ja ganz gut!«

»Das kann sich schnell ändern, wenn sie den Tee nicht mehr bekommen. Charity, du bringst sie in große Gefahr! Auch du musst sicher sein, dass deine Behandlung fortgesetzt wird.«

»Ach, der Mann meiner Tante hat sehr viel Geld. Er wird für uns sorgen. Dort sind wir sicher. Was man von der Farm wohl nicht mehr sagen kann, wenn die Heilerin selbst Aids hat.«

Charitys schonungslose Offenheit, die mich völlig unvorbereitet traf, überforderte mich. Wir standen direkt neben der vor sich hin dämmernden Lape, deretwegen ich zurückgekehrt war. Und Charity wollte genau in dem Augenblick abreisen, wo die Tage ihrer Freundin gezählt waren. Das überstieg mein Verständnis vollkommen. Am liebsten hätte ich Charity aus dem Raum gezerrt, um zu verhindern, dass die sterbenskranke Lape unser Gespräch mit anhörte.

Während meine Gefühle Verrat schrien, redete Charity ungerührt weiter: »Übrigens nehme ich Chinne mit. Sie kennt meine Tante und wird sich bei ihr wohl fühlen.«

Ich spürte eine heiße Welle in mir aufsteigen, die mich kaum noch vernünftig denken ließ. »Charity, du benimmst dich unverantwortlich. Wir sind damals gemeinsam hierher gegangen, um uns gegenseitig zu helfen. Das war ein Versprechen! Du kannst nicht einfach gehen, ohne dich mit uns auszusprechen. Ich erwarte von dir, dass du wenigstens so lange bleibst, bis wir uns alle beraten haben. Das bist du uns schuldig!«

Doch Charity fertigte mich mit einer schnippischen Antwort ab: »Wir können ja morgen früh noch mal kurz reden. Aber jetzt muss ich packen.« Sie zog die Tür von außen zu. Ich stand verdutzt da und wusste zunächst nicht, was ich tun sollte. Ihr Verhalten war mir unerklärlich. Ging es um Lape? Ertrug Charity es nicht, die Freundin sterben zu sehen? Oder wollte sie meinetwegen weg? Ich warf einen raschen Blick auf unsere Patientin, stellte fest, dass sie unverändert ruhte, und eilte hinaus.

Hinter dem Schleier der Tränen

Charity pumpte gerade Wasser aus dem Brunnen, um sich einen Krug aufs Zimmer mitzunehmen. »Warum läufst du davon?«, fragte ich, bemüht, meine Enttäuschung zu verbergen. Ich wollte ihre wahren Beweggründe erfahren.

Meine Gefährtin füllte den Tonkrug randvoll. »Ich halte es hier nicht mehr aus, Choga. Wenn ich noch eine Nacht neben Lape verbringen müsste, würde ich durchdrehen.« Sie wandte mir ihr hübsches Gesicht zu, in dem ich nun statt Trotz eine große Traurigkeit erkannte. »Von allen, die mit uns vom Harem auf die Farm gegangen sind, war Lape eine der Gesündesten. Warum muss ausgerechnet sie als Erste dran glauben? Und wann bin ich dran? Wann Zuna und Baina?« Sie wischte sich mit dem Handrücken über die Augen, als ob sie weinte, was ich wegen der Dunkelheit nicht erkennen konnte. »Das ist wie bei dem Kinderabzählreim: Und raus bist du!«

Wie sie so vor mir stand, zart und zerbrechlich, schämte ich mich fast, dass ich sie wenige Minuten zuvor noch derart hart angegangen war. Charitys brutaler Vergleich mit dem Kinderspiel schockierte mich gleichzeitig. Wenn sie das so sah, dann taugte unsere ganze Idee von einer Oase nichts. Denn natürlich lag es auf der Hand, dass wir unserer Erkrankung nicht ewig die Stirn bieten konnten. Doch das begriff ich erst jetzt, als ich mir endgültig eingestand, dass wir mit dem Tee und aller heilerischen Vorsorge das Fortschreiten unseres Verfalls nicht aufhalten konnten. Unsere Oase konnte nur ein Glück auf Zeit bedeuten; Lapes Tod hatte Charity das bewiesen. Das hielt sie nicht aus.

»Warum hast du nicht eher Bescheid gesagt, was du empfindest?«, fragte ich. »Dann hätten wir das mit den Nachtwachen besser unterlassen. Vielleicht habe ich zu sehr Lapes Wohl beachtet und nicht genug daran gedacht, wie es euch damit geht«, gab ich zu. »Wir werden eine andere Lösung finden, Charity. Deswegen musst du nicht fortlaufen.«

Als sie mich nun direkt ansah, schwammen ihre Augen in Tränen. »Ich will nicht abwarten, bis du an Lapes Stelle liegst, Choga. Da hau ich lieber vorher ab. Meinetwegen halt mich für feige. Aber ich kann nicht anders.«

Ich hätte sagen können, dass ich es nicht so weit kommen lassen und vorher gehen wollte. Doch was hätte das noch geändert? Charity sah in mir die Heilerin. Und die durfte nicht selbst ausfallen. Ich entschloss mich, meine Gefährtin nicht festzuhalten. »Versprich mir, dass ihr alle sofort mit einer anderen Therapie beginnt, Charity«, schärfte ich ihr ein. »Aber du weißt auch, dass das für euch vier eine riesige Summe Geld kosten wird, oder?«

Sie bedachte mich mit einem tränenschweren Lächeln voll zaghafter, vager Hoffnung. »Gott wird seine schützende Hand über uns halten.«

»Umarmen wir uns noch einmal?«, fragte ich, und wir hielten uns fest. Wir konnten uns keinen Halt geben. Wir waren eher wie zwei Schiffbrüchige, die sich noch einmal aneinander klammerten. Dann nahm Charity ihren Krug und wir gingen gemeinsam zum Farmhaus.

Die Lämpchen an der Verandawand zauberten ein heimeliges Licht. Bisi und Ada hatten ihre Stühle dicht aneinander geschoben und steckten die Köpfe zusammen.

Ein Bild voll Gemütlichkeit, das ich liebte. Wenn die beiden alten, seit Jahrzehnten befreundeten Frauen so vertraut miteinander sprachen, fühlte ich mich immer behütet. Sie waren voller Herzlichkeit und Sorge um alle. Schon der Anblick der beiden sagte: Alles wird gut. Ihr Verhältnis zu Mama Funke, der dritten Seniorin, war längst nicht so eng, denn Funke war erst viel später zu uns gestoßen. Sie wurde erst zu Rate gezogen, wenn Bisi und Ada sich vertraulich ausgetauscht hatten.

Meine beiden Lieblingsmamas wandten sich Charity und mir zu. Der Blick in ihre Gesichter verriet mir, dass sie sich Sorgen machten. Charity wünschte rasch Gute Nacht und verschwand mit gesenktem Kopf im Haus. Sobald ich an die aneinander geschobenen Tische trat, um die wir uns gewöhnlich zum Essen versammelten, nahmen mich meine Lieblingsmamas in ihre Mitte.

»Habt ihr euch ausgesprochen?«, fragte Mama Bisi.

»Im Grunde läuft es darauf hinaus, dass Charity nicht zusehen kann, wie wir immer weniger werden. Irgendwie kann ich sie ja auch verstehen«, sagte ich nachdenklich.

Ada stimmte mir zu: »Wir können keine zwingen, hier zu bleiben. Das würde nur zu noch mehr Unruhe führen, als ihre und Chinnes Abreise ohnehin verursachen. So wird nur ein paar Tage lang darüber gesprochen und dann geht alles wieder seinen gewohnten Gang.«

»So meinte ich das eigentlich nicht«, erwiderte ich. »Magdalena sagte kürzlich, dass Außenstehende in unserer Farm einen Ort des Todes sehen. Anscheinend tut das zumindest auch Charity. Als ich vor fünf Monaten Tanisha bitten wollte, meine Nachfolgerin zu werden, da habe ich gezögert. Denn mir wurde bewusst, dass ich viel zu jung bin, um solch ein großes Wort in den Mund zu nehmen. Ich wollte sie nicht erschrecken. Aber wir sind alle nicht in dem Alter, uns damit abzufinden, dass wir nicht mehr viel Zeit haben. Eigentlich ist das grausam.«

Mama Bisi, unsere Älteste, drückte mich sanft an sich. »Ich wusste nicht, dass du so denkst, meine Kleine.«

»Erst Charitys Angst hat mir das klar gemacht. Ich habe als Heilerin schon viele Patienten in den Tod begleitet, so dass für mich der Tod zum Leben gehört. Andere Menschen jedoch sehen im Tod einen Gegner, der ihnen keine Chance lässt.«

»Charity war auch hier auf der Farm, als erst mein Enkel Jo starb und dann meine Tochter Efe«, sagte Bisi. »Da wollte sie nicht gehen, Choga. Warum jetzt?«

»Bei Jo und Efe war das anders. Die beiden gehörten nicht zu uns sieben jungen Frauen, die aus Lagos kamen, um auf der Farm ein neues Leben zu beginnen«, vermutete ich.

»Niemand kann ein neues Leben beginnen, Choga«, widersprach die praktisch denkende Mama Ada. »Es bleibt immer das alte.«

»Das weißt du«, meinte Mama Bisi, »aber Choga spricht von den jungen Frauen. Obwohl – wenn ich sie so reden höre, dann ist unsere Kleine keine von den jungen Frauen mehr. Eher eine von uns, meine liebe Ada.«

An mich gewandt, erwiderte meine Patin: »Ich weiß nicht, wer sich so wie du wegen Rose im Heilhaus eingesperrt hätte.«

»Schließlich bin ich hier, um mich von Lape zu verabschieden«, sagte ich, ohne weiter nachzudenken, ob das missverständlich sein könnte.

Doch als Ada entgegnete: »Das hier ist immerhin dein Zuhause, Choga!«, wurde mir bewusst, dass jetzt der Moment gekommen war, um meinen Lieblingsmamas zu gestehen, das auch ich gehen wollte. Doch es fiel mir unendlich schwer, und ich suchte nach Worten, die sie nicht verletzten.

So umschrieb ich meine Empfindungen wohl etwas zu ungenau. »Ich fühle mich unserer Gemeinschaft nicht mehr gewachsen. Ich sehne mich nach einem Platz, wo ich nur noch Ruhe habe und keine Verantwortung zu tragen brauche.« Eziras Namen traute ich mich nicht in den Mund zu nehmen.

»Demnächst sind hier ja vier Menschen weniger, um die du dich sorgen musst«, erwiderte Ada in ihrer manchmal recht burschikosen Art.

Auch Bisi erahnte nicht, was in mir vorging. Sie wie auch Ada beschäftigten die Sorgen des Alltags. »Wenn Charity und Chinne gehen, fehlen zwei Frauen, die das Farmland bearbeiten«, gab sie zu bedenken. Immerhin handelte es sich um 20 Hektar. »Das können die übrigen drei kaum noch schaffen. Wir überlegen, wie wir die Farm künftig bewirtschaften. Ada meint, wir sollten einfach nur weniger Fläche bearbeiten, weil wir ja weniger verbrauchen. Was meinst du, Choga?«

So verstrich mit dieser Frage die Gelegenheit für mich, über meine Abreise zu sprechen. Ich sah ein, dass der Zeitpunkt ohnehin nicht gerade glücklich war. Was sollte den anderen nun noch Auftrieb geben, wenn ich dasselbe wie Charity und Chinne tat?

»Eine andere Möglichkeit, als uns zu verkleinern, werden wir wohl kaum haben«, pflichtete ich bei.

Wir sprachen noch über Zuna und Baina, um die ich mich sorgte. Doch meine Lieblingsmamas meinten, dass Charity alt genug sei, um zu wissen, was sie tue. Ich dachte an Josh, der künftig ohne seine beiden Freundinnen auskommen musste. Als er kurze Zeit später zu uns kam, beschloss ich, es ihm lieber gleich zu sagen. Mein kleiner Sohn ließ den Kopf hängen, als er die traurige Nachricht hörte.

»Es ist doch so schön hier! Wollen sie denn gar nicht mehr bei uns bleiben?«, fragte mein Kind.

Mama Bisi nahm mir die Antwort ab, und als ich hörte, was sie sagte, merkte ich mir jedes Wort. Denn ich würde sie vielleicht schon wenige Tage später brauchen. »Charity hat Sehnsucht nach ihrer Tante. Sie möchte lieber dort leben. Wenn ihr Herz sie dorthin zieht, müssen wir sie gehen lassen, Josh.«

Mein Sohn, gerade erst von einer weiten Reise heimgekehrt, fragte, ob er seine Spielgefährtinnen dort besuchen dürfe. Da wir keine rechte Antwort wussten, wollten wir ihm zumindest nicht die Hoffnung nehmen.

Am nächsten Morgen frühstückten wir noch einmal alle gemeinsam mit Charity, Chinne und den Kindern am langen Tisch auf der Veranda. Über der Versammlung hing eine eigenartig gedrückte Stimmung. Ich wollte es niemandem zu schwer machen, indem ich nun noch einmal an das Verantwortungsgefühl der beiden einstigen *Schwestern* appellierte, doch zu bleiben. Amara erklärte sich bereit, die vier bis nach Jeba zu fahren. Dort würden sie ein Taxi nehmen, das sie nach Jos brachte, von wo aus sie mit Bussen an ihren Zielort reisen würden, eine Großstadt im Südwesten Nigerias. Abidem, Jumoke und Yetunde hatten ebenso wie Josh, Dayo und Ijaba Tränen in den Augen, als der Pick-up aus dem Hof fuhr. Hope rannte noch ein Stück bellend hinter dem Auto her. Es sah fast so aus, als ob sie die Abfahrt verhindern wollte. Dann gab sie auf und kehrte hechelnd zurück.

Bisi wischte sich Tränen aus dem Gesicht. »Zuna und Baina sind wirklich süße Geschöpfe. Möge Gott sie beschützen.«

Von Charity und Chinne sowie den Mädchen hörte ich nie wieder etwas. Vielleicht war das ein gutes Zeichen und sie wurden bei Charitys Tante glücklich.

Magdalena bemühte sich, so zu tun, als ob alles wie

gewohnt weiterginge, und bat die verbliebenen drei Kinder in die Schule.

Der kleine Klassenraum wirkte gespenstisch leer ohne Roses vier Mädchen, die erst eine Stunde später erwartet wurden. Unsere Kinder waren in der ersten Reihe zusammengerückt, die übrigen Bänke waren leer. Der Anblick machte mir richtig klar, dass Magdalena wohl Recht hatte: Wir brauchten die Gesellschaft anderer Menschen. Zusehen zu müssen, wie wir allmählich weniger wurden, war eine wesentlich erschreckendere Alternative. Vor allem, wenn ich daran dachte, dass Josh schon bald nicht mehr dort wäre ... Ich traute mich kaum, Abidem, Jumoke und Yetunde anzusehen, die mit verschränkten Armen hinter mir standen und ebenso wie ich auf die kläglich geschrumpfte Versammlung blickten.

»Kommt, lasst uns auf die Felder gehen!«, rief Ada und suchte die Schaufeln und Hacken zusammen.

»Ich mache auch mit!« Bisi, die wegen ihres Alters selten auf dem Feld arbeitete, gesellte sich nun zu Ada und den jungen Frauen. Die Energie meiner Lieblingsmamas, mit der sie bewiesen, dass sie sich nicht unterkriegen lassen wollten, steckte meine drei *Schwestern* an. Ich sah ihnen nach, wie sie zum Tor hinausgingen. Sie waren eine Gemeinschaft, zwar kleiner als zuvor, aber sie hielten zusammen.

Die aufgehende Sonne schmerzte in meinen entzündeten Augen. Ich sah zu, dass ich im Heilhaus verschwand. Amara hatte mir bereitgestellt, womit ich Lape versorgen sollte. Ich führte den Tee an Lapes Lippen und sie trank langsam und unter Schmerzen. Danach sank sie erschöpft zurück. Ich wollte nach nebenan gehen, um mir im Heilhaus meine Augentropfen selbst zu verabreichen, bevor ich mich endgültig zu ihr gesellte. Doch Lape hielt mich mit einer sanften Berührung meines Armes zurück.

»Choga«, sagte sie ganz leise, »ich habe gehört, was Charity gestern Abend zu dir gesagt hat.«

Während die Todkranke nach Luft schnappte, erwiderte ich: »Das tut mir Leid. Du hättest das nicht mitbekommen sollen. Aber jetzt sind Charity und Chinne fort.«

»Das ist besser so«, meinte Lape. »Sie waren nicht mehr gern hier.« Ihr matter Blick musterte mich fragend. »Dir geht es immer schlechter?« Ich stimmte schweigend zu. »Warum bist du dann nicht bei Ezira geblieben?«

Am liebsten hätte ich geantwortet: Deinetwegen. Doch das wäre ihr gegenüber unfair gewesen. Und es stimmte eigentlich nicht. Ich durfte nicht Lapes Schicksal als Ausrede missbrauchen. Es war ein Anlass, jedoch kein Grund gewesen. Das verstand ich inzwischen besser als eine Woche zuvor. Der wahre Grund lag mittlerweile über 13 Jahre zurück. Lape hatte ich zu jener Zeit noch nicht gekannt, und ich erzählte ihr jetzt diese Geschichte, die mich für immer geprägt hatte:

Bisis Sohn Jo, der schon ein erwachsener Mann gewesen war, und ich gingen damals jeden Samstag zum Markt in Jeba. Dort verkauften wir Farmprodukte und Schnitzereien. Anfangs konnten wir einen Traktor benutzen. Doch der ging kaputt und wir beluden eine Handkarre. Jo zog, ich schob. Doch mein Hüftleiden verursachte unerträgliche Schmerzen; ich wollte aufgeben. Da hob Jo mich auf die Karre und zog die Last mit mir darauf in die Stadt. Zwei Wochen lang machten wir es so. Dann beobachtete meine Mutter uns. »Jo ist nicht dein Diener«, ermahnte mich Mama Lisa streng. »Ich kann verstehen, dass dir das Laufen Schmerzen bereitet. Dennoch: So geht es nicht.« Ich durfte nicht mehr zum Markt. Meiner Mutter machte ich deshalb keine Vorwürfe. Sondern mir selbst; ich war zu schwach.

»Seitdem habe ich immer versucht, meine Schwäche

nicht zu zeigen«, schloss ich und sah Lape an. »Genau genommen war ich für das Landleben nie geeignet. Aber Mama Lisa hatte mir die Farm nun mal vermacht. Und ihr alle brauchtet ein neues Zuhause.« Ich hatte immer nur auf das reagiert, was das Schicksal mir als Aufgabe gestellt hatte. Auf die Idee, wegzulaufen, war ich nie verfallen. Weil man nie entkommen kann ...

Lape öffnete ihre glasigen Augen weit und sagte mit schwacher Stimme: »Du wolltest die Handkarre ziehen, mit uns allen darauf.«

»Ja, wahrscheinlich«, erwiderte ich.

»Choga«, flüsterte meine *Schwester* dicht an meinem Ohr, »lass die anderen die Karre ziehen. Sonst liegst du bald hier, wo ich jetzt bin.« Im Zwischenreich zwischen Leben und Tod erkannte sie plötzlich alles ganz klar.

An diesem Abend kam Josh zum ersten Mal leise zu mir ins Bett, als alle schon schliefen. Mein kleiner Sohn konnte überhaupt nicht verstehen, warum seine beiden Freundinnen Zuna und Baina ihn so überraschend verlassen hatten. Plötzlich hatte er ein Zimmer ganz für sich allein.

»Mama, darf ich bei dir schlafen?«

Ich rückte ein Stück zur Seite und er kuschelte sich an mich. Ich musste mir für ihn eine schöne Gutenachtgeschichte ausdenken, die ihn mit der Wirklichkeit aussöhnte.

Es folgten weitere Wochen, die ich nicht zählte. Vielleicht waren es zwei, möglicherweise drei. Amara hatte mir in der Zwischenzeit mitgeteilt, dass ihre Nachfolgerin auch weiterhin ohne sie zurechtkam. Meine Mentorin und ich mühten uns in dieser Zeit, Lapes Leben so angenehm wie möglich zu gestalten. Aber wir sahen genau genommen zu, wie sie immer weniger wurde. Und wir spürten es, wenn wir sie hochnahmen. Wenn meine *Schwes-*

ter stöhnte, sah ich nach ihr. Ich fragte mich nicht, ob es sinnvoll war, was ich tat. Denn heilen konnte ich nicht, nur helfen.

Jeden Morgen blickte ich prüfend in den Spiegel und stellte fest, dass sich meine Augen kaum besserten. Die Entzündung war nun nicht mehr eitrig, aber ich musste mir eingestehen, dass sich mein Gesichtsfeld ganz allmählich veränderte. Alles, was außerhalb des Spiegels lag, wurde immer unschärfer. Ich sprach darüber mit Amara und sie veränderte die Zusammensetzung der Kräuter. Ich übte mich weiterhin in Geduld und hoffte auf Besserung.

Dann gab ich Lape eines Morgens wieder den Schmerz stillenden Tee. Er wurde aus den Knospen des Blutbaums gewonnen, der direkt neben dem Brunnen in unserem Hof wuchs. Lape, die sonst fast immer apathisch war, wirkte sehr unruhig. Sie hielt es nicht im Bett aus, war aber zu schwach, um aufzustehen.

»Weißt du, was einer im Krankenhaus gesagt hat?« Lape sprach so leise, dass ich sie kaum verstehen konnte. Ich kam ihr ganz nah. »Aids ist gar nicht so schlimm. Aids geht vorbei. Das Blöde ist nur, dass man dann mitgehen muss ...« Lape sah mich ernst an. Ihr Mund war dicht an meinem Ohr. »Ich will nicht mehr. Mir reicht's.« Sie kicherte wie ein Kind. »Ich geh ja doch mit!«

Das Sprechen kostete Lape viel Kraft. Schweiß stand auf ihrer Stirn, den ich abtupfte. »Irgendwann gehen wir alle«, sagte ich, »aber ich finde es wichtig, *wie* man geht. Denk an die vielen Menschen im Krankenhaus. Wie sie lagst du dort in einem trostlosen Gang. Hier bist du umgeben von Menschen, die sich um dich kümmern.«

»Ich weiß«, erwiderte Lape mit kraftloser Stimme. »Aber ich habe solche Schmerzen. Jetzt, wo du mir den Tee gegeben hast, ist es besser. Aber sie werden wiederkommen. Nachts liege ich hier und weine.« Ihr Blick flehte um Hilfe, die ich nicht leisten konnte. »Warum muss ich so leiden?«

»Überleg doch mal«, meinte ich, »welche Qualen ein kleiner Mensch auf sich nimmt, wenn er auf diese Welt will. Die ganze Zeit zuvor war da dieses rötliche Licht um ihn herum. Er wollte immer wissen: Woher kommt das? Das muss ich herausfinden. Also strengt er sich an und schiebt sich dem Licht entgegen. Es ist die Hoffnung, die ihn vorantreibt, trotz all der Schmerzen, die dabei entstehen. Wenn er diese unglaubliche Anstrengung nicht aushalten würde, könnte der kleine Mensch das Licht niemals erreichen.«

»Ohne Schmerzen kein Leben. Stimmt doch, oder?« Sie stöhnte. »Warum hat der liebe Gott sich das für uns Menschen ausgedacht?«

»Wenn du keine Schmerzen hättest, könntest du doch auch nicht wissen, wie es ohne sie ist. Aber weil du sie bei der Geburt kennen gelernt hast, weißt du, dass du lebst, wenn du sie hast. Vielleicht muss das Leben auch wieder mit Schmerzen enden. Weil das ein Kreislauf ist. Ein Kreis aus Schmerz.«

Dass meine *Schwester* nachts weinte, wenn ihre Wache schlief, bestätigte mein Bild von ihr. Ich hatte sie immer für einen Menschen gehalten, der nicht gern im Mittelpunkt stand. Sie war für jeden da, aber was wirklich in ihr vorging, wusste zumindest ich nicht. »Oder nimm deine Tränen«, sagte ich deshalb. »Sie lassen dich alles verschwommen sehen. Hinter dem Schleier deiner Tränen, da steckst du. Du allein. Die Tränen, die der Schmerz verursacht, erinnern dich an dein eigenes Ich. An jenen Menschen, den die anderen nie zu sehen bekommen.«

»Sie wollen keine Schwachen und Kranken sehen, Choga. Sonst wären Charity und Chinne doch nicht gegangen. Dich rechnen sie doch auch dazu.« Sie atmete schwer und verbarg ihr Gesicht, indem sie sich abwandte.

Schweigend saß ich neben ihr, ratlos und überfordert. Mein Trost war durchschaut; er reichte nur für den Augenblick, aber nicht für die Ewigkeit. Weder mit Taten noch mit Worten ließ sich der Tod aufhalten. Ich erhob mich, um mir meine Augentropfen zu verabreichen. Doch Lape hielt mich noch einmal zurück: »Choga, wenn es so weit ist – darf ich dann zu Efe und den anderen unter die Bougainvillea?«

Ich streichelte sie und versprach, ihr diesen letzten Wunsch zu erfüllen.

Roses Zorn

Es war noch nicht wieder richtig hell, als mich eine innere Unruhe weckte. Ich stand im Hof, die aufgehende Sonne kam mir vor wie ein blasser roter Ball ohne Kraft. Hätte ich nicht die Tageszeit gewusst, hätte ich auch annehmen können, sie gehe gerade unter. Aus dem neben dem Brunnen bereitstehenden Eimer schöpfte ich etwas Wasser und strich es mir über das Gesicht. Ich sog die klare Morgenluft ein, wie ich es gewöhnlich tat, und betrat die Heilstation. Es war darin dunkel und stickig. Ich öffnete die Fensterläden und das Licht fiel herein. In dieser Nacht hatte Bisi Wache gehalten. Zusammengekauert lag sie auf der Matte neben Lape.

Lape starrte mich aus weit geöffneten Augen an. Ich setzte mich auf ihr Bett und fühlte ihren schwachen Puls. »Choga ...« Sie flüsterte. »Jetzt habe ich keine Schmerzen. Hilfst du mir aufzustehen?«

»Wohin möchtest du denn?«, fragte ich.

»Noch einmal den Sonnenaufgang sehen. Bringst du mich zur Veranda?«

»Natürlich«, sagte ich. Doch allein konnte ich es nicht schaffen. Und Bisi schlief ganz fest; ich weckte sie sanft. Wir nahmen Lape in unsere Mitte und führten sie hinaus. Es war nicht zu spät; die Sonne glühte in mildem Morgenrot. Wir gingen langsam hinüber und setzten uns in die Korbstühle.

»Ich hole dir eine Decke, damit du dich nicht verkühlst«, sagte Mama Bisi. Denn meine *Schwester* war schweißnass von der ungewohnten Anstrengung.

»Lass nur, ich kann mich nicht mehr erkälten.« Lapes Lächeln schien seine Zuversicht aus einer anderen Dimension zu beziehen.

In Bisis Augen stand das blanke Entsetzen. Erst jetzt begriff sie, dass Lapes Todesstunde gekommen war. Sie schickte mir einen flehenden Blick, aber ich konnte meiner Lieblingsmama nicht helfen.

»Es ist so schön hier«, sagte Lape.

»Wollen wir hier bleiben?«, fragte ich. Denn ich hatte eine spontane Idee: Wenn der Tod zum Leben gehört, dann darf eine Sterbende bei den Lebenden bleiben, wenn sie es will.

Lape nickte. »Ich möchte alle noch einmal sehen.« Sie lehnte sich gegen Bisis mütterliche Schulter. Meine Lieblingsmama und ich hielten je eine ihrer Hände. Schließlich stieß Amara zu uns, die schon im Kräutergarten Pflanzen geerntet hatte. Sie erfasste die Situation sofort und wickelte die Sterbende in die rote Decke meiner Mutter. Nach und nach erwachten Abidem, Jumoke und Yetunde, Ada, Funke und Magdalena sowie unsere drei Kinder. Josh und die Mädchen nahmen ihr Frühstück wie immer ein. Für sie war es ein Morgen wie so viele andere auch. Dass sich Lape währenddessen auf ihre letzte Reise begab, bekamen sie nicht mit. Unsere Gefährtin saß einfach nur lächelnd und sehr schweigsam in unserer Mitte. Sie wirkte sehr glücklich.

Nur eines war an diesem Morgen anders. Als das Frühstück vorbei war und die Kinder zur Schule aufbrechen sollten, sagte Mama Bisi: »Jetzt werden wir noch gemeinsam beten.« In ihrem laut gesprochenen Gebet dankte Bisi Gott, dass er uns zusammengeführt und beschützt hatte. Sie bat auch um die Kraft, dass wir nicht an dem verzweifelten, was auf uns zukam. Es war ein schönes Gebet, ohne Bibel und Psalmen, geboren aus tiefer Ehrfurcht vor der Schöpfung.

Ich sah Lape an. Im Gesicht unserer *Schwester* lag noch immer ein leichtes Lächeln. Irgendwann, ganz leise, war sie gegangen. Josh und die beiden Mädchen brachen mit Magdalena zur Schule auf. Als sie fort waren, stand Amara auf und schloss Lapes Augen.

Mama Bisi weinte. »Sie hatte einen wunderschönen Tod.« Die *Mamas* und meine *Schwestern* küssten Lape ein letztes Mal und trugen sie ins Heilzimmer, wo wir sie aufs Bett legten und sorgsam zudeckten.

Wir beerdigten unsere *Schwester* kurz nach Sonnenaufgang des folgenden Tages. Ada, Abidem und Jumoke hatten für Lape ein Grab neben den Bougainvilleabüschen ausgehoben. Es war noch sehr früh und die friedvolle Stimmung des jungen Tages glich jener, in der Lape von uns gegangen war. Wir versammelten uns alle um das frische Grab, warfen Blumen und Erde hinein. Magdalena las aus der Bibel vor, denn Lape war wie alle meine Gefährtinnen eine gläubige Christin gewesen. Josh stand dicht neben mir. Lapes Freundinnen, die so viele Jahre mehr als ich mit ihr verbracht hatten, weinten. Ich hatte keine Tränen; ihr Leiden, das ich wochenlang erlebt hatte, hatte mich mehr berührt. In ihrem Tod sah ich eine Erlösung. Nach meiner Überzeugung, in der das Leben aus einem ewigen Kreislauf aus Geburt, Tod und Wiedergeburt besteht, trat unsere Gefährtin nun in einen neuen Kreis ein.

Meine Hand umfasste Joshs. Er fragte nicht, warum schon wieder jemand aus unserer Mitte starb. Der Tod gehörte zu seinem Leben; er war für ihn selbstverständlich. Ich hielt Josh, als ob ich mich an ihm festhalten müsste, um nicht in den dunklen Abgrund zu meinen Füßen zu fallen.

An diesem Morgen erst, als ich mich angekleidet hatte, waren mir auf meinen Oberarmen zwei dunkle Flecken aufgefallen. Ich hatte sie bislang nicht einmal Amara gezeigt. Ich wusste auch so, was sie bedeuteten. Mein Körper hatte die für Aids typische Variante des Hautkrebses entwickelt. Die Entzündung meiner Augen gehörte ebenso in dieses Krankheitsbild. Amara hatte sie mit der mittlerweile dritten Kräutertinktur, Spülungen und den nach wie vor angewandten Wickeln in den Griff bekommen. Doch meine Sehkraft hatte sich nicht erholt, sie wurde ganz allmählich sogar schlechter. Mein medizinisches Wissen reichte zwar nicht aus, um den Zusammenhang erklären zu können, doch ich wusste, dass es ihn gab. Ich war nicht einmal richtig überrascht; ich hatte unbewusst geahnt, dass mein Augenleiden nicht nur eine Infektion war.

Während ich auf den Sarg blickte, den Ada und Abidem aus schlichten Brettern gezimmert hatten, gestand ich mir ein, dass meine Zeit noch rascher ablief, als ich befürchtet hatte. Lape hatte keine Kinder hinterlassen; sie hatte ein Baby verloren, lange bevor wir uns begegnet waren. Joshs zarte Hand war wie das Leben, das ich nicht loslassen wollte. Aber nicht festhalten konnte; es lag nicht in meiner Macht. Nur eins blieb mir noch: Joshs Wohl jemandem anzuvertrauen, den ich liebte und den er ebenso in sein Herz schloss. Ich betete um genügend Zeit, damit mein Vorhaben Wirklichkeit werden konnte.

Mein Blick glitt über die Gräber, klammerte sich an den Blüten der Wunderblume fest. Nein, ich war noch nicht bereit für den Tod. Wenn auch meine Kraft schwand, meine Bereitschaft, wenigstens um Joshs Wohlergehen zu kämpfen, war größer als je zuvor. Und ich fühlte mich jetzt frei dazu, da Lape gegangen war. Meine Aufgabe auf der Farm war in diesem Moment beendet.

Noch am selben Tag wollte ich meine Gefährtinnen über unsere bevorstehende Abreise unterrichten. Ich sehnte mich nach Ezira und Tanisha. Bei ihnen konnte ich schwach sein, wenn ich schwach war. Auf meiner eigenen Farm hatte ich das Gefühl, selbst meine Schwäche als Stärke tarnen zu müssen. Ich warf das niemandem vor. Sondern es war, wie Lape so hellsichtig gesagt hatte: Ich wollte nicht zulassen, dass jemand anders meinen Karren zog. Bei Tanisha, meiner Freundin und Vertrauten, gesund und jung, hätte ich dieses Gefühl nicht: Wir stützten uns gegenseitig. Wenn ich nicht mehr wäre, würde sie gemeinsam mit Ezira mein Kind beschützen.

So dachte und hoffte ich, während ich noch mitten im Leben und dennoch meiner eigenen Endlichkeit gegenüberstand. Ich drückte Josh an mich und sah zu ihm hinunter. Unsere Blicke trafen sich und er lächelte ganz leicht. Tonlos formten meine Lippen: Ich habe dich lieb. Er erwiderte ebenso stumm und beredt gleichzeitig: Ich dich auch.

Wie bei jeder unserer Totenfeiern ließen wir uns noch am Grab nieder und sprachen über die Verstorbene. So blieb sie jeder von uns als lebendiger Mensch in Erinnerung und Josh durfte ebenso wie alle anderen Kinder Fragen stellen. Nachdem wir gemeinsam *Glory Glory Hallelujah* gesungen hatten, brachen wir zum Farmhaus auf. Wir waren fest entschlossen, diesen Tag wie jeden anderen zu gestalten, mit Farmarbeit und Schule. Das Leben musste normal weitergehen; daran hielten wir uns fest.

Bevor wir den Hof erreichten, fasste ich mir ein Herz. »Wartet einen Augenblick!«, rief ich den Vorausgehenden nach. »Ich muss euch noch etwas sagen.«

Die anderen hatten unsere kleine Schule fast erreicht; sie blieben stehen und sahen mich erwartungsvoll an.

»Mir müssen uns heute Abend auf der Veranda treffen«, sagte ich. »Und reden.«

Magdalena und Amara, die ich bislang als Einzige in meine Pläne eingeweiht hatte, nickten stumm. Bisi, Ada, Abidem, Jumoke und Yetunde waren überrascht. »Was ist denn los?«, fragte Abidem.

»Sobald die Kinder im Bett sind, erkläre ich es euch«, meinte ich ausweichend.

In diesem Augenblick kamen Rose, ihre mir namentlich unbekannte Verwandte und die vier Kinder durch das Hoftor. Es musste also kurz vor zehn sein, denn der Unterrichtsbeginn stand unmittelbar bevor. »Holt eure Schulsachen!«, rief Magdalena. Josh, Dayo und Ijaba rannten zum Farmhaus. Ada, Bisi, Abidem, Jumoke und Yetunde machten sich auf den Weg zur Veranda, vor der Schaufel und Hacken lehnten. Funke ging zum Kochhaus. Da ich für gewöhnlich um diese Uhrzeit bereits bei Lape gewesen war, hatte ich nie bemerken können, dass niemand Roses Nähe suchte. Es sah fast so aus, als ob lediglich meine deutsche Schwester mit der streitbaren Frau aus Jeba in Kontakt kam.

Ich wollte mit Amara zum Heilhaus. Plötzlich gellte Roses schrille Stimme über den ganzen Hof: »Miss Magdalena! Sie haben gesagt, die Hexe hält sich von unseren Kindern fern. Jetzt ist sie aber trotzdem da!«

Unwillkürlich blieb ich stehen und drehte mich um. Schon an mein Versteckspiel gewohnt, wollte ich mich rechtfertigen.

Doch Magdalena kam mir zuvor. »Meine Schwester ist keine Hexe«, antwortete sie ruhig. »Sie hat niemals jemandem etwas getan.« Dann wandte sie sich an Roses Schützlinge. »Kommt jetzt, Mädchen!« Sie hoffte ganz offensichtlich, die Wogen glätten zu können, indem sie einfach mit dem Unterricht begann.

»Choga, ärgere dich nicht. Die Frau ist es nicht wert«,

sagte Amara und verschwand schon im Heilhaus. Ich gab ihr Recht und wollte folgen. Bis zum Eingang des Heilhauses gleich neben der Schultür waren es nur zwei Schritte. Mindestens drei Wochen hatte ich dort verbracht und war offensichtlich nicht bemerkt worden.

Wie eine Rasende tauchte Rose neben mir auf und versperrte mir den Weg. »Du wagst es, dich direkt neben unseren Kindern aufzuhalten?«, schrie sie.

»Sie sind dort und ich bin hier. Wir berühren und sehen uns nicht. Du hast keinen Grund, dich aufzuregen«, meinte ich. Roses wutverzerrtes Gesicht war dicht vor meinem. Ich hatte plötzlich Angst, dass sie mir etwas tun würde, und wich einen halben Schritt zurück. Dabei stolperte ich unglücklich über meinen eigenen Stock. Um das Gleichgewicht zu halten, riss ich ihn hoch.

»Du willst mich schlagen, Hexe!«, brüllte Rose wie von Sinnen. Sie griff nach meinem Stock. Ich verlor die Balance und taumelte nach vorn, direkt auf die Rasende zu. »Komm mir nicht zu nah!«, schrie sie und stieß mich mit solch einer Wucht von sich, dass ich zu Boden stürzte.

Unser Streit hatte inzwischen die Aufmerksamkeit aller auf sich gezogen. Amara, die am nächsten gewesen war, eilte aus dem Heilhaus und half mir, mich aufzurichten. Magdalena, die schon mit den vier Dorfmädchen in der Schule gewesen war, stürzte ebenfalls herbei, in ihrem Gefolge die Schülerinnen. Auch Ada, Bisi, Abidem, Jumoke und Yetunde rannten auf uns zu. Mit ihren Hacken und Schaufeln in der Hand mochten sie auf Rose bedrohlich wirken. Dann kamen auch noch Josh, Dayo und Ijaba aus dem Farmhaus, die Schulsachen unter dem Arm. Alle redeten aufgeregt durcheinander.

»Sie wollte mich schlagen!«, wiederholte Rose und deutete auf mich.

Da ich unglücklich auf die Hüfte gestürzt war, konnte ich mich kaum aufrecht halten. Ich selbst war viel zu überrascht, um wirklich zu begreifen, was überhaupt vor sich ging. Mich wunderte vor allem, wie sich die so friedliche Stimmung nach Lapes Beerdigung in so kurzer Zeit ins Gegenteil verwandeln konnte.

Amara hakte mich bereits unter. »Du lügst!«, herrschte meine Mentorin die ihr im Grunde fremde Frau an.

Jetzt rastete Rose völlig aus. »Ich?«, brüllte sie mit sich überschlagender Stimme. »Ich bin eine ehrbare Frau. Aber diese Hexe hat schon meine Mutter auf dem Gewissen!«

Ada, groß und hager, bahnte sich einen Weg durch die Kinder. In ihrem Gefolge befand sich Bisi, wie Ada eine Hacke in der Hand. »Ich habe dir damals schon gesagt, dass unsere Gefährtin Ngozi nicht durch unsere Schuld gestorben ist!«, rief Bisi. »Warum musst du immer wieder mit diesem Unsinn anfangen? Der Tod deiner Mutter schmerzt uns ebenso wie dich. Schweig jetzt!«

Ada hatte bemerkt, dass meine Kleidung auf Hüfthöhe verschmutzt war. »Was ist passiert, Choga?«

»Ist schon gut. Es war nichts«, wiegelte ich ab, um nicht noch Öl ins Feuer zu gießen.

»Nichts ist gut!«, kreischte Rose. »Du hast dich nicht an die Verabredung gehalten, die ich mit Miss Magdalena habe.«

»Heute ist unsere Freundin Lape gestorben. Wir haben sie gerade beerdigt. Vielleicht hätten wir dich dazu um Erlaubnis fragen müssen«, gab ich zurück. Kaum dass ich gesprochen hatte, ärgerte ich mich bereits über meine Worte. Schweigen wäre klüger gewesen.

Roses Antwort bewies, dass meine Einsicht zu spät kam. »Schon wieder ist eine von euch an der Seuche gestorben?« Sie griff die Hand des erstbesten ihrer Mädchen und zog das verdutzte Kind mit sich fort. »Wir gehen. Kommt!« Über die Schulter rief sie uns noch nach: »Mit euch wollen wir nichts mehr zu tun haben!«

Unsere Kinder, meine *Schwestern* und Mamas wichen verblüfft zurück. Schweigend starrten sie dem Auszug der sechs Menschen nach. Keinen von ihnen sah ich jemals wieder.

»Die wären wir los!«, schmetterte Adas kräftige Stimme in die allgemeine Betretenheit hinein. »Wir werden auch ohne diese Streithenne zurechtkommen. Oder was meint ihr?«

Manche murmelten Zustimmung. Doch es war offenkundig, dass alle wussten: Jetzt kamen harte Zeiten auf unsere Gemeinschaft zu. Ohne die Unterstützung von Roses Kooperative konnten wir unsere Farmprodukte nicht mehr auf dem Markt verkaufen. Langsam wandten sich die einzelnen Gruppen wieder ihren ursprünglich angestrebten Beschäftigungen zu.

Josh, der vor Schreck erstarrt zugesehen hatte, löste sich von den anderen Kindern und umarmte mich. »Mama, hast du dir wehgetan?« Rührend wischte er den Staub von meinen Tüchern.

»Es tut nicht so weh«, beschwichtigte ich ihn und drückte ihn an mich. »Du kannst ruhig in die Schule gehen.« Er reckte den Hals, um mir noch einen Kuss zu geben, und sauste durch die nahe Schultür in den Klassenraum.

Mit dem Rücken zur Wand

Amara und ich zogen uns ins Heilhaus zurück, wo wir eigentlich Lapes durchgeschwitzte Matratze hatten auswechseln wollen. Doch dazu fehlte mir die Kraft. Ich lehnte mich gegen die Wand, mir war schwindlig, der Druck hinter meinen Augen kaum auszuhalten. Sie schienen mir aus dem Kopf springen zu wollen. Ich musste Amara bitten, mich in mein Zimmer zu begleiten, damit ich mich hinlegen konnte.

»Das war zu viel für dich«, stellte meine mütterliche Freundin fest, nachdem sie mich ins Bett gebracht hatte. »Solchem Streit bist du nicht mehr gewachsen.« Meine Mentorin setzte sich zu mir. Sie blickte mich ernst an. »Warum willst du, dass sich heute Abend alle versammeln?«

Ich seufzte. Amaras Frage erinnerte mich an ein Vorhaben, das nun unmöglich erschien. »Ich hatte ihnen sagen wollen, dass Josh und ich zu Ezira gehen. Das kann ich ja nun kaum noch. Meine *Schwestern* stehen doch nach diesem Streit vor dem Nichts. Die Zusammenarbeit mit der Kooperative können sie vergessen.«

»Das ist auch so, wenn du bleibst.«

»Ich werde dennoch zu Ezira und Tanisha gehen. Nur nicht jetzt. Erst müssen wir sehen, wie es weitergeht«, gab ich traurig zu bedenken. »Ich merke es doch an mir selbst: Für einen Aidspatienten ist es enorm wichtig, dass das Leben in ruhigen Bahnen verläuft.«

»Zumindest in einen Punkt musst du dir keine Sorgen

machen«, meinte meine mütterliche Freundin. »Meine Nachfolgerin hat mich heute angerufen. Wir haben uns fröhlich unterhalten. In Lagos läuft alles bestens. Ich glaube, sie vermissen mich nicht.« Sie lachte unbekümmert.

Kurz nachdem Amara hinausgegangen war, fiel ich in tiefen, erlösenden Schlaf.

Joshs Hände streichelten mein Gesicht und Hopes feuchte Zunge kitzelte meine nackten Füße, als ich erwachte. »Mama, geht es dir nicht gut?«

Erschrocken richtete ich mich auf und blickte zum Fenster. Der Himmel war schon fast dunkel. Ich hatte den ganzen Tag verschlafen! Ich nahm meinen Sohn in die Arme und wir hielten uns fest. »Ich war erschöpft, Schatz«, sagte ich. »Aber jetzt stehe ich wieder auf.«

Während ich mich auf meinen Stock stützte, um mich aufzurichten, fragte mein Sohn: »Warum war Rose so böse mit dir? Hast du sie wirklich geschlagen, Mama? Warum hat sie gesagt, dass du eine Hexe bist? Was heißt das, wieder ist jemand an der Seuche gestorben?«

Die Wucht seiner Fragen warf mich schier um! Ich erklärte ihm alles geduldig. Nur die letzte Frage war ein wenig schwieriger. »Eine Seuche«, sagte ich, »ist etwas, woran ganz viele Menschen in sehr kurzer Zeit sterben. Bei uns hat niemand eine Seuche. Lape ist an einer Krankheit gestorben, von der ich dir schon mal erzählt habe: Aids.« Wir saßen nebeneinander auf dem Bett und mein Sohn sah mich aufmerksam an. Ich nahm seine Hände. »Weißt du, mein Schatz, auch ich bin krank. Bei mir ist Aids noch nicht so schlimm. Wenn ich mich schone und alles ganz langsam mache, dann komme ich gut mit allem klar. Vorhin habe ich mich über Rose sehr geärgert und das verträgt mein Körper nicht mehr.«

Er kuschelte sich an mich. »Meine arme Mama, du darfst aber nicht krank sein.«

»Weißt du, Josh, das kann man sich nicht aussuchen. Wer solch eine Krankheit hat, muss versuchen, damit zu leben, und sich daran ausrichten.«

Seine großen Augen sagten, dass er nicht verstand, wovon ich sprach. »Wie macht man das?«

Ich erinnerte ihn an die Zeit bei Ezira, in der es mir viel besser gegangen war. »Damals«, sagte ich, »habe ich mich nur um dich und Tanisha gekümmert. Das war sehr schön. Ich glaube, wir beide waren dort sehr glücklich.«

»Ich vermisse Faraa!«, rief Josh unvermittelt. »Können wir wieder zu ihr, Mama?« Er strahlte übers ganze Gesicht, und ich glaubte, mir würde ein zentnerschwerer Brocken vom Herzen fallen.

»Ja, wenn du willst, dann können wir das tun!« Ich schloss meinen kleinen Jungen in die Arme. Es würde doch noch alles gut werden. Davon war ich in diesem Moment überzeugt. Das flackernde Licht meiner Kerze würde im Regenwald neue Kraft gewinnen. Ich sah uns im Geiste schon in der kleinen Hütte bei Tanisha und Faraa. In einer Welt, in der die Sorgen überschaubar waren. Wir mussten uns nur noch ein wenig gedulden.

Nachdem die kleine Schar unserer Kinder ins Bett gegangen war, versammelten wir Erwachsenen uns auf der Veranda. Ich sah in besorgte Gesichter. Seit zwei Jahren und vier Monaten lebten wir zwar erst zusammen. Doch obwohl uns anfangs nur der Wille, zu überleben, geeint hatte, war daraus inzwischen eine Schicksalsgemeinschaft geworden. Hätte es an diesem Tag nicht den Zwischenfall mit Rose gegeben, so hätte ich jetzt von meiner Abreise gesprochen. Als Bisi mir nun das Wort erteilte, um das ich nach der Beerdigung gebeten hatte, wusste ich nicht recht, was ich sagen sollte.

»Ich wollte mich in Lapes Namen bedanken«, brachte ich schließlich hervor. »Es war toll, wie das mit den Nachtwachen geklappt hat. Doch jetzt müssen wir uns neu orientieren. Mit der Farm.« Es war nur ein hilfloses Gestammel, das ich vorbrachte.

Glücklicherweise sprang Magdalena mir bei und sprach von der Kooperative, und auch Mama Funke meldete sich zu Wort: »Wir müssen das Land verpachten«, sagte sie. »Wir sollten nur den Kräutergarten behalten und ein wenig Land, das wir für den Eigenbedarf bebauen.«

Als meine deutsche Schwester nun sprach, glaubte ich, mein Herz würde für einen Moment aussetzen: »Für so viele Menschen, wie wir jetzt sind, werden die Erträge nicht reichen.« Damit erwähnte sie indirekt, dass unsere Gemeinschaft in dieser Form nicht mehr lange bestehen konnte. Da ich sie in meine Pläne eingeweiht hatte, vermutete ich, dass sie mir wieder einmal zu Hilfe eilen wollte. So wie in Lapes Fall, die sie ins Krankenhaus geschickt hatte. Nun sollten die anderen wohl erkennen, dass unsere kleine Oase keine Zukunft mehr hatte.

Ich sah Abidem, Jumoke und Yetunde an und versuchte in ihren Mienen zu lesen, was sie dachten. Doch sie blieben erstaunlich gefasst. So als ob sie Magdalenas Äußerung gar nicht richtig begriffen hätten.

»Gott wird uns einen Weg weisen, wie es weitergeht«, sagte Abidem. »Wir sind in seiner Hand.«

Bevor noch jemand etwas sagen konnte, begann Abidem, das Vaterunser zu beten, und alle schlossen sich an. Hinter allem, was geschah, erkannten meine *Schwestern* den Willen Gottes. So hatten sie es in der Kirche meines Vaters gelernt. Dass jemand die Karre schob, die sie zogen, war ihnen niemals aufgefallen. Vorwerfen durfte ich ihnen das nicht; es war das Prinzip, nach dem wir lebten. Die Hoffnung, dass es irgendwie weiterging, gehörte ebenso dazu. Sie trieb alle an. Nur wer wie Lape und mittlerweile auch ich nicht mehr blind auf die Hoffnung bauen konnte, der zweifelte.

Nachdem das Gebet beendet war, löste Bisi unser Treffen auf.

»Erst mal werden wir wie gewöhnlich weiterarbeiten«, sagte Ada zum Abschied.

Nachdem sie sich zurückgezogen hatten, blieben Magdalena, Ada, Bisi, Amara und ich am Tisch sitzen. »Haben wir denn überhaupt eine Chance, einen Pächter zu finden?«, fragte ich meine deutsche Schwester.

»Das wird sehr schwer werden«, antwortete sie. »Wenn Rose richtig gegen uns hetzen sollte, wird es fast unmöglich. Dann stehen wir mit dem Rücken zur Wand.« Sie stöhnte auf. »Eine Gemeinschaft kranker Frauen wird nicht gerade freiwillig unterstützt.«

In den nächsten Wochen wurde Magdalenas Befürchtung leider wahr: Sie fand tatsächlich niemanden, der bereit gewesen wäre, unser Land zu pachten. Obwohl sie und Mama Funke mit allen infrage kommenden Farmern gesprochen hatten. Gleichzeitig stand die nächste Ernte an; meine fleißigen *Schwestern* hatten Kartoffeln gepflanzt.

»Auf dem Markt in Jeba hat es keinen Sinn«, sagte Mama Funke. »Wir müssten bis nach Jos fahren.«

Magdalena war dazu bereit. Also wurde Amaras Pickup schwer beladen.

»Eine deutsche Lehrerin als Kartoffelhändlerin«, scherzte meine Schwester. »Hoffentlich haben wir Erfolg.« Am Abend kehrte sie unzufrieden zurück. Die Ladefläche war zwar leer, aber der Erlös entsprach nicht ihren Erwartungen.

»Macht nichts«, sagte Ada. »Die Mädchen haben wenigstens nicht das Gefühl, dass sie völlig vergeblich geschuftet haben.« So nahm meine Schwester noch einige weitere Fahrten in die Großstadt auf sich. Doch die nächste Aussaat beschränkte sich auf wesentlich weniger Felder; der Rest lag brach. Ich selbst verließ den Hof nur noch, um gelegentlich in meinen Kräutergarten zu gehen. Ich hatte immer öfter Kopfschmerzen, und meine Augen waren inzwischen so schlecht geworden, dass ich selbst auf dem Hof die Menschen nur noch am Gang erkannte. Das klappte auch gut, nur bei Abidem und Jumoke hatte ich gelegentlich Schwierigkeiten, sie auseinander zu halten. Denn beide hatten die gleiche Statur. Zufällig wurde Magdalena zweimal nacheinander Zeugin solch einer Verwechslung.

Als wir uns kurz darauf in der Eingangshalle trafen, hielt sie mich an der Hand fest. »Wegen dieser Fahrerei nach Jos habe ich mich zu wenig um dich gekümmert«, sagte sie. »Was ist eigentlich mit deinen Augen? Das müsste doch längst wieder gut sein!« Sie trat dicht vor mich. »Die akute Entzündung ist tatsächlich verschwunden. Trotzdem siehst du nicht gut?«

»Das gehört zu meiner Erkrankung«, meinte ich.

»Wie bitte?« In Magdalenas Stimme lag eine unangenehme Schärfe. »Du akzeptierst das einfach so?« Sie platzte fast vor Empörung. »Da fahre ich fast jeden Tag wegen dieser blöden Kartoffeln nach Jos. Anstatt dich dort endlich den Aidsspezialisten vorzustellen!«

»Es würde nichts nützen, wenn ich sie aufsuchte.«

»Du hast doch längst selbst eingesehen, dass die Naturmedizin nicht ausreicht. Oder etwa nicht?«

»Mutter Natur braucht Zeit, um zu helfen. Ein Baum trägt auch erst nach Jahren Früchte. Diese Geduld muss ich einfach haben.«

»Deine Ansichten in allen Ehren, Choga. Aber Aids kann man nicht mit Geduld behandeln. Ich werde Dr. Rashid aufsuchen. Vielleicht hat er bessere Argumente als ich. Und du wirst wenigstens mit ihm reden. Ist das ein Kompromiss?«

»Du meinst, er soll hierher kommen?«

»Wie ich dich kenne, wirst du ja wohl nicht zu ihm fahren. Dann wird deine deutsche Schwester jetzt die Dinge in die Hand nehmen. So kann es nicht weitergehen«, sagte sie. Entschlossen verließ sie den Raum.

Unser Blutbaum

Wenige Tage später fuhr ein großer Wagen in den Hof, eine lange Antenne auf dem Kofferraumdeckel. Magdalena hatte gerade begonnen, die Kinder zu unterrichten, meine *Schwestern* und die *Mamas* arbeiteten auf den Feldern, und ich half Mama Funke im Kochhaus, das Mittagessen vorzubereiten. Hope sprang bellend an den Türen hoch. Im Wagen saßen zwei Männer. Erst als sie ausstiegen und auf mich zukamen, erkannte ich Dr. Rashid. Ein mir unbekannter Mann begleitete ihn. Trotz der Wärme trugen beide dunkle Anzüge. Ich rief Hope vergeblich zurück.

»Lassen Sie nur, Frau Egbeme. Ich mag Hunde«, sagte Dr. Rashid und reichte mir freundlich lächelnd die Hand. Außerhalb seines sterilen Büros wirkte Dr. Rashid einnehmender, und mir fiel erst jetzt auf, dass er nicht größer war als ich. Als Hope ihn beschnüffelte, tätschelte er freundlich ihren Hals. Seinen Kollegen stellte Rashid als Dr. Nwosu vor. Der Mann war einen halben Kopf kleiner als Dr. Rashid und sein Blick huschte ständig umher. Er wehrte Hopes neugierige Begrüßung ab. Noch etwas unschlüssig, wie ich mich verhalten sollte, standen wir an dem Auto. Magdalena wollte ich nicht rufen; meine Position den Ärzten gegenüber wäre noch schwieriger geworden. Rashid erkundigte sich zunächst höflich nach Lape. Als ich erzählte, dass sie noch viele Wochen in unserer Obhut gelebt hatte, sagte er: »Sie war gewiss sehr glücklich, wieder nach Hause zu dürfen.«

Das klang in meinen Ohren wie blanker Hohn. »Bei uns bekam sie die Aufmerksamkeit, die eine Sterbende verdient«, erwiderte ich spitz.

Der Arzt spürte meine Reserviertheit. »Als mich Ihre Schwester vor kurzem in der Klinik aufsuchte, habe ich mich dafür bereits entschuldigt. Inzwischen haben meine Mitarbeiter überprüft, wer in jenem Bett lag, das Ihrer Freundin zugedacht war. Für diese Frau war nichts bezahlt worden; sie war mit einer inzwischen entlassenen Krankenschwester verwandt. Für sie hat sie Ihre Freundin einfach abgeschoben.« Aus seiner Anzugtasche holte er ein Bündel Geldscheine, das er mir nun hinhielt: »Das gehört Ihnen.«

Zwar verwies ich auf Magdalena, der er diesen Betrag schuldete, doch meine Einstellung zu Rashid änderte sich allmählich. Er hatte bestätigt, was meine Schwester von Anfang an vermutet hatte: Die in Nigeria weit verbreitete Bestechlichkeit hatte wieder einmal alles verdorben. Egal wie ich zu Rashids Heilmethoden stand, er mochte durchaus Gutes im Sinn gehabt haben. Ich entschloss mich, die Männer auf die Veranda zu bitten, wo wir an unseren Tischen Platz nahmen. Hope legte sich hechelnd zu meinen Füßen nieder.

Dr. Rashid wechselte in fehlerfreies Deutsch: »Ich habe in Berlin studiert. Deutschland ist ein schönes Land. Vermissen Sie nicht Ihre Heimat?«

»Ich war noch nie in Deutschland. Nigeria ist meine Heimat«, antwortete ich. Doch ich blieb beim Englischen. Mutters Sprache hatte für mich immer etwas Intimes. Ich benutzte sie lediglich, um mit Magdalena Vertrauliches zu besprechen. Aus Rashids Mund klangen die deutschen Worte irgendwie anbiedernd.

»Sie hatten nie den Wunsch, in das Land Ihrer Mutter zu fahren?«

»Als Kind schon. Aber es hat sich nicht ergeben.« Ich

spürte deutlich, dass ich der gewandten Gesprächsführung des Arztes nicht gewachsen war. »Warum sind Sie gekommen?«, fragte ich. Obwohl ich den Grund ahnte, wollte ich erst mal herausfinden, wie der Arzt ihn benennen würde. Ging es ihm noch um den Tee? Oder hatte Magdalena ihn nur meinetwegen um Hilfe gerufen?

Statt einer direkten Antwort bat Dr. Rashid: »Sehen Sie mich bitte mal an.« Er bewegte seinen Finger seitwärts vor meinen Augen hin und her und forderte mich auf, ihm zu sagen, wann ich den Finger aus dem Blickwinkel verlöre. Der Arzt runzelte die Stirn. »Ihr Gesichtsfeld ist stark eingeschränkt. Das müsste ich natürlich wesentlich genauer untersuchen als mit dieser simplen Methode.« Er blickte mich direkt an. »Haben Sie Flecken auf der Haut, die sie erst vor kurzem entdeckt haben?«

»Ja«, erwiderte ich. »Und ich weiß, was das bedeutet.«

Rashids Kollege beugte sich zu mir vor. »Umso dringender brauchen Sie eine starke antiretrovirale Therapie. Und zwar sehr schnell. Eigentlich sofort!«

»Verstehen Sie, was Dr. Nwosu Ihnen damit sagen will?«, hakte Dr. Rashid nach.

»Ich kenne diesen Begriff nicht«, räumte ich ein. »Aber er bedeutet gewiss nichts anderes, als dass ich ins Krankenhaus müsste.«

»Zumindest zeitweise«, gab Dr. Nwosu zu. »Es gibt verschiedene Aidsviren. Zunächst müsste jener Stamm bestimmt werden, den Sie haben. Entsprechend würden wir eine Kombination verschiedener Präparate wählen, um Sie damit zu behandeln.«

»Und dadurch werde ich gesund?«

»Das kann niemand garantieren«, räumte Dr. Nwosu ein.

»Warum sollte ich mich dann darauf einlassen?«

Dr. Rashid lächelte nachsichtig. »Ich vermute, dass ein Virus, das Sie sich eingefangen haben, durch Ihren ganzen Körper wandert. Dagegen hilft keine Ihrer Heilmethoden. Natürlich haben wir auch nichts, um Aidskranke gesund zu machen. So etwas wurde noch nicht erfunden. Aber wir können Ihr Leben verlängern und vielleicht Ihre Sehkraft erhalten. Wenn Sie sich nicht von jener Medizin helfen lassen, die Sie ablehnen, dann ...« Der Arzt machte eine Pause. »Unter Umständen werden Sie blind, Frau Egbeme.«

Die Deutlichkeit, mit der die Ärzte mich warnten, schockierte mich. Wenn Amara, Buchi oder selbst ich Patientinnen über deren gesundheitliche Probleme berieten, so mussten sie zuvor über ihr Leben und ihre Sorgen sprechen. Denn dort konnte sich der Auslöser einer Erkrankung verbergen. Doch Rashid wusste nichts von mir. Seine forsche Vermutung konnte für mich somit nur die Mahnung sein, über meine Erkrankung eingehender nachzudenken. Doch dazu war jetzt nicht die Gelegenheit.

»Verstehen Sie mich bitte nicht falsch«, meinte ich, »ich bin Ihnen dankbar, dass Sie den weiten Weg von Jos zu uns gemacht haben. Doch ich werde nicht Ihre Patientin. Das hat auch nichts damit zu tun, ob Ihre Methoden gut sind oder nicht. Gott hat für jeden Menschen einen bestimmten Weg vorgesehen. Wenn unser Blut ein Virus trägt, das zum Tod führen soll, so ist das Gottes Wille.«

Dr. Rashid schob seine rutschende goldene Brille hoch. Auf seiner Stirn stand Schweiß. »Was ist mit Ihrem Tee, Frau Egbeme? Greifen Sie damit denn nicht in das ein, was Gott vorgesehen hat?«

»Eben nicht!«, widersprach ich. »Der Tee besteht nur aus natürlichen Mitteln. Die Heilerin erhält sie von Mutter Erde und gibt ihrem Patienten so zurück, was seinem

Körper fehlt. Bei Aids sind es Abwehrkräfte. Mutter Erde ist sozusagen die Mittlerin zwischen den Menschen und Gott. Sie gleicht aus und hilft.« Sie ermöglichte es mir, von Gott etwas Zeit zu borgen. Doch das sagte ich den studierten Männern nicht.

»Ich würde gern eine Probe des Tees mitnehmen«, bat Dr. Rashid.

Ich erwiderte, dass ich mich darüber mit Amara abstimmen müsse, und ging hinüber zum Heilhaus. Meine Mentorin empfing mich voller Ungeduld: »Du hast lange mit diesen Männern gesprochen.« Ich setzte sie ins Bild über unser Gespräch und erklärte ihr Rashids Wunsch nach dem Tee. Untergehakt machten wir uns auf den Weg. Als Amara den großen Wagen der Besucher entdeckte, führte sie uns dorthin. Das Auto stand im Schatten unseres Blutbaumes. Meine die Großstadt gewohnte Freundin deutete auf die Aufschrift an den Autotüren, die ich nicht beachtet hatte.

»Sieh mal«, raunte sie mir zu, »die lassen sich von interessanten Partnern helfen.«

Ich verstand nicht, was sie meinte, und sie deutete unauffällig auf ein Firmenzeichen: »Das ist ein großer Erdölkonzern. Hinter den Doktoren steckt Geld aus Amerika.«

»Ja und?«, fragte ich etwas schwer von Begriff.

Amara drehte mich zu sich um. »Nachdem Rose den Verkauf der Farmprodukte verhindert, brauchen deine Schwestern eine andere Einnahmequelle.«

»Du willst den Ärzten das Rezept verkaufen?« Ich war mehr entsetzt als überrascht, meine Mentorin wie Magdalena reden zu hören.

Sie wog ihren Kopf bedächtig hin und her. »Von Verkaufen kann keine Rede sein. Ich denke da an eine andere Lösung.« Sie zwinkerte mir verschwörerisch zu. »Lass mich mal machen. Vielleicht klappt es.«

Seite an Seite saßen wir kurz darauf Rashid und Nwosu gegenüber. Amara bestimmte den weiteren Verlauf des Gesprächs mit ihrer ersten Frage. »Ihr Interesse an unserem Tee schmeichelt uns. Aber was wollen Sie damit?«

Dr. Rashid antwortete ihr. »Ich will testen, ob er wirkt.«

Amara lachte dröhnend. »Das dauert Jahre!«

»Dann sollten wir schnellstens anfangen«, erwiderte Dr. Nwosu ungerührt. »Vier von 120 Millionen Menschen in Nigeria haben bereits Aids oder sind infiziert.«

»Dafür stehen Ihnen doch Medikamente aus Europa und den USA zur Verfügung«, gab Amara zurück. »Wozu brauchen Sie da noch unseren Tee?«

»Die Zahl der Aidsfälle hat erschreckend zugenommen. In manchen Gegenden Nigerias ist jeder Dritte im erwerbsfähigen Alter betroffen. Das ist für unser Land eine Katastrophe«, sagte Dr. Rashid.

Dr. Nwosu blickte Amara kritisch an. »Sie haben Recht. Wir bekommen aus dem Ausland Medikamente. Selbst wenn Europa und die USA meinen, sie würden uns die Präparate günstig verkaufen, so kann Nigeria sich das dennoch nicht leisten. Darum kam Dr. Rashid auf die Idee, nach Naturmitteln zu suchen.«

»Arbeiten Sie eigentlich beide am gleichen Krankenhaus?«, erkundigte sich Amara.

Dr. Nwosu verneinte. »Ich leite eine Privatklinik in Jos, die im ganzen Land Ableger hat. Dr. Rashid hat sich mehr der Gemeinnützigkeit verschrieben.« Er lächelte gekünstelt. »Aber unsere Probleme sind mehr oder weniger dieselben. Wir kämpfen an einer vorrückenden Front und sind bald umzingelt.«

»Nach den Worten Ihrer Schwester zu urteilen, sind Sie mit Ihrem Tee auf einem guten Weg.« Dr. Rashid sah mich offen an. »Wie lange nehmen Sie ihn schon?«

»Seit sieben Jahren«, sagte ich. »Aber ich musste die Einnahme unterbrechen. Vermutlich wäre ich sonst in einem besseren Zustand.«

»Das ist bei den industriellen Medikamenten nicht anders«, erklärte Dr. Rashid. »Wenn der Patient sie jedoch danach weiterhin nimmt, ist der Körper resistent. Dann hilft meist gar nichts mehr; die Menschen sterben sehr schnell. Welche Erfahrungen haben Sie mit Ihrem Tee in diesem Punkt gemacht?«

Ich war angenehm überrascht, ihn so reden zu hören. Er nahm Amara und mich richtig ernst. »Mein kleiner Sohn Josh musste ebenso aussetzen wie meine anderen Freundinnen. Und es geht allen gut. Genau wie zuvor. Nur ich hatte Pech.«

»Jeder Mensch reagiert anders«, meinte Dr. Rashid. »Aber es gibt noch einen anderen Grund, weshalb wir nach Alternativen zu den industriellen Medikamenten suchen«, fuhr er fort. »Die Tabletten werden unregelmäßig oder gar nicht eingenommen. Manchmal werden sie verkauft, Kinder hielten sie für Bonbons oder sie wurden schlichtweg vergessen. Patienten, die lediglich HIV-positiv waren, bekommen Aids.«

Dr. Nwosu legte seine Anzugjacke ab und Dr. Rashid folgte wenig später seinem Beispiel. »Die falsche Einnahme ist nur *ein* Problem. Das andere sind gefälschte Medikamente, die nur aus Zucker, Mehl und all solche Sachen bestehen. Damit verdienen Verbrecherorganisationen viel Geld.«

»Sie sehen, die Medizin aus dem Ausland hilft uns in Afrika nicht wirklich weiter«, sagte Dr. Rashid. »Afrika muss einen eigenen Weg gehen, um Aids zu bekämpfen. Das ist nicht nur unsere Überzeugung. Vielleicht bringt uns Ihr Tee dabei ein Stück weiter. Wir möchten die Wirkstoffe analysieren lassen und darauf eine eigene Therapie aufbauen. In gewisser Weise also eine Mischung aus Ihrem Vertrauen auf die Kräfte von Mutter Erde und der Medizin der Amerikaner und Europäer.« Der Arzt sprach wie ein Mann, der große Ziele hat. Zwar wollte er aus Naturmitteln chemische Medizin herstellen, doch als er sagte, dass man vier Millionen Patienten nicht dreimal am Tag mit einem aufwändigen Tee versorgen konnte, musste ich ihm zustimmen: Man würde hunderttausende von Heilerinnen brauchen! Wer sollte die ausbilden?

»Lassen Sie uns Ihr Mittel ausprobieren«, drängte Dr. Rashid.

Amara, die Arme vor ihrer schweren Brust gekreuzt, neigte ihren Kopf zur Seite, die Lider halb geschlossen. »Das klingt sehr gut, was Sie sagen. Aber jetzt hören Sie sich mal die Sichtweise einer alten Heilerin an. Sehen Sie den Busch dort drüben, in dessen Schatten Ihr Auto parkt?«, fragte Amara, und die Köpfe der Ärzte folgten ihrem Blick. »Das ist unser Blutbaum. Bereits wenige seiner Knospen senken das Fieber und lindern Schmerzen. Die Blätter, getrocknet und zerstoßen, helfen gegen Depressionen. Aber es dürfen nicht zu viele sein und sie müssen wie die Knospen vor Sonnenaufgang genommen werden. Jeden Morgen gießen wir den Baum ein wenig und reden mit ihm. Wenn wir Knospen brauchen, sprechen wir länger mit ihm. Dieser kleine Baum ist ein Mitglied unserer Gemeinschaft, darum steht er auch so, dass wir oft an ihm vorbeikommen. Wir sind freundlich zu ihm und er hilft uns.«

Der Mann mit der goldenen Brille nickte ernsthaft. »Ich verstehe.« Dann schüttelte er den Kopf und sagte: »Nein, ehrlich gesagt, verstehe ich nicht, was Sie meinen.«

»Als Heilerin muss ich der Natur etwas geben, um im Tausch etwas anderes zurückzubekommen. So wie das Zusammenspiel von Natur und Mensch funktioniert, ist es auch zwischen den Menschen. Mit einem wesentlichen Unterschied: Die Pflanze gibt aus Dankbarkeit. Der Mensch aber weiß nur zu schätzen, wofür er etwas anderes hergeben musste.«

»Sie sprechen von Geld«, erwiderte Dr. Nwosu, hinter dem nach Amaras Meinung die reichen Firmen standen. »Warum sagen Sie das nicht gleich?«

Sein Kollege widersprach: »Nein, das tut sie nicht. Sie spricht vom Prinzip der Dankbarkeit.«

»Junger Mann«, sagte Amara anerkennend, »Sie scheinen mich zu verstehen. Das ist in Ihrer Generation nicht selbstverständlich. Darf ich Sie etwas Privates fragen?«

»Bitte.« Dr. Rashid sah ihr direkt in die Augen.

»Wer hat Ihr Studium bezahlt?«

»Mein Onkel. Er hat in Kaduna einen Schrotthandel.«

»Wann haben Sie ihn zuletzt besucht?«

Dr. Rashid lächelte. »Aha! Jetzt ist alles klar. Sie sind keine Geschäftsfrau. Sie sind der kleine Blutbaum und Sie wollen wissen, ob ich Sie jeden Morgen gießen würde.«

Amara blieb völlig ungerührt. Sie fixierte Dr. Rashid. »Und?«, fragte sie. »Wann waren Sie das letzte Mal bei Ihrem Onkel?« Ich erinnerte mich daran, dass Rashid erwähnt hatte, er habe in Deutschland studiert. Sein Onkel musste demnach sehr viel Geld für seine Ausbildung bezahlt haben.

»Sie haben mich ertappt«, gestand der Arzt. »Zuletzt war ich vor drei Jahren bei ihm. Bin ich nun durch Ihre Prüfung gefallen?«

»Natürlich sind Sie das!«

»Sagen Sie mir, was ich tun soll.«

»Zum einen sollten Sie möglichst bald Ihren Onkel besuchen.« Amaras prüfender Blick taxierte den Arzt. »Zum anderen müssen wir uns darüber unterhalten, wie Sie dafür sorgen können, dass unser Blutbaum nicht verdurstet. Damit meine ich nicht Geld«, sie wandte sich bei diesen Worten an Dr. Nwosu, »sondern Hilfe für diese Farm und ihre Menschen.«

»Wie kann die aussehen?«, fragte Dr. Nwosu.

»So wie das Prinzip des Blutbaums. Aber ich kann Ihnen nicht sagen, was das für Sie bedeutet. Sie selbst kennen Ihre Möglichkeiten am besten«, orakelte Amara.

Der Arzt mit der goldenen Brille erhob sich. »Darf ich mir den Blutbaum mal aus der Nähe ansehen?« Ich begleitete ihn und Dr. Nwosu, während Amara zum Heilhaus ging. Die Sonne war inzwischen weitergewandert und der Blutbaum spendete dem Auto kaum noch Schatten. Dr. Rashid betrachtete den kleinen Baum lange. »Er sieht aus wie ein normaler Busch«, sagte der studierte Herr schließlich nachdenklich.

Amara kehrte zu uns zurück, eine aus Gras geflochtene Tasche in der Hand. Sie war gefüllt mit getrockneten Kräutern, Rindenstücken, Blüten und Wurzeln. »Den fertigen Tee kann ich Ihnen leider nicht mitgeben«, erklärte Amara. »Denn dann kennen Sie die genaue Zusammensetzung.« Sie lächelte anzüglich. »Und unser Blutbaum wäre vergessen.«

Dr. Rashid nahm die Tasche mit einer leichten Verbeugung entgegen. Dr. Nwosu reichte uns die Hand und stieg, von der bellenden Hope umtanzt, ins Auto. In diesem Moment trat Magdalena aus der Schultür. Dr. Rashid begrüßte sie. Da er sein Sakko über dem Arm trug, suchte er das Geld für Lapes Behandlung umständlich hervor und überreichte es ihr. »Ich wiederhole es gern noch einmal: Es tut mir Leid, was geschehen ist.«

»Ich hoffe, Ihr Besuch bei uns war erfolgreich«, meinte Magdalena bedeutungsschwer und sah dabei mich an.

»Das wird sich erst noch herausstellen«, erwiderte der Arzt. Wahrscheinlich weil meine Schwester neben mir stand, sagte Dr. Rashid nun an mich gewandt: »Ich habe vergessen zu erwähnen, dass ich ein Programm betreue, mit dem Aidspatienten umsonst behandelt werden. Ich könnte Sie darin sofort aufnehmen. Vielleicht entspricht das dem Prinzip des Blutbaums, Frau Egbeme. Wollen Sie nicht noch einmal darüber nachdenken?« Er reichte Amara, Magdalena und mir die Hand. »Wir sehen uns wieder.«

Wir blickten dem Auto mit der wippenden Antenne lange nach. »Kein schlechter Mann«, brummte Amara. »Vielleicht hat er wirklich verstanden, um was es uns geht.«

Magdalena war irritiert. »Habt ihr nicht über deine Krankheit gesprochen, Choga?«

»Doch, lange«, sagte ich und gab ihr einen ausführlichen Bericht.

Mit ihrer Reaktion versuchte meine Schwester, ihre Enttäuschung nicht allzu deutlich zu zeigen. »Du willst also nichts unternehmen und einfach dem Schicksal seinen Lauf lassen.« Während unseres Gesprächs humpelte ich auf meinen Stock gestützt zum Brunnen, pumpte etwas Wasser in den daneben stehenden Krug und verteilte es sorgsam über die in der Sonnenglut dürstenden Wurzeln des Blutbaumes. Meine Schwester beobachtete mich. »Warum tust du das jetzt?«

»Weil ich mir wünschte, ich könnte so anspruchslos sein wie dieser hübsche kleine Baum«, meinte ich. »Das Leben wäre so einfach und dennoch so vollkommen.«

Ein rätselhaftes Orakel

Von einem Teil des vielen Geldes, das Magdalena von Dr. Rashid zurückerhalten hatte, kaufte sie in der folgenden Woche in Jeba mehrere Säcke Putz. Ich war überrascht, als meine Gefährtinnen eines Mittags Amaras Pick-up entluden. Denn zumindest mit mir hatte sie über ihr Vorhaben nicht gesprochen. »Ich wollte ein Zeichen setzen, Schwesterchen«, verkündete Magdalena bester Laune und hob mit Jumoke einen Sack vom Wagen. »Die Kapelle, die Schule und das Heilhaus sehen so unfertig aus.« Die neu erbauten Gebäude bestanden bislang nur aus nackten grauen Steinen. »Ich dachte mir, wenn jetzt alle mit anpacken, bekommen sie das Gefühl einer gemeinsamen Zukunft zurück. Nichts ist schlimmer als der Zweifel an dem, was man hat, und daran, wie man lebt.«

»Haben wir denn diese Zukunft?«, fragte ich. Erst am Morgen hatte ich zufällig mit angehört, wie Amara lange mit ihrer Nachfolgerin in Lagos gesprochen hatte. Normalerweise scherzten die beiden miteinander. Dieses Gespräch war jedoch sehr ernst gewesen. Danach hatte ich keine Gelegenheit gehabt, mit Amara zu reden; sie hatte sich auf eine weite Wanderung in die Hochebene begeben, wo sie seltene Wurzeln sammeln wollte. Doch in mir lauerte das ungute Gefühl, dass sie sich mir nach ihrem Telefonat entziehen wollte.

Meine Schwester stemmte die Arme in die Hüften. »Natürlich haben wir hier eine Zukunft. Aber damit es so ist, müssen wir auch daran glauben.«

Gemeinsam mit Abidem wuchtete sie einen weiteren Sack von der Ladefläche. Die Schule fiel an diesem Tag aus und unsere drei Kinder schleppten Eimer, Maurerkellen und anderes Handwerkszeug herbei, dessen Zweck mir nicht bekannt war. Vor allem Josh zeigte große Begeisterung.

»Ich brauche jemanden, der mir hilft, die große Leiter zu tragen!«, rief Ada.

»Ich mach das!«, schrie Josh und rannte los. Wenig später trugen die große, kräftige Ada und der schmächtige Josh das hölzerne Ding quer über den Hof und Ada lehnte es gegen die Kapellenwand. Mir war sofort klar, warum Josh sich so für die Leiter interessierte: Flink wie ein Wiesel kletterte er die Sprossen hoch und winkte. »Mama, ich bin hier oben!«, rief er. Ich glaubte, mein Herz würde stehen bleiben. Doch Ada bat ihn ruhig, nun wieder herunterzukommen, damit sie mit der Arbeit in luftiger Höhe beginnen konnte.

»Ach, Choga, ich habe ganz vergessen, dir etwas zu geben. Ich war nämlich noch beim Postfach«, sagte Magdalena und drückte mir einen Brief in die Hand. Es stand kein Absender darauf. Ich riss den Umschlag auf und versuchte zu lesen. Es war fast unmöglich. Nur wenn ich das Papier ganz nah vors Gesicht hielt, konnte ich etwas erkennen. Doch immerhin wusste ich: Diesen Brief musste ich in Ruhe lesen! Bis zu meinem Lieblingsplatz unter den Büschen der Bougainvillea waren es vielleicht zwanzig Schritte, die ich mit klopfendem Herzen zurücklegte. Ich setzte mich in den Schatten.

Die Schrift auf dem hellblauen Papier war klein und zart; Wort für Wort musste ich mich vorwärts kämpfen. Während ich las, glaubte ich die Schreiberin ganz nah bei mir zu fühlen – Ezira.

»Liebe Choga«, las ich, »wie lange du nun schon fort bist, weiß ich nicht. Aber es werden viele Wochen, gar Monate sein. Hier bei uns sind alle gesund. Tanisha vermisst dich sehr und spricht viel von dir. Sie lässt dir und Josh ausrichten, dass es auch Faraa gut geht. Ihre Ausbildung macht so schnelle Fortschritte, dass ich fast glaube, sie will dich einholen! Auch mir fehlst du. Doch es geht nicht um mich, deine Lehrerin.

Schon in der Nacht bevor ihr uns verlassen habt, habe ich das Orakel befragt. Ich wollte dir seine Antworten nicht am Morgen eurer Abreise mitteilen. Denn du solltest voller Freude auf dein Zuhause zurückkehren können. Nun, da du noch nicht wieder zu uns zurückgekommen bist, weiß ich, dass ich einen Fehler gemacht habe. Ich hätte es dir sagen sollen. Das Orakel sah Menschen, die dich an einem Ort festhalten, und ich nehme an, es meint die Geschicke deiner Gefährtinnen. Es sah auch deine Verzagtheit, die dir den Mut zur Veränderung nimmt. Es sagt außerdem, dass dich eine große Dunkelheit umgeben und lähmen wird. Vielleicht ist damit eine tiefe Traurigkeit gemeint, denn du wirst einen Menschen verlieren, der dir sehr nahe steht.

Meine liebe Tochter, auf deiner Farm sind so viele, die du liebst, und so viele sind krank. Wen das Orakel meint, kann ich nicht sagen. Doch ich glaube herausgelesen zu haben, dass der Tod diesen Menschen sehr überraschend holt. Durch eine plötzliche Krankheit, einen Unfall?

Aber das Orakel sagt ebenfalls, dass du durch die Dunkelheit wieder zum Licht findest. Seine Kraft wird dich nicht verzehren, seine Helligkeit dich nicht blenden, dein Übermut dich nicht mehr verleiten, über das Feuer zu springen. Du wirst es lieben, denn ihr werdet eins sein.

Es sind leider nicht die glücklichen Stunden, meine Tochter, die dich zur inneren Wahrheit führen. Nur die überwundenen Hindernisse lassen dich deine Stärke erkennen. So findest du das Licht der Klarheit.

Meine Liebe ist für immer bei dir. Ezira.«

Ich ließ mich auf das Bett aus Bougainvilleablüten zurücksinken und schloss die Augen, die wegen der Anstrengung des Lesens schmerzten. Ich glaubte, das weise Lächeln meiner Lehrerin vor mir zu sehen. Schon lange hätte ich wieder bei ihr im *compound* sein sollen! So vieles, was Eziras Orakel in der Vergangenheit als meine Zukunft gesehen hatte, war inzwischen Gegenwart. Manches sogar bereits vergangen. Der plötzliche Tod eines geliebten Menschen ... Lape? Nein. Es brauchte kein Orakel, um ihr Sterben zu prophezeien.

Aber was war dann gemeint? Die Dunkelheit als meine Traurigkeit? Oder eine wirkliche Dunkelheit? Ich erinnerte mich an Rashids Warnung vor einer möglichen Erblindung. Unter dem Eindruck von Eziras Orakelbrief konnte ich diese Mahnung nicht mehr von der Hand weisen. Aber warum musste Gott mich diesen Weg gehen lassen? Was ich liebte, würde ich nie mehr sehen können: mein Kind, meine *Mamas*, Magdalena, die Natur. Weil sie da waren, würde ich nicht allein in der Dunkelheit bleiben, in die Gott mich schickte. Nahm er mir auch das Licht meiner Augen, so blieb mir doch noch das Leben. Und die Hoffnung, Josh bei mir zu haben. Ich würde ihn streicheln können und in die Arme nehmen, seine Stimme hören, seine Schritte. Ich wäre bei ihm.

Ich richtete mich auf und versuchte erneut, die Zeilen zu lesen. Diesmal wollte es mir nicht gelingen. Es war, als ob das Orakel nur einmal zu mir sprechen wollte. Unsinn!, schalt ich mich, das lag nur an der Überanstrengung. Wahrscheinlich brauchte ich einfach eine Brille. Doch welche Schlüsse sollte ich aus diesem Orakel ziehen? Missachten konnte ich es nicht, denn schon in meiner Kindheit hatte ich durch Mama Bisi die Kraft der Orakel erfahren und während meiner Lehrzeit bei Ezira selbst gelernt, wie ich die Zeichen deuten konnte.

Mit den schweren Nachrichten im Herzen beschloss ich, erst einmal Abstand zur Farm zu gewinnen. Mit meiner Angst, die ich deutlich spürte, hätte ich sonst alle nur verrückt gemacht. Ich brach zum Kräutergarten auf. Während ich den Weg nahm, den ich so oft schon gegangen war, stellte ich fest, dass ich mich nicht an dem orientierte, was ich sah. Sondern meine nackten Füße, die nie Schuhe trugen, ertasteten den Pfad. Als ich mein Ziel erreicht hatte, pflückte ich einige Minzeblätter und genoss den erfrischenden Geschmack. Dann befühlte ich die Erde der Pflanzen, die ich zum Großteil vor Jahren selbst angebaut hatte. Ich holte Wasser aus dem Brunnen, der von einer kleinen Quelle gespeist wurde, und goss meine Heilkräuter. Das kräftige Grün ihrer Blätter schien mir grau zu sein.

Den letzten Krug trug ich zu einem abgelegenen Winkel. An manchen Stellen glich der Garten einem dichten Hain, in dem man sich verstecken konnte. Ich erschrak bis ins Mark! Denn dort, gegen einen Stein gelehnt, saß Amara. »Was ist mit dir? Geht es dir nicht gut?« Besorgt ließ ich mich neben ihr nieder.

»Choga, ich habe keine Kräuter gesammelt. Ich bin davongelaufen, um hier in Ruhe nachzudenken.« Sie wirkte völlig verzweifelt. Ihre schwermütigen Augen erinnerten mich an Hope, wenn sie auf meinen Schoß wollte und nicht durfte. »Ich muss zurück, Choga. Meine Nachfolgerin kann nun doch nicht in Lagos bleiben. Sie stammt aus einem Dorf im Süden, dessen Heilerin gestorben ist. Sie soll ihren Platz einnehmen. Ich muss also heimkehren und jemand anderen finden.«

»Als ich dich heute Morgen telefonieren hörte, habe ich

mich schon irgendwie auf schlechte Nachrichten eingestellt«, sagte ich. »Aber dass es so schlimm kommt ...«

»Ich sitze hier wie eine dicke Kröte, die nicht fortwill, Choga. Denn dein Zuhause ist mir so sehr ans Herz gewachsen. Außerdem habe ich dir versprochen, deine Gemeinschaft zu retten. Mir fällt nur eine Lösung ein: Da Abidem, Jumoke, Yetunde, Dayo und Ijaba weiterhin ihre Medizin bekommen müssen, wäre es am besten, ich nehme sie nach Lagos mit. Dort wären sie ebenso versorgt wie hier.«

»Hast du denn in deinem *compound* genug Platz?«, fragte ich im ersten Reflex.

»Einige Schülerinnen haben ausgelernt. Mach dir darum also keine Sorgen«, erwiderte meine auf alles vorbereitete mütterliche Freundin. Ich spürte große Dankbarkeit. Sie, die Erfinderin des Blutbaum-Prinzips, lebte es mir vor.

»Du bist eine wirkliche Freundin, solch eine schwere Verantwortung auf dich zu nehmen. Aber sie werden krank werden, irgendwann.«

»Das ist der Lauf der Dinge, Choga. Doch zu Hause habe ich viele helfende Hände, die mich unterstützen.«

Ich setzte mich neben sie und schloss die Augen, die mir den Kräutergarten ohnehin nicht mehr in seiner Pracht zeigen wollten. So schnell und einfach würde nun alles gehen. Gewiss, wir würden meine *Schwestern* am Abend nach ihrer Meinung fragen. Doch was hatten sie schon für eine Wahl? Es war seltsam, dass ausgerechnet die Möglichkeit, alles hinter mir zu lassen, mich nun bedrückte. Ich dachte an meine Gefährtinnen, die in diesem Augenblick auf kahle Mauern Putz auftrugen. Für sie und vor allem meine optimistische Schwester Magdalena würde Amaras Nachricht einen Schock bedeuten.

»Choga, ich habe mir etwas überlegt. Du musst mir sagen, was du davon hältst.«

Als ich die Augen wieder öffnete, war meine Freundin in einen noch dichteren grauen Schleier getaucht. Ich konnte sie kaum erkennen. »Was hast du vor?«, fragte ich.

»Eigentlich bin ich das Leben in der Großstadt leid. Und jünger werde ich auch nicht gerade. Sobald ich jemanden gefunden habe, der meinen *compound* auf Dauer übernimmt, würde ich gerne auf der Farm bleiben. Dann könnten deine *Schwestern* und die beiden Mädchen wieder zurückkehren. Es wäre also nur ein Abschied auf Zeit.«

Ich atmete erleichtert auf. »Ja«, sagte ich, »damit werden sich alle anfreunden. In der Zwischenzeit können Ada, Bisi und Funke hier bleiben. Vielleicht sogar Magdalena.« Doch mein nächster Gedanke ließ Amaras schönen Traum wie eine Seifenblase platzen. »Wovon sollen sie leben? Zu dritt oder viert können sie die Felder nicht bestellen.«

»Du vergisst diesen cleveren Arzt aus Jos«, meinte Amara. »Der wird sich gewiss wieder melden.«

»Wie kann dein Blutbaum-Gedanke eigentlich funktionieren?« Das hatte ich nämlich immer noch nicht begriffen. Amaras bisherige Andeutungen waren mir zu ungenau.

»Ich wollte nicht, dass sie gewissermaßen alle Blätter des Blutbaums nehmen, uns Geld geben und wir hören nie wieder von ihnen. Stattdessen sollte eine enge Verbindung zwischen diesen Ärzten und uns entstehen.« Amara stöhnte auf. »Wenn deine *Schwestern* fort sind, geht das ohnehin nicht mehr. Ich wollte, dass Rashids und Nwosus reiche Geldgeber unsere Farmprodukte kaufen. So wäre unsere Existenz weiterhin gesichert gewesen. Doch das können wir jetzt vergessen.« Meine besorgte Freundin stützte den Kopf nachdenklich in die Hände.

»Aber es kann auch andersherum laufen«, überlegte ich laut. »Die Herren könnten die *Mamas* mit Lebensmitteln versorgen.«

Meine Mentorin fand meinen Vorschlag zwar nicht ganz überzeugend. Aber wir entschlossen uns dennoch, den anderen mitzuteilen, welche Veränderungen bevorstünden. Untergehakt gingen wir zurück zum Hof, als Amara sagte: »Choga, du musst wirklich bald reisen. Sonst ist es zu spät. Deine Krankheit schreitet viel zu schnell voran.«

Ihre Mahnung rief mir Eziras Brief in Erinnerung. Doch ich erwähnte ihn nicht; Orakel sind etwas sehr Persönliches. Es heißt, dass man sie nicht einmal den engsten Freunden offenbaren darf. Denn durch Orakel tut sich der Wille Gottes kund. Und ich kannte nicht die Absichten, die er mit mir hatte.

Ich musste sie herausfinden.

Die Dunkelheit

Ich bat Bisi noch für denselben Abend, alle Erwachsenen zur Besprechung auf die Veranda zu rufen. Niemand außer Amara und mir wusste, worum es gehen würde. Meine *Schwestern*, Magdalena, Ada, selbst Bisi und auch die Kinder hatten den ganzen Tag damit verbracht, unsere neuen Gebäude zu verputzen. Sie waren sehr weit gekommen. Nun saßen sie müde, aber mit ihrer Arbeit zufrieden vor mir. Ein dicker Kloß blockierte meinen Hals, denn seit meiner Heimkehr hatte ich diesen Moment gefürchtet, in dem ich mich von ihnen verabschieden musste. Aber ich war immer davon ausgegangen, dass ich diejenige sein würde, die sie verlässt. Die Gemeinschaft, die wir aufgebaut hatten und an die Abidem, Jumoke und Yetunde fest glaubten, würde nach diesem Treffen nicht mehr bestehen. Genau genommen starb endgültig jene Idee, die mein Vater einst aufgebracht hatte: Frauen um sich zu sammeln, die seine *Familie* wurden.

»Amara muss nach Lagos zurück«, begann ich. Weiter kam ich nicht; meine Stimme versagte. Ich fühlte mich wie ein Wanderer, der sich in der Fremde verirrt hat und nicht mehr weiterweiß. Denn wenn sie mich fragten, was aus mir werde, so konnte ich keine Antwort geben. Was sollte ich, falls ich tatsächlich blind wurde, noch im Regenwald? Doch konnte ich andererseits auf der Farm bleiben und meinen *Mamas* zumuten, mich zu pflegen? Und Josh an einem Ort leben lassen, an dem er keine

Kinder zum Spielen hatte? Welch ein trostloses Leben für einen Siebenjährigen!

Meine abgebrochene Ansprache verursachte Unruhe; alle riefen durcheinander. »Lasst Choga reden!«, rief Adas starke Stimme. Doch ich schüttelte nur den Kopf und kämpfte mit den Tränen der Verzweiflung. Ich wusste nichts mehr zu sagen. Mein Kopf war wie leer gefegt.

»Sprich du, Amara«, sagte ich heiser. Bisi, die in allen Versammlungen zu meiner Rechten an der Stirnseite saß, griff nach meiner Hand und drückte sie tröstend. Voller Entschlossenheit legte Amara ihren Plan dar, beantwortete alle Fragen und nahm meinen *Schwestern* die Sorgen.

»Wir haben dich sehr lieb gewonnen, Amara, und vertrauen dir ebenso wie Choga«, sagte Abidem gerührt. »Wir danken dir. Ich war schon mal in deinem *compound*. Dort ist es auch sehr schön.«

»Wann müssen wir denn fahren?«, erkundigte sich Jumoke.

»Sobald ihr euch von der Farm verabschiedet habt und bereit seid«, erwiderte Amara. »Wir haben es nicht eilig.« Diese Antwort tat ihnen offensichtlich gut, denn damit kam das Ende unserer kleinen Familie nicht einer Flucht gleich. Die Kinder konnten in Ruhe auf alles eingestimmt werden. Und die Frauen sich langsam an den Gedanken gewöhnen, dass eine schöne Zeit zu Ende ging.

»Ich war gern hier«, sagte Abidem. »Bist du denn wirklich sicher, Choga, dass alles aus ist?« Jetzt, nachdem die Neuigkeit ihr Herz erfasst hatte, verbarg sie ihr Gesicht in den Händen und weinte hemmungslos.

»Eigentlich will ich auch lieber hier bleiben!«, schluchzte Jumoke.

»Wir werden die Kinder auseinander reißen«, klagte

Yetunde, die Mutter von Ijaba. Die Sechsjährige hatte sich enger an Josh angeschlossen, seitdem Zuna und Baina fort waren.

Mit einem kräftigen Räuspern meldete sich Amara zu Wort und weckte in ihnen die Hoffnung, irgendwann wieder auf der Farm wohnen zu können. Meine liebevolle Mentorin blickte mich an. »Vielleicht wirst du dann mit Tanisha hier leben.«

»Ja«, sagte ich und rang meine aufsteigenden Tränen nieder. Denn ich wusste, dass ich so viel Zeit nicht mehr haben würde. Doch das wollte ich nicht aussprechen. Meine *Schwestern* sollten sich auf unser Wiedersehen freuen können; Trauer ist kein guter Reisegefährte.

»Komm doch mit zu Amara!«, rief Abidem spontan. »Dann sind wir weiterhin zusammen.«

»Ich bleibe hier bei den *Mamas* und warte auf euch«, antwortete ich. Magdalena und Amara, die nach wie vor als Einzige von meinen Plänen, zu Ezira zu fahren, wussten, schauten mich verwundert an. Doch sie fragten nichts. Erst als meine *Schwestern* sich aufgeregt mit Amara über ihre Zukunft unterhielten, gab Magdalena mir ein Zeichen. Wir gingen in mein Zimmer. Ich setzte mich auf mein Bett, doch Magdalena lief unruhig herum. Offenbar suchte sie etwas.

»Hier ist es so dunkel. Wo sind denn deine Kerzen?«

Ich streckte den Arm aus und griff neben mein Bett, wo sie am Boden lagen. Es war eine Bewegung, für die ich mich nicht einmal umsehen musste. Ich reichte meiner Schwester eine Kerze und sie fragte nach Streichhölzern. Die Packung, die ich fand, war leer. »Dann habe ich wohl keine mehr«, sagte ich.

Magdalena setzte sich neben mich und griff nach meiner Hand. »Du willst nicht mehr zu Ezira und Tanisha? Warum?«

»Erinnerst du dich noch an meinen Vergleich mit der

Kerze?«, fragte ich. »Das ist noch gar nicht lange her. Doch seitdem sind meine Augen so viel schlechter geworden. Ich kann doch nicht als Blinde durch den Urwald irren.«

Magdalena griff nach meinem Kopf und drehte ihn sanft in ihre Richtung: »Was heißt das, Choga?« Sie klang sehr erregt.

»Wahrscheinlich werde ich blind.«

»O Gott!«, rief Magdalena entsetzt. Ich hatte etwas Zeit gehabt, mich mit meinem Schicksal abzufinden; für sie war es jedoch ein Schock. Meine Schwester tat mir so Leid. »Bitte, du musst dir von Dr. Rashid helfen lassen! Nimm sein Angebot mit der Therapie sofort an!«, flehte sie.

»Mutter hat früher mal zu mir gesagt, als ich eine Erkältung bekam: Wenn du Medizin nimmst, dauert es sieben Tage, sonst eine Woche. So ist das bei mir wohl auch, bloß ein bisschen komplizierter. Dr. Rashid hat mir gesagt, dass er mich nicht heilen kann. Er hat damit indirekt bestätigt, was ich immer gesagt habe: Ich muss mein Schicksal so akzeptieren, wie Gott es will.«

»Ich glaube auch an Gott«, meinte meine Schwester und hielt meine Hand nun wieder so fest, als hätte sie Angst, mich schon jetzt zu verlieren. »Aber ich fürchte, ich würde ganz schön sauer auf Gott sein, wenn er mir so übel mitspielen würde.«

»Er spielt mir nicht übel mit. Er liebt mich und ich liebe Gott. Also kann ich auch nicht mein Schicksal ablehnen, denn es ist sein Geschenk an mich. Würde ich mein Schicksal hassen, bliebe mir nichts anderes übrig, als Gott auch zu hassen. Woher soll ich dann Trost bekommen? Ich würde alles zerstören, was mir am Ende meines Weges bleibt: mich selbst. Aber Gott hat mich nicht in dieses Leben geschickt, damit ich mich zerstöre. Im Gegenteil: Von der Minute an, in der ich gezeugt wurde, ließ er mich wachsen. Irgendwann hört der Körper auf zu wachsen. Dann soll nur der Geist weiterwachsen. So verstehe ich mein Schicksal.«

»Ist es denn wirklich alles Schicksal, was geschieht?«, gab Magdalena zu bedenken. »Erst verschiebst du deine Rückkehr in den Regenwald wegen der Ereignisse mit Rose. Und jetzt wieder, weil Amaras Nachfolgerin in ihr Dorf zurückkehren muss. Dabei hast du es dir doch so sehr gewünscht. Ich habe eher den Eindruck, dass du von solchen Ereignissen fremdbestimmt bist. Du triffst gar keine eigenen Entscheidungen.«

»Doch, ich treffe sehr wohl Entscheidungen. Aber wesentlich kleinere als du, wenn du in Deutschland alles aufgibst, um bei uns zu leben. Meine Entscheidungen fügen sich dem Lauf meines Schicksals, denn ich akzeptiere es.« Ich zögerte, ob ich ihr von Eziras Orakel erzählen sollte, und tat es dann doch. Denn ich fühlte mich keineswegs fremdbestimmt. Selbst in jenen schweren Tagen, als ich den Streit mit Tanisha hatte und an meinem Weg zweifelte, hatte sich hinterher alles als richtig erwiesen. Ich war der Weisung zu Recht gefolgt. So sagte ich nun zu meiner deutschen Schwester: »Ezira hat mir heute geschrieben: ›Durch die Dunkelheit findest du zum Licht.‹«

Magdalenas Stimme rang mit den aufsteigenden Tränen. »Das hört sich ja schrecklich an.«

»Im ersten Augenblick schon, weil sich jeder irgendwie vor Dunkelheit fürchtet. Eigentlich erst jetzt, wo ich mit dir darüber rede, höre ich das Versprechen, das darin liegt: Ich werde Licht finden. Dieser Brief ist ausgerechnet heute gekommen, wo Amara uns mitteilt, dass sie uns verlässt. Um mich davon abzuhalten, einen Fehler zu machen. Als Blinde bin ich im Regenwald hilflos. Ich muss bleiben, wo ich bin. Bei euch.« Während ich redete, löste sich die Angst, die mich umklammert hatte.

Plötzlich war ich wieder zuversichtlich und wusste, dass Magdalena falsch gelegen hatte: Es war richtig, sich nicht gegen das Schicksal aufzulehnen.

Eine plötzliche Heiterkeit ließ mich lächeln. »Darum bin ich doch wiedergekommen. Um mich von Lape zu verabschieden. Ich habe Lapes letzte Wochen begleitet, um zu wissen, was auf mich zukommt. Darin liegt für mich ein großer Trost. Es gibt keine Ungewissheit mehr. Was Kranke wirklich belastet, ist die Angst. Und die habe ich nicht. Denn ich kenne den Weg, den ich gehen werde. Ich habe ihn gesehen, Magdalena.«

»Du machst mir Angst, wenn ich dich so reden höre. Du kannst dich doch nicht auf das Leiden freuen!«

»Nein, natürlich nicht. Nicht wahr? So würdest du es vielleicht sagen: Ich kann ihm einen Sinn geben, es gestalten. Vielleicht hat Gott es so gemeint, Magdalena. Ich war HIV-positiv und bekam ein krankes Kind. Dadurch wurde ich zur Heilerin. Jetzt bin ich eine Kranke, die sich damit abfinden muss, dass der Tod nach ihr greift. Doch der Tod kommt zu mir nicht als feiger Dieb. Er kündigt sich durch die Blindheit an. Ich kann also auf ihn reagieren. Aber nur, wenn ich nicht vor ihm davonlaufe, sondern mich ihm stelle.«

»Wie willst du das machen?«, fragte Magdalena atemlos.

»Genau so, wie ich den Schrecken gebannt habe, den Felix mir zugefügt hat. Ich werde alles aufschreiben! Wie in einem Tagebuch. Darin halte ich fest, welche Naturmedizin wie wirkt. Das wird später Tanisha und anderen Heilerinnen helfen. Ihre Patienten werden weniger leiden müssen. Sie müssen nur lesen, was mir geholfen hat. Was hältst du davon, Magdalena? Ist das keine gute Idee?«

Meine Schwester ließ meine Hand los. Sie stand auf und stieß mit dem Fuß gegen den Hocker, der irgendwo in der Dunkelheit des Zimmers verborgen gewesen war. »Schwesterchen«, sagte sie so leise, dass ich sie kaum verstand, »wie willst du schreiben, wenn du nichts mehr siehst?«

Meine Begeisterung hatte mich die Realität vergessen lassen ... Ich suchte nach einer Antwort, und plötzlich wusste ich es: »Magdalena, *du* kannst alles aufschreiben!«

»Und wer soll dich behandeln, wenn Amara fort ist?«

»Ich werde Bisi sagen, was sie machen muss. Ich habe ja Amara zugesehen, was sie verwendet hat. Ich kann mich zwar nicht mehr an jedes Detail erinnern. Aber das ist nicht so schlimm. Das Ausprobieren gehört dazu. Du schreibst es alles auf. Was sich als falsch erweist, kannst du löschen. Würdest du das tun?«, fragte ich.

»Wie kannst du daran zweifeln? Du bist so unglaublich konsequent, Choga. Eine Heilerin, die sogar mit ihrem Tod noch helfen will.« Sie setzte sich zu mir und umarmte mich. »Du hast Recht«, sagte sie. »Du bist nicht fremdbestimmt. Du gehst das Leben nur anders an als ich. Ich könnte das nicht, ehrlich.« Dann küsste sie mich auf die Stirn. »Ich liebe dich. Und ich danke Gott, dass wir uns getroffen haben.« Ich spürte, wie sie leicht zitterte, als sie sagte: »Das ist wohl das, was du mit Schicksal meinst. Tausende von Kilometern trennten uns ein Leben lang. Dann fanden wir uns dennoch.« Ihre Anspannung löste sich in haltlosem Schluchzen. Keine von uns beiden traute sich, die andere loszulassen.

Die Versammlung hatte sich aufgelöst, meine Gefährtinnen gingen die Treppe hinauf nach oben, wo unsere drei Kinder schliefen. Die Tür öffnete sich und Bisi trat ein. »Warum seid ihr beiden denn im Dunkeln?«, fragte sie erstaunt.

»Zum Reden brauchten wir kein Licht«, erwiderte Magdalena geistesgegenwärtig.

»Magst du nicht noch ein wenig auf der Veranda mit mir sitzen, Choga?«, fragte Mama Bisi. »Wir haben uns noch so viel zu sagen.« Magdalena wünschte uns Gute Nacht. Während Bisi in der Küche Tee kochte, sprachen wir über unsere Gefühle angesichts des Endes unserer Oase.

»Weißt du, meine Kleine, ich habe die ganze Zeit gespürt, dass dich die Situation hier sehr belastet hat. Du wolltest nicht zeigen, dass du immer schwächer wirst. Darum bist du auch gerade eben davongelaufen. Doch vorgespielte Stärke kostet Kraft, die du zum Leben brauchst. Deinetwegen bin ich froh, dass es jetzt so gekommen ist. Die jungen Frauen werden es bei Amara gut haben. Unsere Heilerin hat ein großes Herz«, sagte meine Lieblingsmama.

»Aber es ist auch ein großer Traum gestorben. Heute wart ihr draußen so fleißig. Nun war alles umsonst.«

Bisi goss Wasser in die Teekanne. Sie lachte. »Ada hat sogar gesagt, sie sollen morgen weitermachen. Denn sie würden ja wiederkehren! Keine hat gemurrt. Einen schöneren Beweis, dass sie an die Zukunft glauben, gibt es doch gar nicht. Ich bin sehr zuversichtlich, dass es auch wirklich so kommt.«

Wir nahmen unsere Becher und die Kanne und gingen hinaus, um uns in die Korbsessel zu setzen. Hope bettelte wie üblich darum, auf meinen Schoß zu dürfen, und musste sich mit ein paar Streicheleinheiten zufrieden geben. Die klare Nachtluft tat gut. Die Lämpchen auf der anderen Hofseite konnte ich nicht mehr erkennen, jedoch die beiden nackten Birnen an der Verandawand. Wenngleich ihr Licht nur noch blassen Flecken glich. Noch am Vorabend hatte ich alles wesentlich deutlicher wahrgenommen. Obwohl Bisi mir genauso nah war, konnte ich ihr Gesicht kaum noch ausmachen.

»Für Josh wird es hart werden, wenn die beiden Mädchen fort sind«, sagte ich und dachte wehmütig daran, wie schön es gewesen wäre, wenn er Faraa gehabt hätte. Aber auch das war nun nicht mehr möglich. Mit meinem eigenen Schicksal konnte ich umgehen, doch Joshs Los war viel schwieriger. Ich musste mir etwas einfallen lassen, damit er eine Aufgabe hatte.

»Es ist wirklich zu ärgerlich, dass nicht mal mehr die Schulkinder kommen«, erwiderte Bisi nachdenklich. »Magdalena wird ihn allein unterrichten müssen. Hoffen wir, dass Dayo und Ijaba bald wieder hier sind.«

Ich hatte meinen Teebecher irgendwo auf dem Tisch abgestellt und griff ins Leere. Während ich noch dachte, dass ich mir in Zukunft angewöhnen müsse, solche Handgriffe bewusster auszuführen, fühlte ich, wie Bisi behutsam meine Hand an den Becher führte. »Warum verschweigst du mir, dass du nichts siehst?«, fragte sie ohne einen Vorwurf in der Stimme.

»Ich wollte dich nicht ängstigen, Mama. Außerdem kommt es so plötzlich. Was gestern da war, ist heute nicht mehr zu sehen. Ich muss erst mal lernen, damit umzugehen.«

»Das müssen wir, die wir dich lieben, aber auch, meine Kleine. Wenn es dir schlechter geht, sollten wir das wissen, damit wir dir helfen können.«

Meine Lieblingsmama bedauerte mich nicht, was es uns beiden viel schwerer gemacht hätte. Stattdessen nahm sie die große Herausforderung, vor der wir standen, einfach an. Wieder einmal bewies sie, dass sie meine Wunderblume war. Hoffnungen, die gestorben waren, warf sie wie welke Blüten fort, um mit neuer Kraft andere Knospen zu entwickeln.

Josh kam bereits am Morgen nach der endgültigen Besprechung auf der Veranda in mein Zimmer. »Mama, warum können wir denn nicht mitfahren mit den anderen?«, fragte er aufgebracht.

»Weil dies unser Zuhause ist, mein Schatz. Hier sind deine Omas und Magdalena. Wir wollen sie nicht allein lassen. Außerdem bin ich sicher, dass die anderen nicht lange in Lagos bleiben.« Ich erklärte ihm, was Abidem, Jumoke und Yetunde sowie Dayo und Ijaba dort machten. »Neulich waren wir bei Ezira, und jetzt gönnen wir ihnen mal ein wenig Urlaub, damit sie etwas anderes sehen.«

»Fahren wir zu Faraa und Tanisha?« Aus seiner Stimme hörte ich sein großes Sehnen heraus. Doch ich musste seinen Wunsch in weite Ferne schieben.

»Erst wenn die anderen wieder zurück sind. Wir haben viel zu tun, Josh. Die Arbeit auf der Farm muss erledigt werden. Außerdem werden meine Augen immer schlechter. Ich werde dich hin und wieder bitten müssen, mir zu helfen.«

Joshs zartes Gesicht kam meinem ganz nah. Er blickte mir tief in die Augen. »Die sind aber gar nicht mehr so schlimm, Mama.«

Seit Monaten hatte Josh mich immer wieder schwach und kränkelnd erlebt; ich hatte mich stets erholt. So schien es auch jetzt zu sein: Meine Augen sahen wie früher aus, denn Amaras Medizin war gegen die äußeren Entzündungen erfolgreich. Die Schäden, die das Virus im Inneren angerichtet hatte, konnte Josh nicht erkennen. Doch es wäre unfair gewesen, ihm etwas vorzumachen. Das hatte mich mein Verhalten Tanisha gegenüber gelehrt. »Irgendwann werde ich nichts mehr sehen können, Josh. Es gibt viele blinde Menschen. Aber wenn sie jemanden haben, der ihnen hilft, haben sie es nicht so schwer.«

Seine Kinderhände strichen sanft über mein Gesicht. »Meine Mama, ich habe dich so lieb!« Er bettete seinen Kopf an meine Schulter und schlang die Arme um mich.

Ich kostete diesen Moment der Nähe aus wie ein großes Geschenk. Meine Mutter hatte mich nie so an ihren Empfindungen teilhaben lassen. Darum hatte ich ihr Verhalten oftmals nicht verstanden. Josh und mich verband mehr als die unsichtbare Nabelschnur zwischen Mutter und Kind. Wir teilten dasselbe Schicksal. Die Dunkelheit, die mich erwartete, würde dieses Band noch fest knüpfen. Doch meine Angst wurde von Tag zu Tag größer, ihn in der Welt, die ich irgendwann nicht mehr sehen könnte, allein zurücklassen zu müssen.

Am Morgen ihrer Abreise bereitete Amara noch einmal den Tee zu. Ich leistete ihr Gesellschaft, um nun auch ihr zu sagen, dass ich mich endgültig entschlossen hatte, nicht mehr zu Ezira zu fahren. »Tust du es wegen Ada, Bisi, Funke und Magdalena oder traust du dir die Reise nicht mehr zu? Wenn es wegen der anderen ist, dann entscheidest du dich falsch!«, sagte meine Mentorin. Ich erklärte ihr, dass ich es wegen meiner Augen nicht mehr wagen wollte. »Du wirst blind? Dann bleibe ich da!«, rief sie spontan.

»Nein, du musst fahren. Ich habe mir eingeprägt, wo alles ist, und ich werde noch heute Bisi anlernen, den Tee allein zu brauen, und ihr zeigen, wo die Zutaten stehen.«

»Es ist alles da«, sagte Amara. »Den Rest findet ihr im Kräutergarten.« Dort kannte ich mich ohnehin aus. »Ich werde so schnell es geht wieder hier sein, Choga«, versprach sie und schloss mich in die Arme. »Ich lass dich so ungern allein. Versprich mir, mich anzurufen, wenn du Hilfe brauchst.« Ich tat es und dann verteilten wir den Tee ein letztes Mal gemeinsam an meine *Schwes-*

tern und Josh. Als wir uns zum Abschied umarmten, versprachen wir uns, bis zu unserem Wiedersehen tapfer durchzuhalten.

Meine Schwester hatte mit Amara ausgemacht, dass sie die vier Frauen und die beiden Kinder mit dem Pickup nach Jos bringen würde. Dort würden sie die Reise mit Bussen fortsetzen, was bequemer war, als hunderte von Kilometern auf einer offenen Ladefläche zu fahren. Wir würden den Pritschenwagen behalten und somit nicht völlig abgeschieden sein.

»Grüßt alle, die sich bei Amara noch an mich erinnern«, bat ich meine *Schwestern*. »Ich war damals sehr gern dort.«

Bisi küsste Abidem, Jumoke und Yetunde, Dayo und Ijaba. Josh und die beiden Mädchen tobten mit Hope bis zur letzten Minute über den Hof. Dann krabbelten Dayo und Ijaba auf die Ladefläche zu den drei jungen Frauen und winkten ihnen nach.

»Bis in ein paar Wochen. Ihr werdet sehen, die Zeit vergeht wie im Flug!«, rief Mama Bisi.

Joshs Hope

Magdalena kehrte kurz nach Mittag aus Jos zurück. Sie hatte Fassadenfarbe mitgebracht. Die warme Sonne hatte den Putz der fertig gestellten Kapelle getrocknet, und Ada legte die Leiter an, um mit dem ersten Anstrich zu beginnen.

»Wenn die anderen zurückkommen, werden sie staunen, wie schön hier alles ist!«, rief Josh begeistert und ging Ada zur Hand. Meine Patin ließ sich in den folgenden Tagen viel Zeit und gab Josh so Gelegenheit, selbst zu streichen. Mama Funke kümmerte sich um unser Haus, Bisi und ich waren entweder im Kräutergarten oder im Heilhaus. Die Tage waren sehr ruhig geworden.

Magdalena unterrichtete Josh fortan nicht mehr in der Schule. »Das weckt nur schmerzhafte Erinnerungen in ihm«, argumentierte sie. Die beiden setzten sich nun zum Lernen auf die Terrasse. Oft machte ich mit, wenngleich ich kaum erkennen konnte, was in den Büchern stand. Magdalena nutzte mein vorgetäuschtes Nichtwissen, um Josh zu größerem Fleiß anzuleiten.

Ich hatte mich mit der Ruhe, die eingekehrt war, rasch abgefunden. Denn die Stille erinnerte mich ein wenig an jene in Eziras *compound*. Ich beschloss, Magdalena zu bitten, ihr und Tanisha einen Brief zu schreiben, in dem ich gestand, dass ich nicht mehr kommen würde. Mit diesem Gedanken hatte ich mich lange herumgeschlagen, denn ich hatte befürchtet, dass es mir schwer fallen würde. Doch es ging leichter als erwartet, Magdalena meine Worte zu diktieren.

»Die Dunkelheit hat mich fast erreicht«, bat ich meine Schwester zu schreiben, »doch sie wird keine Finsternis sein, die mich verschlingt. Denn ich bin zu Hause.« Nur für meine Lehrerin fügte ich hinzu: »Auch hier werde ich das Licht der Klarheit finden.«

Solange es ging, wollte ich den Tee selbst bereiten, und das klappte auch ganz gut. Einmal trat ich gegen Abend aus dem Heilhaus, den Becher in der Hand, und rief meinen Sohn.

»Ich bin hier, Mama!«

Ich folgte dem Klang seiner Stimme, die mich zu unserer Kapelle führte. Ich sah kaum etwas und rief ihn erneut.

»Ich bin auf der Leiter und streiche.«

»Wo ist denn Ada?«, fragte ich.

»Die kommt gleich wieder!«

Mich beschlich ein ungutes Gefühl. Ich sah nach oben, erkannte aber praktisch nichts. Ich stellte den Tee ab, legte meinen Stock weg und ertastete die Streben der Leiter, die ich umklammerte. »Du musst da runterkommen, Schatz. Das ist viel zu gefährlich.«

»Ich bin noch nicht fertig, Mama!«, protestierte er.

»Das ist Adas Arbeit, Josh. Sie weiß, wie sie das machen muss. Wenn du runterfällst, brichst du dir sämtliche Knochen.«

»So hoch ist das nicht.«

Ich forderte ihn eindringlich auf, sofort zu mir zu kommen. Als er unten war, packte ich ihn an den Schultern. »Das machst du nie wieder!«

»Ich tu's nicht mehr«, sagte er gehorsam. »Wollte doch nur helfen.«

»Da steht irgendwo dein Tee. Trink den bitte«, forderte ich ihn auf.

»Mami, du hast ihn umgeworfen«, erwiderte Josh und gab mir den leeren Becher. Ich hörte ihn davongehen.

Ein Unfall, hatte Ezira in ihrem Brief vermutet. Ich stützte mich schwer atmend auf meinen Stock und starrte in den undurchsichtigen Schleier, der mich auf Schritt und Tritt begleitete. Was nutzte ein Orakel, wenn ich dem Leben so ohnmächtig ausgeliefert war, dass ich nicht einmal beurteilen konnte, ob mein Sohn sich in Gefahr begab oder nicht?

Wie ich es mir vorgenommen hatte, ging ich mit Bisi nun regelmäßig in den Kräutergarten. Wir studierten all die vielen Pflanzen ausgiebig, und meine Lieblingsmama musste wiederholen, wofür jede einzelne gut war. Mein Leben hatte sich auf den Kopf gestellt: Als Kind hatte Bisi mich durch den Haremsgarten geführt und mich in die Geheimnisse der Botanik eingeweiht. Obwohl es dort wesentlich weniger Pflanzen gegeben hatte, hatte sie dennoch damals mein Interesse geweckt. Durch meine Ausbildung zur Heilerin wusste ich nun viel mehr als sie und konnte ihr zurückgeben, was ich einst als Geschenk erhalten hatte.

Amara war noch nicht lange fort, als ich mit Bisi wieder einmal aus dem Garten zur Farm zurückkam. Seitdem ich so schlecht sah, verließ ich mich stärker auf mein Gehör. So nahm ich schon frühzeitig eine dunkle Männerstimme wahr und fragte Bisi, ob sie wisse, wer es sei. Doch sie hatte den Mann noch nicht einmal gehört! Das war einer jener winzig kleinen Momente stillen Triumphs, die mir meine verlagerte Wahrnehmung gönnte.

Es war Dr. Rashid, und er war gerade dabei, Josh kennen zu lernen. Wir kamen dazu, als er meinen Sohn fragte, wie es ihm gehe.

»Sehr gut!«, rief Josh unbekümmert. In der Tat zeigten sich keine neuen Anzeichen der Krankheit. Um zu verhindern, dass Josh den Grund für Dr. Rashids Besuch erfuhr, schickte ich ihn mit Hope zum Spielen. Wie stets gehorchte mein Sohn. Wenngleich ich überzeugt war, dass er darauf brannte, zu erfahren, wer dieser fremde Mann war. Männliche Besucher hatten wir so gut wie nie.

Rashid reichte mir zur Begrüßung die Hand. Ich missachtete sie unabsichtlich und ärgerte mich über meine Ungeschicktheit. In Zukunft würde ich Besuchern rechtzeitig die Hand reichen, dann konnte eine solch peinliche Situation nicht entstehen. Bisi, die nicht von meiner Seite gewichen war, begleitete mich zur Veranda, wo wir Platz nahmen. Mit festem Schritt eilte auch Magdalena herbei. Sie erkundigte sich nach Dr. Nwosu, der diesmal wegen anderer Verpflichtungen nicht mitgekommen war.

»Wir haben die Zutaten Ihres Tees untersucht«, begann Dr. Rashid. »Er enthält viel, von dessen Wirkung wir überzeugt sind«, erklärte er.

Mein Herz machte einen kleinen Freudensprung. Es tat gut, zu hören, wie der studierte Mann bestätigte, dass wir mit unserer Erfindung richtig lagen. Schließlich hatten wir noch nie die Meinung eines Dritten gehört. Gleichzeitig bedauerte ich, dass Amara nicht mehr da war. Sie hätte gewiss einen Weg gewusst, um Dr. Rashid an den Blutbaum zu erinnern.

»Sie meinen, der Tee wirkt wirklich?«, fragte stattdessen Magdalena. Sie hatte es also doch nicht ganz geglaubt!

»Es kommt natürlich auf die Zusammensetzung an. Doch dafür brauche ich den fertigen Tee«, erwiderte der Arzt.

»Ich will Ihnen gern den Tee mitgeben«, sagte ich. »Aber Sie wissen ja, wie meine Freundin darüber denkt.« Ich erklärte ihm, dass Amara wieder in Lagos war.

»Ich komme nicht mit leeren Händen«, meinte Dr. Rashid. Leider konnte ich sein Gesicht nicht erkennen, um einzuschätzen, wie ernst ihm unser Anliegen war. Doch seine Stimme klang einnehmend. »In Jos gibt es eine Art Waisenhaus; es liegt am Stadtrand und besteht eigentlich nur aus Hütten. Dort leben Kinder, deren Eltern an Aids gestorben sind. Viele von ihnen sind selbst HIV-positiv. Ich habe mit der Leiterin dieses Waisenhauses gesprochen. Sie wäre sehr glücklich, wenn einige ihrer Schützlinge auf dieser Farm leben könnten. Sie könnten sie dann gleichzeitig mit Ihrem Tee behandeln, Frau Egbeme. Mein Kollege Dr. Nwosu arbeitet mit Firmen zusammen, die dieses Projekt finanzieren würden.«

Bevor ich etwas erwidern konnte, sagte Magdalena: »Das ist eine phantastische Idee, Doktor! Wir haben sehr viel Platz, nachdem unsere Freundinnen nach Lagos gegangen sind. – Stell dir vor, Choga, was das für Josh bedeuten würde: Er hätte Kinder zum Spielen und zum gemeinsamen Lernen!«

Dr. Rashids Stimme klang sehr freundlich, als er fragte: »Sehen Sie sich dazu in der Lage, Frau Egbeme?«

Ich antwortete ihm, dass es keinen Sinn habe, ihm und mir etwas vorzumachen. Egal wie viele Kinder Rashid an uns vermittelt hätte – meine Kräfte ließen es nicht mehr zu. Die Verantwortung wäre mir über den Kopf gewachsen. Deshalb musste ich diese letzte Gelegenheit, noch einmal als Heilerin arbeiten zu können, verstreichen lassen. Obwohl es mir sehr wehtat, Kindern meine Hilfe versagen zu müssen, die sie gewiss bitter nötig gehabt hätten.

»Das tut mir sehr Leid, Frau Egbeme«, meinte Dr. Rashid warmherzig. »Ich wollte Sie mit meinem Vorschlag nicht in Verlegenheit bringen.«

»Aber es gibt eine Möglichkeit!«, rief Mama Bisi leidenschaftlich. »Amara kommt doch wieder, Choga! Dann könnten wir die Kinder aufnehmen.«

»Zumindest ein paar, das stimmt«, pflichtete ihr Magdalena bei. »Wichtig ist doch, Choga, dass wir eine Perspektive haben, findest du nicht?«

Als gesunde Frau konnte sie so denken; mir fehlte dazu der Ansporn. Ich war eigentlich nur froh, wenn ich morgens die Augen aufschlug und noch etwas erkannte. Die Sorgen anderer Menschen, das machte mir das Gespräch schlagartig bewusst, waren in weite Ferne gerückt. Als lägen sie hinter dem Schleier, der sich vor meine Augen geschoben hatte.

»Wissen Sie was?«, fragte Bisi, »Choga und ich werden jetzt den Tee für Sie zubereiten.« Sie griff nach meiner Hand. »Kommst du?«

»Etwas wollte ich Sie noch fragen«, sagte ich und erhob mich. »Haben Sie eigentlich Ihren Onkel besucht?«

»Ja, ich war bei ihm«, erwiderte Dr. Rashid. »Etwa eine Woche nachdem ich zuletzt bei Ihnen gewesen bin.« Seine Stimme klang eigenartig belegt. »Ich bin Ihnen sehr dankbar, dass Sie mich dazu aufgefordert haben.«

»Sind Sie etwa zu spät gekommen?«, fragte ich mit einer dunklen Ahnung. Denn der Arzt wirkte sonderbar bedrückt.

Dr. Rashid machte eine lange Pause, bevor er weitersprach. »Er ist vor ein paar Tagen an den Folgen eines Schlaganfalls gestorben. Wenn Sie mich nicht ermahnt hätten, zu ihm zu fahren, hätte ich ihn nicht mehr getroffen, um ihm für alles zu danken.« Der Arzt trat zu mir und ergriff meine Hand; die seine war trocken und fest. »Die Begegnung mit Ihnen bedeutet mir sehr viel, Frau Egbeme. Ich kann Ihnen gar nicht sagen, wie sehr ich es bedaure, Ihnen nicht helfen zu dürfen. Ihr kleiner Sohn macht einen wirklich guten Eindruck. Geben Sie wenigstens ihm eine Chance. Ich nehme ihn in das

Programm auf, von dem ich Ihnen erzählt habe. Bei ihm hat es einen Sinn. Das Virus ist effektiver zu bekämpfen, wenn der Typ genau bestimmt ist. Ihr Tee hat lediglich eine allgemein vorbeugende Wirkung. Die Medizin aus den USA und Europa ist gezielter einsetzbar.« Er klang, als wollte er mich beschwören. »Im Moment sehen Sie vielleicht keine Notwendigkeit. Aber keiner von uns weiß, was noch kommt.« Dr. Rashid gab meine Hand frei und ich ging gemeinsam mit Bisi zum Heilhaus.

Wir beide machten uns daran, den Tee herzustellen. Ich fand mich ohne Schwierigkeiten zurecht und achtete peinlich genau darauf, die richtige Dosierung zu finden. Denn mir war bewusst, dieser Tee könnte viel bewirken: Rashids Kollegen würden ihn genau analysieren. Zum ersten Mal hatte ich das Gefühl, etwas hinterlassen zu können, was bestehen würde, wenn es mich nicht mehr gab. Mit Tanishas Ausbildung war mir das nur teilweise gelungen. Doch vielleicht war Dr. Rashid, der Mann, der seine Gefühle stets verbergen wollte, jener Mensch, den Gott mir geschickt hatte. Zumindest ein Teil meines Wissens würde erhalten bleiben und irgendwann fremden Kindern und Erwachsenen zugute kommen. Vielleicht konnte ich auch auf diese Weise den Spruch von Eziras Orakel deuten: Hinter der Dunkelheit wartete die Klarheit.

»Bist du sicher, dass du Rashids Angebot, Josh zu therapieren, nicht annehmen willst?«, fragte Mama Bisi.

»Ich könnte ihn nicht ins Krankenhaus begleiten«, sagte ich. Diese Vorstellung machte mir Angst. Ich hatte mich noch nie von ihm getrennt. Abgesehen davon hatte ich große Zweifel, dass mein Sohn in dem riesigen Krankenhaus wirklich gut betreut werden würde. Zum anderen hätte ich meinen Glauben an Mutter Erde verleugnen müssen. Wenn sie wollte, dass es meinem Sohn gut ging, so würde sie mir den Weg dazu weisen. Denn ich war ihr Werkzeug. Das erklärte ich Mama Bisi.

Doch sie brachte einen Einwand, den ich nicht von der Hand weisen konnte: »Wir müssen für Josh alles tun, was in unserer Macht steht.« Ich gab ihr Recht. Trotzdem war ich überzeugt, genau dies bereits all die Jahre getan zu haben. Die Warnung von Eziras Orakel hatte mich noch argwöhnischer werden lassen. In einem fremden, unübersichtlichen Krankenhaus war mein sieben Jahre altes Kind zum Teil auf sich gestellt.

Daher sagte ich zu Mama Bisi: »Wir wissen nicht, was Rashid und seine Kollegen mit Josh anstellen würden. Denk an Lape.«

»Ja, meine Tochter, Josh bleibt bei uns«, versprach Bisi.

Als wir mit dem Tee fertig waren, trug meine Lieblingsmama die große Kanne zur Veranda. Dort hielt Rashid inzwischen eine fest verschließbare Flasche bereit, in die er ihn umfüllte.

Magdalena und er hatten sich in der Zwischenzeit ausführlich über die Idee eines Waisenhauses unterhalten. Sie waren sich einig geworden, dass Magdalena ihn anrufen sollte, sobald Amara wieder bei uns wäre.

»Hat Ihre Farm eigentlich einen Namen?«, fragte der Arzt unvermittelt.

Ich stutzte. Obwohl sie so vielen Menschen seit Mutters Zeiten ein Zuhause gewesen war, war die Farm stets namenlos geblieben. »Nein«, sagte ich. »Braucht sie einen?«

»Damit Ihr Projekt gefördert werden kann, ist das nötig«, erwiderte er.

Josh spielte im Hof mit unserer Hündin. »Hope, bring den Stock!« Er warf ihn und sie musste ihn zurückbringen. Dann lobte er sie: »Gute Hope, kluge Hope.«

Ich hörte Rashid lachen. »Darf ich einen Vorschlag

machen?«, fragte er. »Wie wäre es mit Joshs Hope? Denn hier würden Kinder leben, die wie Ihr Sohn, Frau Egbeme, die Hoffnung haben, dass das Leben gut zu ihnen ist.«

»Joshs Hope«, wiederholte ich. Das klang gut. Ich erzählte, warum unser Hund einst diesen Namen bekommen hatte. »Es ist die Hoffnung, die uns die Kraft gibt, weiterzumachen.«

»Wie kann ich das Prinzip des Blutbaums erfüllen, bis die Kinder bei ihnen wohnen werden?«, erkundigte sich Dr. Rashid.

Ich erinnerte mich an das Gespräch mit Amara und sagte: »Wir sind zu wenige, um uns selbst versorgen zu können. Wenn Sie uns einige Lebensmittel schicken würden, wäre uns sehr geholfen.«

»Mehr verlangen Sie nicht?«, fragte der Arzt.

»Nein, mehr braucht es nicht«, antwortete ich. Diesmal reichte ich ihm die Hand und er ergriff sie.

»Wenn Sie irgendetwas benötigen – Ihre Schwester hat meine Telefonnummer. Rufen Sie mich an. Ganz egal wann oder weshalb. Zögern Sie nicht, Frau Egbeme. Denn das gehört zu unserer Blutbaum-Vereinbarung.«

Er nahm den Tee und ging zu seinem Auto, das er diesmal am Farmtor abgestellt hatte. Magdalena und Bisi begleiteten ihn. Ich hörte, wie er noch mit Josh sprach. Wenig später rannte mein Sohn auf mich zu und sagte: »Das ist aber ein netter Mann, Mama. Warum war er hier?«

»Er will uns helfen. Denn er arbeitet in einem Krankenhaus, wo Menschen sind, die unseren Tee gut gebrauchen können. Wir haben ihm welchen mitgegeben.«

»Als wir bei Ezira waren, hast du mir gesagt, dass nur jemand den Tee bekommt, den wir gern haben. Hast du den Mann gern?«

»Ja, Josh, in gewisser Weise ist er ein Heiler. Zwar anders als Amara, Buchi oder ich. Aber fast so.« Ich drückte meinen Sohn ganz fest und hoffte, meine Liebe zu ihm hatte mir das Richtige geraten, indem ich Rashids Angebot ausgeschlagen hatte.

Neugierig wie ein Kind

In meiner Kindheit hatte ich Tomaten unglaublich gern gemocht. Aus Kernen zog ich kleine Ableger, päppelte sie groß und sprach jeden Tag mit ihnen. Ich sah zu, wie sie kleine gelbe Blüten bekamen. Aus denen wuchsen erst grüne und dann leuchtend rote Früchte. Ganz besonders glücklich war ich über eine gelbe Sorte, die zuckersüß schmeckte. Ich pulte die winzigen Kerne heraus und steckte sie wieder in die Erde, goss sie und ließ sie von der Sonne bescheinen. Es war ein ewiger Kreislauf, den ich unermüdlich in Gang halten wollte.

Wenn ich mich nun im Garten um die Tomaten kümmern wollte, so führte mich ihr typischer Duft zu ihnen. Ihr Rot, das mich immer an die Sonne erinnert hatte, war für mich längst verblasst. Auf dem Verandatisch bemühte ich mich, die kleinen Kerne aus der Frucht zu holen, um neue Pflanzen ziehen zu können. Es wollte mir nicht mehr gelingen. Ich rief Josh und er half mir. Gemeinsam setzten wir die Kerne in die Erde.

»Jetzt musst du warten und darauf achten, dass sie feucht bleiben und stets viel Sonne haben. Bald wird ein kleiner grüner Keim sein Köpfchen aus dem Erdreich schieben. Dann musst du ihm genug Platz geben, damit er sich zu einer großen Pflanze entwickeln kann«, erklärte ich.

Meine Schwester hatte uns beobachtet und drückte mir am nächsten Tag eine riesige Lupe in die Hand. Sie war eigens bis nach Jos gefahren, um sie zu kaufen. Ich bedankte mich für die Aufmerksamkeit, die sie mir schenkte. Es war so rührend, wie besorgt sie um mich war. Was immer ich brauchte, Magdalena schien es manchmal vor mir zu wissen.

Immer wieder schob ich das Vergrößerungsglas zwischen die Tomatenkernchen und meine fast blinden Augen. Mama Bisi beobachtete mich. »Meine Kleine, ich glaube, du willst alles noch einmal neu sehen, um dir gut zu merken, wie es war. Es ist so unglaublich, wie du damit umgehst. Du hast es nicht leicht gehabt. Das lässt dich heute wohl mit allem besser fertig werden.«

Als ich Josh einen Tag später mein kleines Tomatenwunder mit der Lupe vorführen wollte, konnte ich nichts mehr erkennen. Ich gab sie an meinen Sohn weiter, damit er die Welt annähernd so sehen konnte, wie sie sich mir dargestellt hatte: Jedes Detail, mochte es auch so winzig sein wie ein Tomatenkernchen, war nun für ihn von großer Wichtigkeit. Mir blieben nur meine Fingerspitzen, um es zu ertasten.

Josh nahm mich immer öfter bei der Hand, führte mich herum und erzählte mir, was er sah. Das war wieder eine wundervolle Erfahrung. Denn ich hatte völlig vergessen, wie ein Kind zu sehen. An den Dingen, von denen er mir berichtete, war ich gewiss hundertmal vorbeigelaufen. Ohne sie zu sehen. Jetzt, da meine Augen mir diesen Gegenstand nicht mehr zeigen konnten, entdeckte ihn Josh für mich neu. Das wurde sogar ein Spiel: Er beschrieb etwas und ich musste raten, was es war. Ich fand das richtig spannend. So erkundeten wir die ganze Farm, die angrenzenden Felder und auch den Kräutergarten.

Manchmal, wenn Josh mich hin und her geführt hatte, verlor ich die Orientierung. So wusste ich einmal zwar, dass wir im Kräutergarten standen. Doch der genaue Ort war mir unbekannt. Plötzlich gab es ein Geräusch. »Weißt du, was das ist, Mama?«, fragte Josh. Ich musste raten, kam jedoch nicht darauf. »Ich habe einen Stein in den Brunnen geworfen.«

»Ich habe kein Platschen gehört«, sagte ich.

»Es ist kein Wasser drin, Mama! Womit sollen wir die Pflanzen gießen?« Seine Stimme war sehr besorgt.

Ich erklärte ihm, dass dieser Brunnen von einer kleinen unterirdischen Wasserader gespeist wurde. Wenn es eine Weile nicht geregnet hatte, trocknete der Brunnen aus. »Wenn du älter wirst, dann wirst du erleben, dass manche Dinge Zeit brauchen. So lernt man die Geduld kennen und erfährt, dass irgendwann neuer Regen fällt. Er füllt dann unseren Brunnen.«

»Können denn die Pflanzen so lange warten? Haben die auch Geduld?«, wollte er mit seiner präzisen Logik wissen.

»Du befühlst die Erde und die Blätter der Pflanzen. So spürst du, welche von ihnen Geduld haben. Für die, die nicht warten können, muss man das Wasser vom Hausbrunnen holen. Der ist tiefer.« Ich beugte mich zu einem Busch, dessen Blätter gegen Durchfall wirksam waren, und befühlte sie. »Der hier braucht spätestens morgen Wasser.«

Josh war dicht neben mir, als er fragte: »Wenn wir beide Pflanzen sind, dann brauche ich früher Wasser, oder?«

»Kinder«, sagte ich, »dürfen gar keine Geduld haben. Sie müssen neugierig sein und alles entdecken. Wenn sie wie die Pflanzen ruhig auf den Regen warten würden, wären sie keine Kinder.«

Seine Antwort rief er Hope zu: »Komm, wir machen ein Wettrennen!« Dann hastete er davon und Hopes schnelle Pfoten folgten ihm. Mich hatte er in diesem Augenblick vergessen. Und das war gut so. Denn es zeigte mir, dass er mich nicht für eine völlig hilflose Frau hielt. In der Wahrnehmung meines Sohnes wollte ich nichts weniger als das sein. Dabei half mir, dass mich mein Leben als Sehende in mancher Beziehung auf mein Leben als Blinde vorbereitet hatte. Das galt besonders für meine Füße; ich war immer barfuß gelaufen und bemerkte nun, dass meine Fußsohlen Erinnerungen gespeichert haben.

Meine Leidenschaft für die Natur ließ mich auch empfindlicher auf die leisesten Geräusche reagieren. So wusste ich, dass ich in der Nähe des Brunnens war, wenn die zarten Blätter des kleinen Blutbaumes leise im Wind flüsterten. Manchmal hatte ich den Eindruck, dass mein Leben intensiver geworden war. Vielleicht auch, weil ich mehr in mich hineinhorchte. Ich war nicht unglücklich in dieser Zeit, sondern freute mich, dass ich zu Hause geblieben war. Ich fühlte mich in meiner kleinen Welt sicher und geborgen.

Indem jedes Licht um mich herum erloschen war, hatte ich allerdings jegliches Zeitgefühl verloren. Es muss an einem Nachmittag gewesen sein, als Josh mich nur wenige Schritte aus meinem Zimmer in den Vorraum unseres Treppenhauses führte. Er nahm meine Hand, und meine Finger spürten eine weiche Substanz, Dinge, die sich wie Bälle anfühlten, aber hart waren, sowie schmale spitze Gegenstände. Ich konnte mir nicht zusammenreimen, was das sein sollte.

»Nadeln, Kugeln, Kerzen!«, jubelte mein Sohn. »Mama, das ist ein Tannenbaum! Bald ist Weihnachten!«

Nun hörte ich Magdalenas Stimme, die eigenartig kloßig klang: »Ich habe ihn uns aus Deutschland schicken lassen. Er sollte eigentlich rechtzeitig ankommen, damit du ihn noch sehen kannst. Hat leider nicht geklappt,

Schwesterchen. Er ist auch nur aus künstlichen Nadeln. Aber wir finden ihn alle ganz schön.«

»Welche Farbe haben die Kugeln? Sind sie rot?«, fragte ich.

»Gelb und weiß«, sagte Josh. »Es sind ganz viele.«

Nun vernahm ich Ada: »Die Kerzen sind elektrisch. Ich mache ihn jetzt mal an. Kannst du was erkennen?«

Ich schüttelte den Kopf. »Das macht nichts. Wenn ihr euch freut, bin ich mit euch glücklich.« Dann erzählten Josh und ich vom vorigen Weihnachtsfest mit Ezira und Tanisha. »Damals haben wir bestimmt zu spät gefeiert«, gestand ich meinem Sohn.

»Weihnachten ist immer schön!« Josh schmiegte sich dicht an mich. »Ich sage dir noch mal, wie der Baum aussieht.« Er beschrieb ihn derart plastisch, dass ich ihn so deutlich vor mir zu sehen glaubte, wie ich mich an das Strahlen in den Augen meines Kindes erinnerte. Mein Sohn musste sich allerdings noch einige Tage gedulden, bis es im Haus ganz köstlich duftete. Denn endlich war der Weihnachtsabend gekommen.

Als Überraschung zauberte Magdalena einen deutschen Kuchen. Dazu musste sie nach langer Zeit den uralten Herd im Farmhaus, der sonst nie benutzt wurde, in Gang setzen. Da wir nur noch zu sechst waren, hatten wir alle an einem Tisch Platz. Es war der größte, der sonst auf der Veranda stand. Ich fühlte den Stoff einer Decke, und Josh erzählte, dass sie goldene und silberne Girlanden aufgehängt hatten und überall Kerzen brannten. Wir sangen deutsche Weihnachtslieder, die Magdalena alle kannte. In seinem manchmal etwas holprigen Deutsch bemühte sich Josh, mitzuhalten.

Wir wollten uns keine Geschenke machen. Das war so besprochen worden, weil ich ja nichts mehr basteln konnte. Doch Magdalena überraschte mich mit einem kleinen eckigen Kästchen, das sie mir in die Hand legte.

»Was ist das?«, fragte ich verwundert.

»Ein Diktiergerät«, erklärte sie und führte meine Finger auf die Tasten. Wenig später hörte ich meine eigene Stimme. »Wann immer du willst, kannst du von jetzt an deine Gedanken festhalten«, sagte meine Schwester. »Denn du wolltest doch Tagebuch führen.«

Ich schloss sie gerührt in die Arme. Nun brauchte ich nicht einmal mehr zum Schreiben meine Augen. Für Josh hatte sie ein kleines Auto gekauft, mit dem er begeistert spielte.

»Es hat so eine Antenne wie das von dem Doktor, der uns besucht hat!«, freute er sich. Ich hörte einen kleinen Motor surren und »sah« natürlich das große Auto vor mir. Das war lustig, denn anfangs dachte ich, ein richtiges Auto würde in den Hof fahren. Ich schreckte hoch, weil ich nicht wusste, dass er das Spielzeug herumsausen ließ. Doch noch am Weihnachtsabend ließ er es irgendwo auf dem Weg zu meinem Zimmer stehen. Ich trat darauf. Es gab einen knirschenden Ton, und ich wusste, dass ich etwas kaputtgemacht hatte, was meinem Sohn viel Freude bereitet hatte.

Verzweifelt tastete ich am Boden herum und konnte es kaum finden. »Josh, ich habe dein Auto zerstört.«

»Ach, meine Mama!« Er kniete sich neben mich und drückte sich an mich. »Du hast doch immer nur Angst vor dem Auto gehabt.«

Magdalena erbot sich, ein neues zu kaufen. »Ist schon gut, ich brauche kein Auto«, sagte mein Sohn und streichelte mich voller Zartheit. »Mama«, fragte er, »darf ich heute Abend bei dir schlafen?« Das hatte er schon lange nicht mehr gemacht.

»Weil Weihnachten ist, ja?«

»Ich habe dich so lieb, Mami.«

Als es Schlafenszeit war, schlang Josh die Arme um meinen Hals. Ich genoss es sehr, ihn so nah bei mir zu haben.

»Wirst du denn nie wieder sehen können?«, fragte er.

»Nein«, sagte ich. »Das bleibt für immer.«

Josh rückte noch ein Stückchen näher, obwohl das kaum möglich war. Er hielt mich fest, als hätte er Angst, dass ich davonlief. Ich spürte, wie mein Nachthemd an der Stelle nass wurde, an der sein Kopf lag. Ich tastete nach seinem Gesicht, aber er vergrub es an meiner Schulter. »Tut das weh, wenn man blind ist, Mami?«

»Am Anfang schon, mein Schatz. Jetzt nicht mehr. Ich habe mich sogar schon ein wenig daran gewöhnt, nichts mehr zu sehen.« Ich streichelte lächelnd über sein lockiges Haar. »Jedenfalls so lange, wie nichts im Weg steht.«

»Ich werde besser auf dich aufpassen«, meinte er.

In der Nacht heulte ein Sturm ums Haus, der mich weckte. Josh schlief ganz fest und hörte den Lärm nicht. Doch ich tat kein Auge mehr zu. Ich war sicher, dass irgendetwas mit dem Dach nicht stimmte. Erst knallte es mehrfach, dann hörte es auf und das Jaulen des Windes war umso lauter. Es klang gespenstisch. Ich stand leise auf und tastete mich aus dem Zimmer. Der Tisch stand noch immer in der Eingangshalle, und ich hatte Angst, etwas umzustoßen. Endlich hörte ich oben in den Schlafzimmern Schritte. Mühsam fand ich meinen Weg zum Treppenhaus. Ich hatte erst wenige Stufen erklommen, als Adas Stimme erklang.

»Choga, was machst du denn da?« Meine Patin hatte sich immer um alles gekümmert, was das Haus betraf. »Geh wieder ins Bett. Ich sehe nach, was passiert ist.« Sie wollte mich zu meinem Zimmer begleiten. Doch auch als Blinde interessierte mich, was mit dem Haus los war. So kam ich mit, als sie zur Verandatür ging. Der Sturm drückte Sand vom Hof ins Haus. »Bleib drin«, meinte Ada und huschte aus dem Haus. Ich wartete. Nach einer Weile kehrte sie zurück. »Einige Wellblechstücke, mit denen das Haus eingedeckt war, sind fortgerissen worden. Ich habe zwei gefunden«, sagte sie. »Wir müssen morgen nachsehen, was los ist. Jetzt ist es zu dunkel.«

Ich ging wieder ins Bett, in dem ich kaum Platz fand. Denn unbemerkt hatte Hope es sich neben Josh gemütlich gemacht. Auch sie ängstigte sich vor dem Sturm. Ich nötigte sie auf den Boden neben meinem Bett. Doch schlafen konnte ich nicht. Die Böen zerrten an den Wellblechen und rissen nacheinander wohl mehrere fort.

Am Morgen waren alle früh auf den Beinen. Der Sturm hatte sich gelegt, und ich fand Magdalena, Ada, Bisi und Funke im Hof, wo sie sich berieten. Auch Josh war dort und tat seine Meinung kund. Ada sagte: »Das können wir nicht selbst reparieren. Das Dach ist zu steil und die Stellen liegen viel zu weit oben.«

Von Magdalena erfuhr ich, dass die Telefonleitung zerstört worden war. »Also werde ich nach Jeba fahren und jemanden holen.« Josh wollte sie unbedingt begleiten, und sie nahmen auch Hope mit, die nicht von Joshs Seite wich. Sie kamen bald wieder und berichteten enttäuscht, dass die Arbeiter erst am Folgetag beginnen würden.

»Am liebsten würde ich sofort nach oben klettern und versuchen, es selbst zu richten«, meinte Ada. Soweit ich mitbekam, legte sie unsere Leiter an, die sie zum Verputzen und Malern benutzt hatten. Doch sie war zu kurz.

»Ada, lass das Dach. Besser der Wind fegt hindurch, als dass du dich in Gefahr begibst«, ermahnte Bisi sie.

Auch die folgende Nacht wollte Josh wieder bei mir schlafen. »Du bist viel zu groß und mein Bett ist zu schmal. Denn wenn du bei mir bist, dann kommt Hope auch«, sagte ich. Aber ich klang wohl nicht recht überzeugend. Denn letzten Endes fand ich es sehr schön, wenn er sich an mich kuschelte. Die Nacht verlief glücklicherweise ruhig.

Die erwarteten Dachdecker trafen erst am nächsten Mittag ein. Später hörte ich sie mit Ada und Magdalena heftig debattieren. Kurz darauf fuhren die beiden Arbeiter wieder weg. Ich ging hinaus in den Hof, um Ada zu suchen.

»Was ist los? Warum arbeiten sie nicht?«, fragte ich.

»Ach, die behaupten, unser ganzes Dach wäre zu alt. Flicken ist angeblich sinnlos. Jetzt holen sie neue Bleche«, erklärte mir Magdalena.

»Ich spüre deutlich, dass die uns übers Ohr hauen wollen. Ich gehe da jetzt rauf und sehe mir das selber an«, meinte Ada entschlossen, die nun zu uns stieß.

»Lass das lieber, Ada. Dafür gibt es Dachdecker!« Bisi war sehr besorgt.

Nun meldete sich auch Mama Funke zu Wort: »Wenn die doch so teuer sind und uns obendrein belügen, sollte Ada schon nachsehen, Bisi.«

»Hast du denn eine Leiter, die lang genug ist?«, fragte ich.

»Die haben sie dagelassen«, meinte Ada.

»Pass auf«, sagte ich, »das Dach ist sehr hoch.«

»Das geht schon. Mich betrügen die Kerle nicht!«, schimpfte Ada. Ich konnte mir nicht vorstellen, wie sie sich dort oben bewegte. Doch ich vertraute ihr, denn Ada handelte stets sehr überlegt. Und trotz ihrer 50 Lebensjahre war sie sehr gewandt.

Plötzlich hörte ich Josh rufen: »Ist das toll, wenn man da oben ist, Oma Ada?«

»Vor allem ist es viel gefährlicher als unten«, antwortete ihm Magdalena.

Kurz darauf hörte ich Adas energische Stimme erneut von oben: »Ich habe es doch gesagt! Nur etwa die Hälfte muss erneuert werden. Denen werde ich morgen was erzählen! Die denken wohl, dass die mit uns alles machen können. Nur weil wir Frauen sind.« Wenig später war sie wieder unten und unterhielt sich mit Bisi und Magdalena darüber, wie mit den Dachdeckern umzuspringen sei. Ich hielt mich aus der Sache heraus, denn ich konnte weder den Schaden ermessen noch sonst einen vernünftigen Beitrag leisten.

Auch an diesem Abend kuschelte sich Josh wieder im Bett an mich; es war ihm wohl eine liebe Gewohnheit geworden. Ich wollte es ihm noch dies eine Mal durchgehen lassen. Sobald das Dach wieder repariert war, würde man den Wind nicht mehr so stark hören. Dann könnte er wieder oben in seinem Zimmer schlafen.

»Oma Ada ist sehr tapfer, nicht wahr?«, meinte er. »Sie klettert wie die Männer auf das Dach. Ich habe ihr zugesehen. Sie hatte überhaupt keine Angst«, sagte er.

»Mama Ada hat schon ganze Häuser gebaut«, erzählte ich und berichtete von den Zeiten im Harem. »Ständig zogen neue Frauen ein, die ihre eigenen Häuser bekommen sollten. Sie hatten Kinder, die Platz brauchten. Mama Ada hat dann immer gebaut. Sie konnte das richtig gut«, plauderte ich gemütlich und hielt ihn im Arm.

»Dann können wir doch die Männer wegschicken, die Oma Ada betrügen«, folgerte er mit seiner bestechenden Logik.

»Wenn man sich mit etwas auskennt, muss man es noch lange nicht selbst machen«, erklärte ich. »Dann kann man jemandem sagen, wie es richtig geht.«

Sein Körper lag schon, von Müdigkeit schwer, an meinem. Hope stieß die Tür auf und kringelte sich auf meine Beine. »Ist so gemütlich bei dir, Mami«, sagte Josh schläfrig. Wenige Atemzüge später hörte ich ihn entspannt atmen. Ich lauschte und dämmerte selbst ein, obwohl ich mich zwischen Josh und Hope kaum ausstrecken konnte.

Ich erwachte davon, dass ich sehr viel Platz in meinem Bett hatte. »Josh?«, fragte ich. »Bist du hier?« Ich bekam keine Antwort. Vielleicht war er in sein eigenes Bett gegangen, weil es ihm bei mir und Hope zu eng gewesen war. Der Fleck, an dem er geruht hatte, war allerdings noch warm. Auch Hope musste gerade aus dem Zimmer gelaufen sein, denn auch die Stelle, an der sie gelegen hatte, barg noch ihre Wärme. Ob es mitten in der Nacht oder schon Morgen war, konnte ich nicht einschätzen.

Plötzlich hörte ich ein seltsames Geräusch, zwei leichte dumpfe Schläge kurz nacheinander. Es klang nicht so wie in der Weihnachtsnacht, als die Blechstücke fortgerissen worden waren. Und auch nicht so, als wenn in der Etage über mir etwas umgefallen wäre.

Während ich nach meinem Stock tastete, der mein Wegweiser geworden war, fiel mir das kaputte Dach ein und Ada, die da oben herumklettern könnte. Gleichzeitig schrien meine inneren Stimmen, dass es nicht Ada war. Der Aufprall klang wie der eines viel leichteren Körpers ...

Dann sah ich Ezira Brief vor mir. *Wen das Orakel meint, kann ich nicht sagen. Doch ich glaube herausgelesen zu haben, dass der Tod diesen Menschen sehr überraschend holt. Durch eine plötzliche Krankheit, einen Unfall?*

Adas Stimme erscholl aus weiter Ferne. Es war nur ein Wort: »Josh!«

In dieser eigentlich kurzen Silbe, die Adas Stimme gleichzeitig in den grellsten und dunkelsten Klangfarben modulierte, lagen alle Gefühle, die ein Mensch haben konnte.

Im nächsten Moment erzitterte das ganze Haus unter den schnellen Schritten meiner Gefährtinnen. Es war, als ob die Erde bebte. Ich musste hinaus, aber die Tür war geschlossen. Ich prallte mit dem Kopf dagegen, suchte in meiner Panik auf der falschen Seite nach der Klinke, tappte in den Flur und auf die Veranda.

Aus dem Durcheinander der Stimmen hörte ich Bisis aufgeregtes Kommando heraus: »Bringt ihn zu Choga!«

»Wo ist Josh? Was ist mit ihm? Josh, Josh, sag etwas! Bitte!«, schrie ich.

Magdalenas Hände dirigierten mich in mein Zimmer und drückten mich sanft auf mein Bett, wo mein Kind lag. So wie zuvor. Dennoch schien inzwischen eine Ewigkeit vergangen zu sein. Eine Zeitspanne, die ich nie wieder zurückholen konnte. Was hätte ich jetzt darum gegeben, ihn noch einmal sehen zu können! Um zu wissen, wie es ihm wirklich ging.

Ich legte mich neben ihn an den Rand des Bettes. Josh bewegte sich nicht, aber sein Körper war noch ganz warm. Er schien völlig unverwundet, war nur überall voller Sand. Ich tastete nach seinem Puls; er war kaum zu spüren. Seine Augen, die so neugierig fragen konnten und mich so oft liebevoll angesehen hatten, waren geschlossen. Als würde er schlafen. Ich bedeckte sein Gesicht mit Küssen, presste mein Ohr auf seine Brust, horchte an seinem Mund, ob er vielleicht ein erlösendes Wort für mich hatte, das den Alptraum bannen konnte.

Doch mein Kind schwieg.

Ich barg meinen Kopf an seinen Hals, in der Hoffnung, dass meine Lippen seine Ader pulsieren fühlen könnten. Ganz zart glitt meine Hand in seinen Nacken und spürte die oberen Wirbel, die der Sturz vom Dach verschoben hatte. In diesem Augenblick begriff ich, was das Orakel gesehen hatte. Es war nicht meine Blindheit, die mit der Dunkelheit gemeint gewesen war.

Gott hatte mir meinen Sohn genommen und mich in einen Abgrund gestoßen, der noch viel tiefer war.

Das Licht in meinem Herzen

Mein Zimmer war voller Stimmen. Die *Mamas* redeten so leise durcheinander, als könnten sie Josh sonst wecken. Dann wurde meine Tür geöffnet und sanft geschlossen. Von draußen vernahm ich das verzweifelte Weinen Hopes, die wohl alles mit angesehen hatte. Meine Schwester betrat den Raum auf Zehenspitzen und hockte sich neben uns.

»Josh muss sofort ins Krankenhaus«, flüsterte Magdalena. »Ich habe den Pick-up vorbereitet mit Matratzen und Decken auf der Ladefläche. Wir müssen es wenigstens versuchen. Josh darf hier nicht einfach so liegen!«

»Tu ihm das nicht mehr an, Magdalena. Es ist sein Genick«, sagte ich mit einer Stimme, die nicht meine zu sein schien. »Der Wagen ist viel zu hart, selbst mit Matratzen. Das überlebt er nicht.« Ich dachte an die Fahrt mit Lape. Es dauerte mehr als eine Stunde bis nach Jos. Und allein der Weg von uns bis zur Straße hatte unzählige Schlaglöcher.

»Choga Regina, du darfst ihn nicht aufgeben. Er wird leben! Er ist so jung! Kinder haben schon ganz andere Stürze überlebt. Er hatte bestimmt einen Schutzengel. Lass es uns versuchen. Er darf nicht sterben!«

»Er braucht nur noch Ruhe, damit er sanft hinüberfindet«, sagte ich.

Bisi begann als Erste, dann schloss sich Ada an, dann Funke. Sie beteten das Vaterunser. Magdalena sprach es mit, doch dann sagte sie: »Choga, bitte, sei vernünftig. Du siehst nichts mehr. Du kannst nicht einschätzen, wie es um Josh steht. Und wir anderen ebenfalls nicht. Ich werde Hilfe holen, irgendwas fällt mir schon ein.« Bevor ich antworten oder sie aufhalten konnte, verließ meine Schwester den Raum mit festem, eiligem Schritt.

Im Gebet flehte ich Gott an, dass Josh keine Schmerzen haben möge. Sondern dieses Leben als etwas Schönes in Erinnerung behielte. Ich bat Gott um die Kraft, dass ich ihm nicht zürnen möge, weil er mir mein Kind genommen hatte. Meinen Halt, meine Hoffnung, meine Liebe.

Meine Finger glitten über das sich auf einen ewigen Schlaf vorbereitende Gesicht meines Sohnes, spürten dem weichen Schwung seiner Wangenknochen nach, den jetzt entspannten Augenbrauen, die er oft so skeptisch zusammengezogen hatte, seinen vollen Lippen, die er aufeinander gepresst hatte, wenn eine Frage in ihm gebrodelt hatte. Er wirkte so unversehrt, als hätte der Sturz ihm nicht wirklich etwas angetan. Ich roch in seinen Haaren diesen ganz typischen Duft, den wohl jede Mutter an ihrem Kind liebt und an dem sie es aus tausend anderen erkennt.

Die Dunkelheit, die mich umfing, war erfüllt von Bildern. Ich fühlte seinen Stolz, als er die kleine Faraa auf dem Rücken herumtragen durfte, und die Enttäuschung, als Mama Patty ihn dafür schalt. In mir war die Angst, als er vor dem wilden Hund stand, der Faraa bedrohte. Ich empfand aber auch das Glück, wenn er mit Hope über unsere Farm tollte. Ich spürte seine Freude, als es ihm gelungen war, mich im Urwald beim Fest der Fröhlichkeit zum Tanzen zu bewegen. Und ich spürte wieder seine unbändige Freude, mich herumführen und mir die Welt mit seinen Augen zeigen zu dürfen. Ich trauerte mit ihm um einen Vater, den er nie gehabt hatte. Ich empfand seine Wärme, als er sich an mich kuschelte, und hörte ihn sagen: »Es ist so gemütlich bei dir, Mami.« Nicht zuletzt fühlte ich seine unglaubliche Verwunderung darüber, dass die Welt der Erwachsenen so groß war und er zu schwach, um sich auf unserem Dach halten zu können.

Ich lauschte auf Joshs Atmung; sie wurde immer flacher. Die starke Hand, die ihn in dieses Leben geschickt hatte, nahm ihn ganz langsam wieder fort. Ich beugte mich über sein Gesicht, streichelte mit den Fingerspitzen seine leicht geöffneten Lippen. Sie vibrierten, als wollte er mir ein letztes Lebewohl zuflüstern. Ich spürte ihn noch einmal aufatmen, dann wich alle Spannung aus seinem zarten Körper. Und jetzt, da ich wusste, dass meine liebevolle Umarmung ihm nicht mehr wehtun konnte, hielt ich ihn fest. Mein Kopf lag auf seiner schmalen Brust. Sein Herz hatte aufgehört zu schlagen. Ich blieb so liegen, unfähig, mich zu bewegen. In mir war nur noch Leere, eine tiefe schwarze Ohnmacht. Und gleichzeitig ein Schmerz, der mein Herz zerriss.

Dass draußen ein Auto vorgefahren war, merkte ich gar nicht. Ich kam erst wieder zu mir, als ich Magdalenas Hände auf meinen Schultern spürte.

»Schwesterchen, hörst du mich? Dr. Rashid ist hier. Mit einem Krankenwagen. Wir können Josh jetzt in die Klinik bringen.«

Ich richtete mich auf. »Gott hat Josh zu sich geholt, Magdalena. Er ist erlöst.« Erst als ich das ausgesprochen hatte, wusste ich, was diese Worte bedeuteten: Mein Kind musste nicht mehr leiden. Gottes Gnade hatte es ihm erspart. Obwohl er mir meinen Sohn genommen hatte, spürte ich dennoch ein Gefühl der Dankbarkeit. Begreifen konnte ich zwar nicht, warum mein Kind so plötzlich aus diesem Leben gerissen wurde. Doch Gott hatte ihm einen friedlichen Abschied geschenkt. Wir durften ihn alle begleiten – seine Omas, die er so liebte, und ich.

»Frau Egbeme, lassen Sie mich Josh untersuchen«, hörte ich Dr. Rashid sagen. Ich hätte ihn am liebsten fortgeschickt. Ich wollte nicht, dass fremde Hände mein Kind gerade jetzt berührten. Dieser Moment sollte uns gehören. Für immer vielleicht. Gleichzeitig spürte ich die Hand des Arztes, der mir aufhelfen wollte.

So ließ ich mein Kind los. Ich konnte Josh nicht festhalten. Er war fort. Nur sein Körper lag noch da. Ungeschützt. In diesem Moment war ich froh, nichts sehen zu müssen. Die Dunkelheit erschien mir wie eine Gnade, mit der Gott mir diesen unerträglichen Abschied leichter machte.

Magdalena begleitete mich ein paar Schritte fort vom Bett und drückte mich auf den Hocker. Es war gespenstisch still. Nur das unterdrückte Schluchzen von Mama Bisi, Mama Ada und Mama Funke nahm ich jetzt wahr. Bisis mütterliche Nähe umfing mich mit Wärme. Ich lehnte mich an sie und lauschte in die Dunkelheit.

Endlich vernahm ich Dr. Rashids leise Stimme, verstand jedoch nicht, was er sagte. Erst an Magdalenas Reaktion erkannte ich, dass ich mich nicht geirrt hatte. »Warum? Er war doch noch so jung!«, rief sie verzweifelt.

Mama Bisi drückte mich noch fester an sich, aber auch ihr fehlten die Worte, um das Unfassbare einzufangen. Dr. Rashid ergriff meine Hände: »Es tut mir Leid, Frau Egbeme. Ich kann nichts mehr für Ihren Sohn tun.«

Ich erhob mich so langsam von dem Hocker, auf dem ich saß, als würde eine zentnerschwere Last auf mir ruhen.

»Als Ihre Schwester mich anrief, habe ich alles versucht, um so schnell wie möglich Hilfe zu organisieren«, sagte Dr. Rashid mit tiefem Bedauern in der Stimme. Ich hatte Mühe, seinen Worten zu folgen. Es erschien mir so sinnlos, über das Unabänderliche zu sprechen.

Doch für Magdalena war es wichtig. Selbst im Moment von Joshs Tod wollte sie sich nicht, wie sie es genannt hatte, fremdbestimmen lassen. »Ich bat um einen Hubschrauber. Vielleicht hätten wir Josh dann noch retten können.« Meine deutsche Schwester klang verzweifelt. »Aber so etwas gibt es hier nicht.«

»Ich weiß, in Deutschland hätte man Josh wohl noch ins Krankenhaus geflogen. Aber wir sind in Afrika. Hier ist das nicht so einfach. Bei uns geht alles viel langsamer«, meinte der Arzt, der beide Welten kannte.

Mir fehlte fast die Kraft, zu sprechen. »Joshs Leben lag in Gottes Hand«, sagte ich, um wenigstens Magdalena zu trösten, damit sie nicht verzweifelte. »Von dem Tag an, als ich Josh zum ersten Mal in meinen Armen hielt, wusste ich, dass Gott uns nur eine kurze Zeit zusammen schenken würde. Sie würde niemals reichen, um erleben zu können, wie ich sein Kind einmal auf dem Arm halten würde. Ich konnte Gott nur bitten, uns etwas mehr Zeit zu geben. Darum wollte ich ihn immer beschützen. Mit meinem Tee, mit meiner Aufmerksamkeit.« Ich wusste nicht, wo Dr. Rashid stand. Ich wandte mich in die Richtung, wo ich ihn vermutete. »Das letzte Mal, als Sie hier waren, wollten Sie Josh in Ihr Programm aufnehmen. Ich höre Ihre Worte noch deutlich: Wir wissen nie, was noch kommt.« Ich hielt mich an Mama Bisi fest, als ich fortfuhr: »Dass er von einem Dach fallen könnte, hat keiner erwartet. Denn was geschehen soll, geschieht. Wir werden nie verstehen, warum das so ist.«

Dr. Rashids Stimme klang heiser, als er antwortete: »Manchmal muss man sein Schicksal wohl akzeptieren. Es ist nur furchtbar, dass wir das ausgerechnet durch Joshs Tod wieder einmal erfahren müssen.« Er machte eine lange Pause. »Ich wollte Ihnen noch etwas sagen, was Ihnen vielleicht gerade jetzt, wo Josh noch in unserer Nähe ist, ein Trost ist. Denn wir wollten unser Projekt Joshs Hope nennen. Sie sagten, es sei die Hoffnung, die uns aufrecht erhält. Wenn hier eines Tages Kinder sein werden, dann wird Josh nicht vergessen. Denn sie leben und spielen dort, wo er glücklich war. Und sie bekommen den Tee, der ihm geholfen hat.«

Mama Bisi kämpfte mit den Tränen um jedes Wort, das sie nun sagte: »Choga hat ihn für Josh entwickelt. Er war ihr erster Patient.«

»Meine Kollegen haben beschlossen, das Waisenhaus zu unterstützen, Frau Egbeme. Dr. Nwosu hat die Gelder für Joshs Hope bewilligt bekommen.« Er griff nach meiner Hand. »Ich gehe jetzt. Aber ich würde gern irgendwann wiederkommen. Auf Wiedersehen.«

»Josh hat Sie gern gemocht«, sagte ich und drückte seine Hand. »Gott schütze Sie.« Sobald er das Zimmer verlassen hatte, kehrte ich zu Josh zurück und legte mich neben ihn auf mein Bett.

Den ganzen Tag über hielten meine *Mamas* und ich bei ihm Totenwache. Wir beteten gemeinsam dafür, dass seine Seele ewigen Frieden finden möge. Magdalena fuhr zwischendurch weg und manchmal hörte ich sie telefonieren. Sie brachte uns Wasser und Essen, das niemand anrührte. Bei dieser Gelegenheit schlüpfte Hope in mein Zimmer. Sie fiepte und wollte mit Josh spielen. Dann sprang sie so wie immer aufs Bett und rollte sich zu seinen Füßen zusammen.

Magdalena wollte die Hündin hinausschicken. »Lass sie«, bat ich, »auch Hope muss sich verabschieden dürfen.«

Dann tauchte ich wieder in die Bilder von Joshs und meiner Vergangenheit ein. Meine Erinnerung führte mich in den Urwald zurück. Ich saß am Ufer des Flusses und beobachtete Josh. Er schwamm wie ein Fisch, tauchte unter und kam wieder hoch, schüttelte den Kopf und ließ die Tropfen fliegen. »Ah, Mama, das tut so gut!«, rief er. Ich genoss den Anblick seiner Unbeschwertheit und merkte nicht, dass er immer weiter von mir wegschwamm. Ich hatte keine Angst um ihn. Denn ich wusste, das Wasser würde ihn tragen.

Bisi küsste mich sanft auf die Stirn. »Es ist bald Abend, meine Kleine. Magdalena hat Amara angerufen. Sie wird bald hier sein. Lass uns Josh schön machen, ihn waschen und neu anziehen.«

Damit begann die letzte Reise meines Kindes. Mama Bisi wollte mir zwar Kleidung aus seinem Zimmer bringen. Denn mir fiel das Treppensteigen sehr schwer. Doch diesen Weg wollte ich selbst tun. Sie begleitete mich nach oben und wir suchten nach seinen Lieblingssachen. Seine T-Shirts konnte ich nicht auseinander halten; ich wollte ein sonnengelbes und dazu eine knielange rote Hose. Beides hatte er beim Fest der Fröhlichkeit angehabt, bei dem wir uns Mama Lisas Decke umgelegt und gemeinsam getanzt hatten. Als wir wieder nach unten kamen, hatte Mama Ada Josh bereits aus meinem Zimmer ins Heilzimmer getragen.

»Magdalena hat Sonnenblumen mitgebracht.« Mama Bisi beschrieb, wie schön das kleine Heilzimmer aussah. Josh lag auf einer Schlafmatte am Boden. Ada hatte einen Eimer Wasser neben ihn gestellt. Nun wusch ich den Sand vom Körper meines Sohnes und kleidete ihn so, wie ich ihn gern in Erinnerung hatte. Ich kämmte seine Haare und streichelte sein zartes, nun so entspanntes Gesicht.

Als er fertig war, schloss ich ihn in die Arme. Ich weinte um mein Kind, das nie erwachsen werden durfte. In den letzten Wochen seines Lebens hatte er mir gezeigt, dass er ein wunderbarer Mann geworden wäre. Ein Mann, der mir nie begegnet war: hilfsbereit und aufmerksam, voller Liebe und Rücksicht.

Ich erinnerte mich an das Geschenk, das er mir zum Fest der Fröhlichkeit gemacht hatte, und ging in mein Zimmer, um die kleine Rassel zu suchen. Seit einem Jahr hatte ich sie nicht mehr zur Hand genommen. Ich hatte sie nicht gebraucht; ich hatte Josh in meiner Nähe. Als ich sie gefunden hatte, kehrte ich zu Josh zurück und legte mich auf den Boden neben ihn. Ich führte das Instrument dicht an mein Ohr, um es erklingen zu lassen. Die winzigen Perlen schlugen sacht gegen den hohlen Körper des getrockneten Kürbisses. Es war, als würde ich Joshs Stimme hören. Er schien mir ein Geheimnis zuzuflüstern. Aus einer anderen Welt, die mir nun ganz nah war. Ich rührte mich nicht mehr, lag ganz still und lauschte.

»Choga, ich bin's, Amara.« Ihre Stimme war ganz nah bei mir, doch ich wusste nicht, ob ich wachte oder schlief. Erst als sie mich in die Arme nahm und ich ihre Tränen auf meinen Wangen spürte, erkannte ich, dass sie wirklich gekommen war. Sie sagte, dass es spät in der Nacht sei; Mary habe sie wie einst Tanisha, Faraa, Josh und mich gefahren.

»Ich danke dir, dass du gekommen bist«, sagte ich und hielt sie ganz fest. Wir sprachen kein Wort. Denn es hätte keines gegeben, das uns über Joshs Tod hinweggetröstet hätte. Wie viele Stunden hatten wir einst an seinem Bettchen gestanden, als er im Alter von einem Jahr mit seiner ersten Lungenentzündung kämpfte. Was hatten wir uns nicht alles überlegt, um das kleine Kind zu retten. Wie viele Wege waren nötig gewesen, um die richtige Medizin zu finden. Tage, Wochen und Monate hatten wir in Kräuterküchen gestanden, geschabt, gerührt, zerstoßen, ausprobiert und verworfen. Am Ende von all dem stand »Mama Chogas Tee«, der so vielen Menschen geholfen hat. Und der doch eigentlich hätte heißen müssen: »Joshs Tee«. Welche Belohnung war es, als mein Sohn sich erholte, wuchs und größer wurde! Als er unsere Namen das erste Mal nannte.

»Weißt du, woran ich gerade denken muss?«, fragte meine Mentorin. »Die Liebe, mit der wir für Josh gekämpft haben, hat etwas hinterlassen, was anderen Menschen hilft. Vielleicht ist Josh deshalb geboren worden. Er hat durch seine Anwesenheit Gutes bewirkt. So wie sein Name ein Versprechen war: Gott hilft.«

»Du magst Recht haben«, meinte ich nachdenklich. Dann erzählte ich ihr von Dr. Rashids Besuch. »Sobald du mit meinen *Schwestern* und den Kindern wieder hier bist, kannst du darangehen, deine Idee vom Blutbaum zu verwirklichen.«

Meine mütterliche Freundin war glücklich über die Neuigkeiten. Sie bestätigten ihre Hoffnung. »Aber es wird noch eine Weile dauern, bis wir hier leben können, Choga. Ich habe noch keine Nachfolgerin gefunden, die geeignet wäre. Ich bin jedoch sicher, dass ich es bald schaffen werde.«

»Das macht nichts«, sagte ich. »Wichtig ist, dass du deinen *compound* und deine Patienten in guten Händen weißt. Der Rest wird sich mit Gottes Hilfe fügen.«

Sie erzählte von Abidem, Jumoke, Yetunde und den beiden Mädchen, dass es ihnen gut gehe und sie oft von der Farm sprächen. »Sie haben große Sehnsucht. Dies ist ihr Zuhause«, meinte Amara.

Ich fühlte die Wärme der frühen Morgensonne auf meinem Gesicht, als wir Josh neben meiner Mutter, Efe, Jo, Lape und Mama Ngozi unter den Bougainvilleabüschen beisetzten. Mama Bisi beschrieb mir den Sarg aus schlichtem Holz, den Magdalena am Vortag in Jeba hatte anfertigen lassen. Wir legten Josh in seinen hübschen Sachen hinein, ich küsste ihn ein letztes Mal und umarmte seinen kleinen Körper. Bevor wir den Sarg in die Erde ließen, verabschiedeten sich seine Omas, Magdalena und Amara von ihm. Wir beteten und sangen für ihn, und ich schwang seine kleine Rassel, die ich von nun an bei mir trug.

Ich wollte ihm noch einen letzten Gruß mit auf den Weg geben. Meine Stimme schwankte, als ich zu sprechen begann. Ich gab mir Mühe, laut zu reden, denn ich spürte, dass er mich hören konnte. »Josh, mein Kind, du bist wie ein Funke zu mir gekommen, der mein Herz zum Leuchten brachte und jeden meiner Tage mit dem Licht der Liebe erhellte. Es wird niemals erlöschen und für immer in mir bleiben. Dafür danke ich dir und werde dich immer lieben, mein Schatz. Auf dich wartet ein neues Leben. Ich wünsche dir Liebe, die dich auf deinem nächsten Weg beschützen möge. Warte nicht auf mich. Ich muss noch hier bleiben. Deine Seele ist nun frei.«

Wir setzten uns zu unseren Toten und erzählten aus ihrem Leben. Stundenlang reihte sich eine Geschichte an die andere. Jede wusste eine Episode, die wieder zur nächsten führte. Es war fast so, als ob unsere Lieben nicht unter der Erde ruhten, sondern in unserem Kreis säßen.

Hope begriff nicht, warum Josh nicht mit ihr spielte. Seit mein Augenlicht erloschen war, konnte ich mit ihr nur noch ein wenig schmusen. »Es wird lange dauern, bis Hope versteht«, sagte Bisi.

Ich wollte ein wenig im Kräutergarten sitzen. Magdalena begleitete mich. »Choga, ich weiß, dass du allein sein willst. Aber ich muss dir noch etwas sagen«, meinte sie. »Als Josh starb, wollte ich, dass er ins Krankenhaus kommt. Ich habe alles versucht. Doch es war, als ob sich die Welt gegen meinen Plan verschworen hätte. Als ich Dr. Rashid dann endlich ins Zimmer führte, war Josh gerade gestorben. Ich war so wütend, dass man in Afrika nicht helfen kann wie in Deutschland. Inzwischen denke ich anders darüber. Was du gerade über Josh gesagt hast, über das Licht, das er für dich bedeutete, das ist wahr, Choga. Man trifft Menschen nicht einfach so. Sondern man reibt sich an ihnen. Das erzeugt neue Energie.« Ich hörte, wie sie kurz auflachte. »Ich bin Physiklehrerin. Ich denke nun mal so, verzeih.«

Wir standen auf dem Pfad zum Kräutergarten, die Sonne schien sehr warm, Vögel sangen und die Luft duftete nach Kräutern. »Auch ohne mich mit Physik auszukennen, weiß ich, was du meinst«, erwiderte ich. »Ist das nicht auch so mit uns beiden?«

»Genau das wollte ich sagen. Wir hatten einander jahrzehntelang nicht gekannt. Dann trafen wir uns und wunderten uns darüber, wie verschieden wir waren und wie ähnlich gleichzeitig.« Meine Schwester berührte mich sanft an der Schulter. »Weißt du noch unsere erste Begegnung am Flughafen?«

»Ja, als ob es gestern gewesen wäre«, antwortete ich. Ich wollte alles richtig machen, und dann erkannte ich Magdalena, von der ich nur ein Foto gehabt hatte. In Wirklichkeit sah sie so viel strenger aus, dass ich mich nicht traute, sie anzusprechen. »Ich trug Schuhe, das weiß ich noch genau«, sagte ich. »Ich hatte sie extra angezogen, um einen guten Eindruck zu machen. Wegen der Schuhe fiel ich hin. Oh, war mir das peinlich!« Die Erinnerung ließ mich lächeln. »Du hast mir die Hand gereicht, damit ich aufstehe. Das war unser erster Händedruck.«

Wir umarmten uns fest, als Magdalena mit belegter Stimme meinte: »Ich habe dir nie gesagt, was ich damals gedacht habe.« Sie schwieg einen Moment und ich lauschte gebannt. »Ich habe zu mir selbst gesagt: Da, wo du herkommst, Magdalena, gibt es niemanden, der dich wirklich braucht. Doch deine Schwester braucht dich.« Sie hakte mich unter. »Ich werde dich nie verlassen, Choga«, sagte Magdalena.

Ich stützte mich auf meine Schwester. Voll liebevoller Fürsorge achtete sie auf mich. Es tat gut, ihre Nähe zu spüren. Gemeinsam setzten wir den begonnenen Weg fort.

Nachwort

Choga Regina Egbeme diktierte ihre Erinnerungen nach dem Tod ihres Sohnes auf Band. Sie starb am 25. Juli 2003 an multiplem Organversagen und wurde neben ihrem Sohn Joshua und ihrer Mutter Lisa begraben – unter den Bougainvilleabüschen. Sie wurde 27 Jahre alt.

Die Farm »Joshs Hope« ist heute ein Waisenhaus für Kinder, die von Amara, Ada, Bisi und Funke betreut werden. Sie erhalten »Mama Chogas Tee«. Das naturheilkundliche Modellprojekt, das Dr. Rashid und Dr. Nwosu wissenschaftlich begleiten, wird finanziell von einem internationalen Konzern unterstützt.

Magdalena reiste nach dem Tod ihrer Schwester in die USA. Ihre Tochter Kati brachte im August 2003 ein Kind zur Welt. Es trägt den Namen Regina.

Die erschütternde Lebensgeschichte einer Haremstochter

Mit 42 Jahren lässt sich die Deutsche Lisa Hofmayer auf das Abenteuer ihres Lebens ein: Sie wird die 33. Frau eines reichen Afrikaners. In ihrer neuen Großfamilie findet Lisa ungeahnten Lebensmut. Glücklich wächst ihre kleine Tochter Choga in der Obhut ihrer zahlreichen Mütter auf. Doch mit 16 Jahren wird ihr Leben zum Alptraum: Ihr Vater zwingt sie, einen 30 Jahre älteren Mann zu heiraten. Um Chogas Widerstand zu brechen, vergewaltigt er seine junge Frau brutal. Nur mit Hilfe ihrer Mutter gelingt Choga die Flucht...

Choga Regina Egbeme

Hinter goldenen Gittern

Ich wurde im Harem geboren

Originalausgabe

ULLSTEIN TASCHENBUCH

Die Fortsetzung des großen Bestsellers »Hinter goldenen Gittern«

Choga Regina Egbeme lebt in einer scheinbaren Idylle: Zusammen mit einigen Gefährtinnen und ihrer deutschen Halbschwester ist sie auf die verlassene Farm ihrer Mutter in Zentral-Nigeria gezogen. Geborgenheit und neuen Mut finden sie in der alten Lebensform: ein Harem, zu dem Männer aber keinen Zutritt haben. Doch ihr Zufluchtsort ist bedroht: Die islamische Nachbarschaft, die für die Einführung der Scharia kämpft, kann diese Frauengemeinschaft nicht dulden. Immer wieder werden die Frauen brutal überfallen. Choga muss die Farm mit hohen Mauern umgeben – aber wird es ihr gelingen, sich und ihre Gefährtinnen vor der feindlichen Welt außerhalb des Harems zu beschützen?

Choga Regina Egbeme
Die verbotene Oase

ULLSTEIN TASCHENBUCH

Die weiße Hexe

Als weiße Frau in Afrika leben, die Anziehungskraft einer fremden Kultur spüren, hin und her gerissen sein zwischen westlichem Rationalismus und afrikanischer Spiritualität – dies sind die Erfahrungen von Ilona Maria Hilliges in Nigeria. Sie taucht ein in die mystische Welt des Schwarzen Kontinents – und trifft den Mann ihres Lebens. Doch ein mächtiger Clanchef bedroht sie mit Schwarzer Magie. Sie wehrt sich mit den Waffen ihres Gegners und unterwirft sich einem magischen Ritus: Sie wird zur »weißen Hexe«.

Der authentische Lebensbericht einer weißen Frau in der spirituellen Welt Afrikas.

Ilona Maria Hilliges
Die weiße Hexe
Meine Abenteuer in Afrika
Mit zahlreichen Abbildungen

ULLSTEIN TASCHENBUCH